21世纪高职高专院校财经类教材

公司理财

GongSiLiCai

（第二版）

张尧洪　夏亚芬　主　编
周顾宇　王蝶红　胡碧臣　副主编

经济科学出版社

图书在版编目（CIP）数据

公司理财／张尧洪，夏亚芬主编．—北京：经济科学出版社，2012.8
21世纪高职高专财经类规划教材
ISBN 978-7-5141-2249-7

Ⅰ.①公… Ⅱ.①张…②夏… Ⅲ.公司-财务管理-高等职业教育-教材 Ⅳ.①F276.6

中国版本图书馆CIP数据核字（2012）第185628号

责任编辑：凌　敏
责任校对：王肖楠
责任印制：李　鹏

公 司 理 财
（第二版）

张尧洪　夏亚芬　主编

经济科学出版社出版、发行　新华书店经销
社址：北京市海淀区阜成路甲28号　邮编：100142
教材分社电话：88191343　发行部电话：88191537
网址：www.esp.com.cn
电子邮件：lingmin@esp.com.cn
北京密兴印刷有限公司印装
787×1092　16开　17.25印张　420000字
2012年8月第2版　2012年8月第1次印刷
ISBN 978-7-5141-2249-7　定价：32.00元
（图书出现印装问题，本社负责调换。电话：88191502）
（版权所有　翻印必究）

编委会

主　任：陈国方

副主任：邵敬浩

委　员：程　坚　叶永良　张尧洪　麻淑秋
　　　　谢云琪　张启富　程　呈

出版说明

为满足全国高职高专院校财经专业教学的需要,我们邀请了部分省市的高职高专院校教师,共同编写了这套教材。参加编写的人员都是具有多年教学经验的教师,审稿人也都是财经领域的专家、教授。

本系列教材按照《教育部关于加强高职高专教育人才培养工作的意见》中要求的高职高专毕业生应具有基础理论知识适度、技术应用能力强、知识面较宽、素质高等特点来安排教学内容。各科教材坚持基本理论和基本知识简洁、适度;专业知识避免高深理论,突出实务和可操作性内容。本系列教材体现了专业知识与企业实际工作需要相一致的特点,着眼于学生在课堂中提高专业技术能力,使学生毕业后真正成为应用型人才。

本系列教材适用于高等职业院校、高等专科学校、成人高校、成人教育学院、民办学校、继续教育学院等。

本系列教材的出版,得到了浙江省高职高专教学研究会的大力支持,以及浙江工商职业技术学院陈国方、邵敬浩两位同志的策划和组织,在此特致谢意。

好的教材需要千锤百炼,恳请各校老师、学生提出宝贵意见,使本系列教材日臻完善。

经济科学出版社
2012 年 8 月

第二版前言

经济全球化、金融危机、利率与汇率市场化和经济增长方式转变,对我国企业理财提出了新的挑战。为了适应新形势对财务管理和投资理财教育的要求,本书更多地吸收了实际工作取得的发展和成就,指导财务管理和投资理财实践活动,为培养更多更好的财务管理和投资理财人才服务。

本书(第二版)着重完善与补充了金融危机、通货膨胀与风险对企业理财目标、理财环境的影响,阐述了汇率与利率市场化对公司理财的作用,充实了税收制度改革的内容,介绍了资源税改革、营业税改增值税、房产税改革等比较前瞻的税收问题,对投资项目评价贴现方法应用的现金流量测算,投资项目风险评价等作了增删与完善,对教材例题的内容进行了补充,经过修改,教材更加符合时代特点,内容更加切合实际,实际案例更加丰富,突出了高职人才培养需要。

本书由张尧洪教授担任第一主编,夏亚芬副教授担任第二主编。具体分工如下:张尧洪(金华职业技术学院),第1章,第7章;夏亚芬(浙江纺织服装职业技术学院),第2章,第8章;周顾宇(湖州职业技术学院),第4章,第5章;王蝶红(浙江纺织服装职业技术学院),第9章,第10章;胡碧臣(金华职业技术学院),第3章,第6章。

本书在再版写作过程中,主要参阅了国内最新的职称与资格考试复习教材,这些教材内容精练,例子周密;同时,参阅了最新的金融、税收和汇率改革等政策文件,限于篇幅,未能全部列出。本书在写作过程中得到了经济科学出版社吕亚亮、凌敏编辑的指导和大力帮助。在此,向所有给予帮助的朋友和参考文献的作者表示最诚挚的谢意。

限于水平和时间，书中难免有许多疏漏和不当之处，恳请各位读者不吝赐教。您的意见、建议或要求，将是我们新的起点，您将是本书最终的鉴定者。

编　者

2012 年 8 月

第一版前言

公司理财是我国会计和投资理财专业开设的核心课程之一。本书以公司理财为主体，以风险与收益为主线，系统地阐述了社会主义市场经济条件下公司理财的基本理论、基本方法和实用技术。本书分三个部分，共十章。第一部分以公司理财目标为基础，着重介绍了公司理财环境、风险与收益理论等公司理财基础知识；第二部分深入阐述了资金成本、杠杆利益与资金结构、投资项目评价、长期筹资决策和营运资本管理、利润分配及股利政策等理财技术和应用；第三部分探讨了公司并购重组理财专题。

本书力求突破公司理财教材的传统模式与写作方法，以适应高职高专教学改革的需要；力求吸收新知识、新信息，努力从内容上、形式上有所突破和创新。在内容上，本书坚持实用性、针对性原则，以学生毕业后在职业岗位上所需的理财知识来选择教学内容，充分体现"理论够用为度，注重实际操作和应用"；在编写形式上，力求探索一种"讲、读、练"一体化的教材模式，以尽可能适应教师精讲、学生多练，"能力本位"的新型教学方式的需要。

本书由张尧洪副教授担任第一主编，负责大纲拟定和全书统稿、编纂工作；夏亚芬副教授担任第二主编，并负责全书审稿工作。具体分工如下：张尧洪（金华职业技术学院），第1章，第7章；夏亚芬（浙江纺织服装职业技术学院），第2章，第8章；周顾宇（湖州职业技术学院），第4章，第5章；王蝶红（浙江纺织服装职业技术学院），第9章，第10章；胡碧臣（金华职业技术学院），第3章，第6章。

本书在写作过程中，参阅了国内外许多财务专家、学者的最新研究成果，他们的思想和观点对本书的完成极为重要，限于篇幅，未能全部列出。

本书在写作过程中还得到了经济科学出版社吕亚亮主任、凌敏编辑的指导和大力帮助。在此，向所有给予帮助的朋友和参考文献的作者表示最诚挚的谢意。

限于水平和时间，书中难免有许多疏漏和不当之处，恳请各位读者不吝赐教。如果您还有哪些意见、建议或要求，欢迎告诉我们，您的建议将是修订本书的重要依据，您将是本书最终的鉴定者。

编　者
2009 年 1 月

目 录

第1章 公司理财导论 \ 1

第一节 公司理财的基本概念 \ 1
第二节 公司理财的基本环节与方法 \ 7
第三节 公司理财目标 \ 11

第2章 公司理财环境 \ 18

第一节 公司理财的法律环境 \ 18
第二节 金融市场 \ 23
第三节 公司理财的其他外部环境因素 \ 35
第四节 公司（微观）环境 \ 37

第3章 公司理财基础理论 \ 43

第一节 利率 \ 43
第二节 资金的时间价值 \ 49
第三节 风险与报酬 \ 60

第4章 资金成本及其应用 \ 65

第一节 资金成本含义及意义 \ 65
第二节 资金成本的计算 \ 67
第三节 资金成本在理财决策中的运用 \ 79

第5章 杠杆利益和资本结构 \ 86

第一节 杠杆利益分析 \ 86
第二节 企业最佳资本结构确定 \ 97

第6章　长期筹资 \ 104

第一节　长期借款筹资 \ 104
第二节　债券筹资 \ 108
第三节　股票筹资 \ 116
第四节　租赁筹资 \ 128

第7章　项目投资评价方法 \ 135

第一节　项目投资现金流量分析 \ 135
第二节　项目投资评价方法 \ 144
第三节　项目投资风险评价 \ 154

第8章　企业日常财务管理 \ 164

第一节　现金及有价证券管理 \ 164
第二节　应收账款管理 \ 179
第三节　存货管理 \ 188
第四节　短期筹资 \ 197

第9章　利润分配及股利政策 \ 209

第一节　利润分配原则及程序 \ 209
第二节　股利政策 \ 213

第10章　公司并购 \ 224

第一节　公司并购概述 \ 224
第二节　公司并购的程序 \ 230
第三节　公司并购价值估价方法 \ 232
第四节　公司并购价格支付方式 \ 239
第五节　企业并购风险 \ 243
第六节　被收购企业的防御策略 \ 247

附录　系数表 \ 254

参考文献 \ 262

第 1 章

公司理财导论

【学习要点】 本章介绍了公司理财的含义及其发展历史，理财活动及其特点，公司理财的实质；说明了公司理财的基本环节与方法，各方法之间的关系；分析了公司理财目标的作用和基本特征，利润最大化理财目标和股东财富最大化理财目标的优缺点；阐述了公司理财目标实现的协调方法。

第一节 公司理财的基本概念

一、公司理财的含义

公司理财习惯上称之为财务管理，它着重研究公司当前或未来经营活动所需要的资金取得、使用与分配的管理活动。公司理财形式表现为围绕公司当前或未来资源取得、使用和分配的财务活动。公司理财实质上是处理财务活动中形成的公司与各方的经济关系。公司理财运用预测、决策、规划、控制、分析等手段实现公司财务目标。

要了解公司理财的现状，必须研究公司理财思想和实务的历史发展。公司理财最初出现于 19 世纪末，发展于 20 世纪，特别是在 20 世纪中期，随着商品生产和商品交换的规模的不断扩大，金融市场的日益繁荣，企业并购等资本运作形式的风起云涌，计算机技术的全面应用，公司理财的理论与方法也取得了令人瞩目的发展。西方企业经济活动和财务管理实践发展大至经历了以下几个阶段：

（一）公司理财理论产生的初期阶段

19 世纪以前，财务管理是经济学的一个组成部分。19 世纪 50 年代后期至 20 世纪 20 年代末，传统的家庭手工业为现代化的机器工业所取代，各种新兴的产业部门大量涌现和技术创新行为普遍出现，企业重组和兼并之风盛行。独资和合伙等传统组织形式企业，逐渐为股份有限公司所替代。企业需要解决为扩大生产经营规模而筹措资金的问题。此时，资本市场体系初步形成，各类证券交易机构纷纷建立，为股份有限公司的股票发行和交易提供了可能。但由于投资者和筹资者资信不对称，再加上公司内线人物和股市操纵者参与股票交易，股价剧烈波动，资金很难从投资者手中转移到筹资者手中。在此经济环境下，以公司为主体的财务管理从经济学中分离出来，开始成为一门独立的管理学科。财务管理的理论和实务，主要围绕各种融资工具、融资机构，以及资本市场的运行、合理安排资本结构等方面展开的。

（二）财务管理发展的中期阶段

20世纪30年代经济大危机，使无数企业相继倒闭。企业偿债能力的保持、企业破产、清算和重组等问题成为当时财务实务的重点。

鉴于当时经济条件的恶化，各国政府为保护投资者和债权人合法利益，加强对证券交易和财务信息披露的立法和对某些企业（行业）的控制和干预。政府要求公司充分披露有关财务信息，使公司外部人员可根据公布的有关信息进行财务分析，财务管理更加注重法律性和制度性。

（三）财务管理发展的近期阶段

20世纪50年代后期，随着新技术的开发与利用，公司更加注重设备的更新换代，资本预算和货币时间价值理论得到了应用，促进了企业注意有效配置各种资产和重视现金流量计划实现，财务管理人员的责任和权力范围，开始包括按照某一可行性的目标或可接受标准对投资的各种资产进行管理，通过对资产的投放、运用管理，增加公司价值。在这一时期，公司财务管理的重点由外部的一些法律问题转移到加强公司内部管理和决策。

20世纪60年代，统计和优化理论的数学模型开始应用于公司流动资产和固定资产的管理与分析，使财务管理迅速朝着"严谨的数量分析"发展。负债与股东权益的分析与管理再度受到人们的重视。公司财务管理研究重点为：（1）最佳资本结构的组合，在有效的金融市场上，企业的举债和股利政策与其证券价值确定互不相关；（2）投资组合理论及其对公司财务决策的影响。

20世纪70年代，以期权定价理论为主的各种风险衡量模式的出现，使财务管理发展到一个崭新的水平。财务管理的重点是如何运用各种模式评估投资和筹资风险。

20世纪80年代以后，随着世界范围内新技术革命浪潮的冲击，财务管理新的领域正逐渐被开辟出来，如通货膨胀财务、国际财务、资本运作财务、电算财务等。财务管理吸收兼容一些宏观经济理论与方法，空间进一步扩大，形式、内容和方法更加充实和完善。公司财务不仅从微观层次上讨论资金的筹措、使用和分配问题，还从宏观的角度探索关于组织财务活动、处理财务关系等一系列问题。财务管理在更高层次和更大范围内发挥作用。同时，系统论、信息论和控制论等横断科学，尤其是计算机辅助决策系统，在财务管理的运用，使财务管理的发展更加科学和完善。

二、理财活动和企业资金运动

（一）理财活动

企业的理财活动是指企业再生产过程中的资金运动，即资金的筹集、运用和分配的活动。企业再生产过程既是使用价值的生产和交换过程，也是价值的形成和实现过程。对企业再生产过程用实物量度和时间量度进行核算和管理外，还必须用价值形式进行核算和管理。因此，在组织生产和进行分配交换过程中，必然存在筹集、运用和分配资金的活动，这些经济活动就是企业理财活动。

1. 资金筹集。资金是企业再生产过程中能够以货币表现的、用于生产周转和创造物质财富的价值。企业要进行生产经营活动，必须筹集一定数量的资金。在市场经济条件下，企业资金来源有两部分：一部分是所有者投资，它是企业的自有资金；另一部分通过不同渠道借入资金。企业筹集资金的途径主要有：（1）由企业所有者（包括国家、其他企业单位、个人、外商等）投入，形成企业资本金；（2）企业内部积累，即将税后利润留存于企业；（3）对外借款，包括发行债券、向金融机构及其他机构借入资金。企业应根据生产经营和投资等活动的需要筹集资金。企业所筹集的资金都有一定成本，资本成本主要包括资金筹集费用和资金使用费用。资金进入企业，就成为企业资金运动的起点。

2. 资金运用。资金运用是企业将筹集到的资金，根据生产经营需要，按合理的结构投放于流动资产、长期投资、固定资产、无形资产及其他资产，在生产经营过程中使用。企业拥有自主理财权限，可以根据需要和自主财力，确定资金投向和投向结构，以灵活调度资金和统筹规划运用资金，提高资金的使用效益。

企业生产经营过程包括供应、生产、销售三个阶段。要使企业的生产经营活动能够顺利开展，企业的资金必须顺利经过货币资金形态—储备资金形态—在产品资金形态—产成品资金形态，最后回复到货币资金形态。资金在生产经营过程中，既要保持各种资金形态时间上的继起，也要保持各种资金形态空间上的并存性。企业的生产经营过程，既是产品的生产过程，也是各种活劳动和物化劳动的消耗过程。在生产经营过程中为获取收入必然发生各种耗费，为某一对象所发生的各种必然耗费之和，是这一对象的成本。生产经营过程中发生的资金的耗费过程，也是新价值的创造过程。

3. 资金分配。企业所取得的主营业务收入，要弥补主营业务的各项耗费和主营业务税金及附加，形成主营业务利润，主营业务利润加其他业务利润和投资收益构成企业的营业利润，企业业务利润加营业外收支净额构成了企业的利润总额。企业利润应按税法规定，调整为应纳税所得额，按规定的税率交纳企业所得税。税后利润按国家规定分配，税后利润首先提取盈余公积和公益金，用于企业扩大积累、弥补企业亏损和职工集体福利设施的开支。盈余公积、公益金和未分配利润与股本和资本公积等共同组成企业自有资金参与企业生产经营过程的资金运动。提取盈余公积后企业根据股利政策，再对投资者分配股利。企业从经营活动收回的货币资金，还应按计划向债权人偿付本金和利息。

应当注意的是,企业筹集的资金,归结为权益资本和债务资本,企业应对这两种资本分配报酬,前者是通过利润分配方式进行的,是属于税后利润分配的范畴;后者是通过将利息计入财务费用等形式进行分配的,是属于税前分配。任何时候企业都要向国家交纳各项税金,或经国家审查同意,减免税金,以利于国家履行经济管理的职能。随着分配的进行,资金运动表现为退出或是留在企业。企业向国家交纳税金数额、向投资人支付股利多少和偿还债权人本金和利息情况必然影响企业资金运动,这种影响不仅表现在资金运动的规模上,也表现在资金的结构上。因此,企业应合理确定分配规模和分配方式,以保证企业资金运动的顺利进行。企业的理财活动见图1-1。

(二)企业资金运动

企业资金运动是指企业随着理财活动的开展,资金运动所表现出的规律性,主要表现有以下几方面内容:

1. 在资金运动过程中各种资金形态在空间上的并存和时间上的继起。马克思在分析资本循环时指出:"资本作为整体是同时地、在空间上并列地处在它的各个不同阶段上。但是,每一个部分都不断地依次由一个阶段过渡到另一个阶段,由一种职能形式过渡到另一种职能形式,从而依次在一切阶段和一切职能形式中执行职能。因此,这些形式都是流动的形式,它们的同时并列,是由于它们相继进行而引起的。"[①] 企业的资金不但在空间上并存于货币资金、固定资金、储备资金、在产品资金、产成品资金等各种形态,而且在时间上要求各种资金形态相继通过各自的循环,才能保证资金运动的连续不断进行。如果全部资金都处在储备资金(或任何一种资金形态上)就会使资金循环发生停顿。

2. 在资金运动过程中资金的存量和增量具有保全性和增值性。为了保证企业简单再生产的顺利进行,企业必须坚持资本保全原则,以维护股东的利益,不论是存量资本还是增量资本,在资本耗费补偿、收益确认、利润分配等必须保证资本完整,保证资本耗费能够得到足额补偿。同时,资金运动是以追求资金量的增加为目的的,资金运动的最终结果体现在资金的增值性上。因此,资金保全是前提,增值是目的。

3. 在资金运动过程中资金收支在数量上和时间上协调平衡。要保证资金运动的顺利进行,要求资金收支在数量上和时间上要协调平衡。收不抵支,资金运动会中断或停滞不前。收支总额平衡,时间分布不均衡,会导致资金运动的不够顺畅。资金收支的平衡取决于企业产销平衡。企业应根据销售目标,合理确定原材料的采购数量、固定资产的需求和劳动力的需要,节约原材料消耗,减少各种资源浪费,改进劳动组织,提高劳动效率,使供、产、销保持平衡,实现资金运动中收支数量和时间上的平衡。

---

① 《马克思恩格斯全集》第24卷,人民出版社1972年版,第121页。

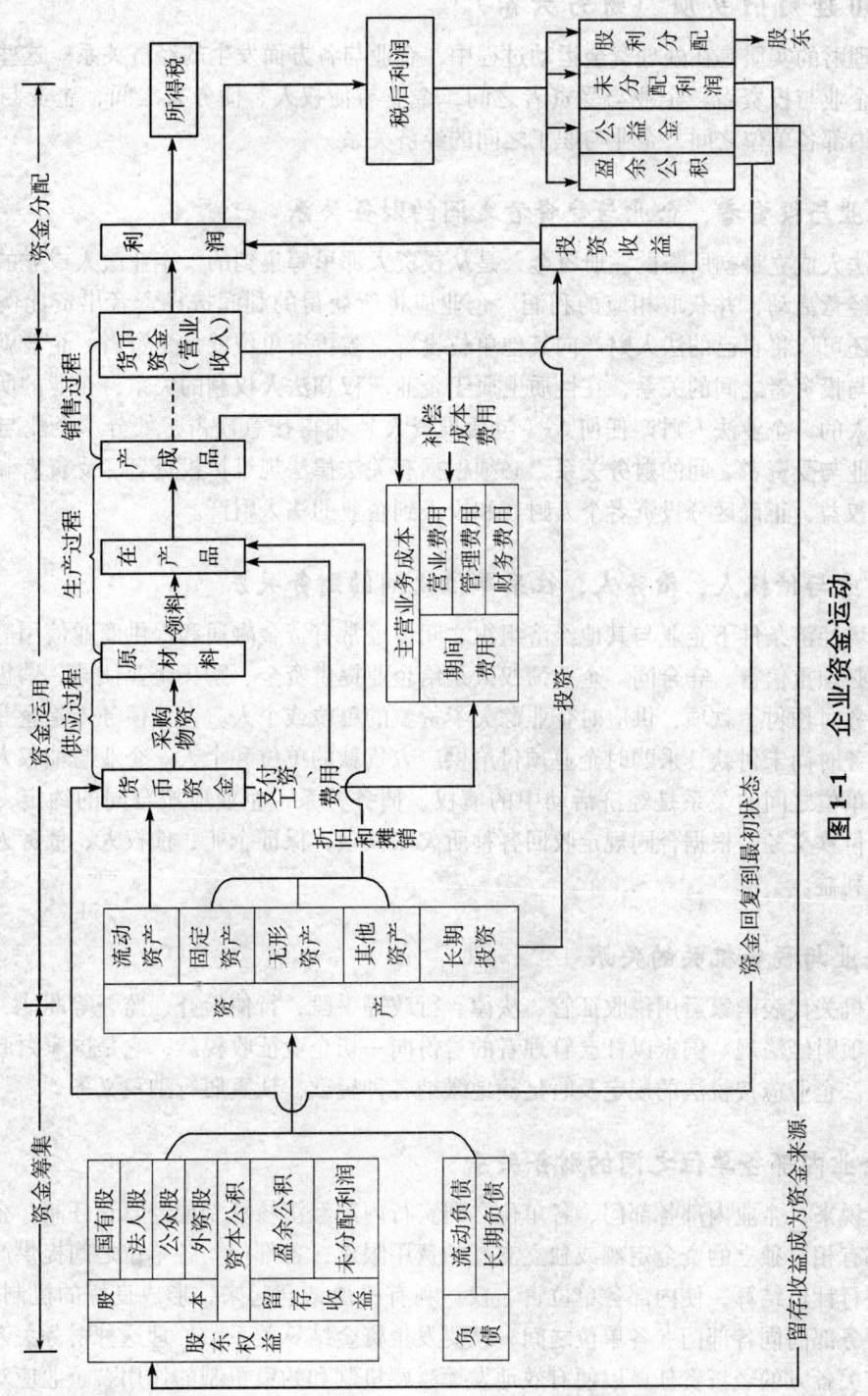

图 1-1 企业资金运动

三、公司理财的实质（财务关系）

公司理财的实质是在处理资金运动过程中，企业与各方面发生的经济关系。这些经济关系主要是企业与投资者、企业与受资者之间，企业与债权人、债务人之间，企业与国家之间，企业内部各单位之间，企业与职工之间的经济关系。

（一）企业与投资者、企业与受资者之间的财务关系

企业法人成立最初所需的注册资金，是从投资人那里筹集到的。企业法人成立的目的是进行生产经营活动，并获取相应的利润。企业应将所获得的利润按投资者出资比例进行分配。企业还可以将自己的法人财产向其他单位投资，被投资单位就是受资者，企业就是投资者。企业与投资者之间的关系，在性质上属于企业产权和法人权利的关系，企业的所有权是属于投资人的，企业法人财产任何人（包括投资人）不得任意侵占、处分。企业与投资者之间、企业与受资者之间的财务关系，必须根据有关法律法规维护投资者、受资者和企业法人的合法权益，正确区分投资者个人财产和投入到企业的法人财产。

（二）企业与债权人、债务人、往来单位之间的财务关系

在市场经济条件下企业与其他经济组织之间，经常有资金融通和提供商业信用等经济行为。企业必须重信誉、守合同。企业债权人是给企业提供资金、购买企业债券、销售企业的商品和劳务时预付了款项，供应时企业赊欠了货款的单位或个人。企业债务人是企业在销售商品或劳务时尚未付款，采购时企业预付给供应方货款的单位和个人。企业与债权人、债务人、往来单位之间的关系是经济活动中的债权、债务关系，企业应按合同的约定，偿付本息，履行付款义务，根据合同规定收回各种所欠账款项，保证企业、债权人、债务人之间的正常经济利益。

（三）企业与税务机关的关系

税务机关代表国家运用税收征管、法律、行政等手段，行使检查、监督等职能，促进企业遵守各项财经法规。国家以社会管理者的身份向一切企业征收税款，它是国家财政收入的主要来源。企业应按税法的规定及时足额地缴纳各种税款，认真履行纳税义务。

（四）企业内部各单位之间的财务关系

一般说来，企业内部各部门、各单位之间实行内部经济核算制或经营责任制，企业内部各单位都有相对独立的资金定额或独立支配的费用限额，各部门、各单位之间提供产品和劳务都要进行计价结算，使内部各单位责、权、利有机地结合起来，形成良好的机制。这样，在企业财务部门同各部门、各单位之间，就要发生资金结算关系。处理这种财务关系，要严格区分有关各方的经济责任，以便有效地发挥激励机制和约束机制的作用。企业应对内部各单位内部经济核算制、经营责任制、生产经营任务、经济技术指标等的完成情况进行客观公正考核评价，按规定要求进行奖励，确保企业总目标实现。

(五) 企业与职工之间的财务关系

企业应向职工支付工资、津贴、奖金等劳动报酬。它是根据职工劳动的数量和质量,贯彻按劳分配原则,进行的劳动成果结算。企业应建立科学的薪酬机制,并按时用货币进行工资结算。企业与职工之间的财务关系体现了有关分配政策。

企业的资金运动,从表面上看是钱物的增减变动,其实,这些钱物的增减变动都离不开人与人之间的关系。企业财务活动要正确处理好这些财务关系,保证生产经营活动顺利进行,最终达成理财目标的实现。

第二节 公司理财的基本环节与方法

在公司理财各阶段,需要借助于公司理财一系列方法进行有关理财活动,实现公司理财目标。公司理财各个阶段就是理财的基本环节,它主要包括:进行财务预测、运用财务决策、制订财务计划、实施财务控制、开展财务分析等。公司理财的基本方法是与这些管理环节相适应的,分别是财务预测方法、财务决策方法、财务计划方法和财务分析方法,它们紧密联系,构成财务管理循环,成为一个完整的公司理财工作体系。

一、财务预测

财务预测是根据企业过去的财务活动资料,结合市场变动情况,对企业未来财务活动的发展趋势做出科学的预计和测量,以便把握未来,明确方向。财务预测的主要任务是:通过测算企业财务活动的数据指标,为企业决策提供科学依据;预计企业财务收支变动情况,确定企业未来的经营目标;测定各项定额和标准,为编制计划、分解计划指标提供依据。财务预测是在前一个财务管理循环的基础上进行的,它既是两个管理循环的联结点,又是财务决策的必要前提。财务预测的内容涉及企业资金运动的全过程,一般以销售收入预测为基础,包括流动资产需要量的预测、固定资产需要量的预测、成本费用预测、利润总额与分配预测,以及有关长短期投资预测等。

财务预测是按一定的程序进行的,财务预测一般程序是:

(1) 明确预测目标。为了达到预测的效果,应根据决策的需要,针对不同的预测对象,确定财务预测的目标。

(2) 搜集整理资料。根据预测目标和预测对象,有针对性地搜集有关资料,检查资料的可靠性、完整性和典型性,排除偶发因素对资料的影响,还要对各项资料进行必要的归类、汇总和调整,使资料符合预测需要。

(3) 建立预测模型。按照预测的对象,找出影响预测对象的主要因素及其相互关系,建立相应的预测模型,对预测对象的发展趋势和水平进行定量描述,以此获得预测结果。

(4) 论证预测结果。为了使预测结果符合预期要求,在定量分析的基础上,还需要对定量预测的结果进行必要的定性分析和论证,做出必要的调整。这样就可得到精确度较高的预测结果，为决策提供依据。

财务预测的方法包括定性预测方法和定量预测方法两大类。定性预测方法是由熟悉情况和业务的专职人员，根据过去的经验和专业知识，各自进行分析、判断，提出初步预测意见，然后通过一定的形式（如座谈会、讨论会、咨询调查、征求意见等）进行综合，作为预测未来的依据。定量预测方法主要依据历史的和现实的资料，建立数学模型，进行量化测算。常见的财务预测模型有因果关系预测模型、时间序列预测模型、回归分析预测模型等。以上两类预测法并不是相互排斥的，在进行预测时，应当将它们结合起来，互相补充，以便提高预测的质量。

二、财务决策

财务决策是指财务人员根据财务目标的总要求，运用专门的方法，从各种备选方案中选择最佳方案的过程。财务决策在实质上是选定财务目标和实施方案的选优过程。财务决策是在财务预测的基础上进行的，它又是财务计划的前提。

财务决策的内容很广，一般包括筹资决策、投资决策、股利决策和其他决策。筹资决策主要解决以最小的资本成本取得企业所需要的资本，并保持合理的资本结构问题；投资决策主要解决投资对象、投资数量、投资时间、投资方式和投资结构的优化选择问题；股利决策主要解决股利分配的股利支付比率、支付时间、支付数额等问题；其他决策包括企业兼并与收购决策、企业破产与重整决策等。

财务决策的基本程序是：

（1）确定决策目标。根据国家宏观经济的要求，作为决策参考，以预测数据为基础，结合企业总体经营的部署，从企业实际出发，确定决策期内企业需要实现的财务目标。

（2）提出实施方案。以确定的财务目标为主，考虑市场可能出现的变化，结合企业内外有关财务和业务活动资料以及调查研究材料，设计出实现财务目标的各种实施方案。

（3）评价选择方案。通过对各种备选可实施方案的分析论证和对比研究，主要是对各方案的经济效益的分析研究，运用合适的决策方法，做出最优财务决策。当然在众多备选方案中未能选出最优方案也是财务决策。

财务决策的技术方法有确定性决策方法、不确定性决策方法和风险决策方法三类。

三、财务计划

财务计划是组织企业财务活动的纲领，它是运用科学的技术手段和数学方法，对目标进行综合平衡，制定主要计划指标，拟定增产节约措施，协调各项计划指标。财务计划是财务决策所确定经营目标的系统化、具体化，保证企业经营目标实现的重要工具，又是控制财务收支活动、分析和检查生产经营成果的依据。

企业编制的财务计划主要包括资金筹资计划、固定资产增减和折旧计划、流动资产及其周转计划、成本费用计划、利润及利润分配计划、对外投资计划等。财务计划的编制要做到科学性、先进性和合理性，力求反映企业的实际和客观经济规律的要求。

财务计划的一般程序是：

（1）制订计划指标。根据国家经济发展规划和产业政策的要求，按照企业供产销的条件和生产能力，运用科学方法，对决策提供的目标进行因素分析，确定对其有影响的各种关键因素，按照效益原则，制定出系列主要计划指标。

（2）提出保证措施。从挖掘企业潜力、提高经济效益出发，合理安排企业人力、财力、物力，组织好财务收支的协调和平衡，制定各部门、各单位增产节约和增收节支的措施，完善各项定额管理制度，用以保证企业计划指标的落实。

（3）具体编制计划。以企业经营目标为中心，以平均先进定额为基础，计算出企业计划期内资本占用、成本费用、收入利润等各项指标，并检查各项计划指标是否相互衔接、协调和平衡。

编制财务计划的方法有平衡法、余额法、限额法等。

在企业实践中，财务计划常常以财务预算的形式表现出来。财务预算是一系列专门反映企业在未来一定预算期内预计财务状况、经营成果以及现金收支等价值指标的各种预算的总称。财务预算是企业全面预算体系的重要组成部分。企业全面预算体系包括特种决策预算、日常业务预算和财务预算三类。特种决策预算最能直接体现决策结果，是优选方案的进一步规划；日常业务预算是与企业日常经营业务直接相关的预算，如销售预算、生产预算、直接材料预算、直接人工预算、制造费用预算、产品生产成本预算等；财务预算以价值形式综合反映企业特种决策预算和日常业务预算的结果，也称为总预算，包括现金预算、预计资产负债表、预计损益表、预计现金流量表。

四、财务控制

财务控制是在生产经营过程中，以计划任务和各项定额为依据，按照一定的程序和方式，对资金的收支、占用、耗费进行日常计算和审核，发现和纠正偏差，确保企业及其内部机构和人员全面实现财务计划目标的过程。实行财务控制是落实计划任务，保证计划实现的有效措施。财务控制是一种连续性、系统性和综合性最强的控制。

财务控制是由确定控制目标、建立控制系统、信息传递和反馈、纠正实际偏差等所组成的控制体系。

（1）确定控制目标。财务控制目标一般可以按财务计划指标确定，对于一些综合性的财务控制目标应当按照责任单位或个人进行分解，使之能够成为可以具体掌握的可控目标。

（2）建立控制系统。即按照责任制度的要求，落实财务控制目标的责任单位和个人，形成从上到下、从左到右的纵横交错的控制组织。

（3）信息传递与反馈。这是一个双向流动的信息系统，它不仅能够自下而上反馈财务计划的执行情况，也能够自上而下地传递调整财务计划偏差的要求，做到上情下达，下情上报。

（4）纠正实际偏差。即根据信息反馈，及时发现实际脱离计划的情况，分析原因，采取措施加以纠正，以保证财务计划的完成。

五、财务分析

财务分析以企业会计报表信息为主要依据，运用专门的分析方法，对企业财务状况和经营成果进行解释和评价，挖掘企业潜力，提出改进措施，使投资者、债权人、管理者以及其他信息相关者做出正确的决策。

借助于财务分析，可以掌握各项财务计划和财务指标的完成情况，检查国家财经制度、法令的执行情况，并有利于改善财务预测、财务决策工作，还可以总结经验，掌握企业财务活动的规律性问题。

财务分析的主体不同，分析的目的也不同。债权人主要关心企业的资产负债水平和偿债能力。投资者主要关心企业的盈利能力和资本保值增值能力。企业管理者要关注企业经营活动和财务活动的一切方面。国家和社会主要关注企业的贡献水平等。财务分析的目的不同，分析的侧重点也不同。

一般而言，财务分析的内容主要是：

（1）分析偿债能力。企业偿债能力分析包括短期偿债能力分析和长期偿债能力分析。短期偿债能力分析主要分析企业债务能否及时偿还。长期偿债能力分析主要分析企业资产对债务本金的支持程度和对债务利息的偿付能力。

（2）分析营运能力。营运能力分析既要从资金周转期的角度评价企业经营活动量的大小和资产利用效率的高低，又要从资产结构的角度分析企业资产构成的合理性。

（3）分析盈利能力。盈利能力分析主要分析企业营业活动和投资活动产生收益的能力，包括企业盈利水平分析、社会贡献能力分析、资本保值增值能力分析以及上市公司税后利润分析。

（4）分析综合财务能力。从总体上分析企业的综合财务实力，评价企业各项财务活动的相互联系和协调情况，揭示企业经济活动中的优势和薄弱环节，指明改进企业运作的主要方向。

财务分析常用的方法有对比分析法、因素分析法、趋势分析法和比率分析法。对比分析法是指将企业相关的财务指标进行对比，计算出财务指标变动的绝对数和相对数，并分析变动差异的一种方法。因素分析法是一种根据影响分析对象的主要因素，逐项分析各因素变动对分析对象影响程度的方法。比率分析法是指在同一财务报表的不同项目之间，或在不同报表的有关项目之间进行比较，计算出财务比率，反映各项目之间的相互关系，据以评价企业的财务状况和经营成果的一种方法。趋势分析法就是将两个或两个以上连续期的财务指标或比率进行对比，计算其增减变动的方向、数额和幅度，据以预测财务指标变动趋势的一种分析方法。

财务分析的一般程序如下：

（1）进行对比，做出评价。对比分析是揭露矛盾发现问题的基本方法。通过对比分析辨认先进与落后、节约与浪费、成绩与缺点。财务分析要在充分占有资料的基础上，通过数量指标的对比来评价业绩，发现问题，找出差异，明确责任。

（2）因素分析，抓住重点。对比分析找出差距，揭露矛盾。要说明产生问题的原因，还需要进行因素分析，抓住重点。从影响企业财务活动各个因素中找出影响财务指标完成的主要因素，以便分清责任，抓住重点。

（3）落实措施，改进工作。通过因素分析找出各种财务活动之间以及财务活动同其他经济活动之间的本质联系，然后提出改进措施。改进措施，应明确负责人员，规定实现的期限。措施一经确定，就要组织各方面的力量认真贯彻执行，并进行相应的跟踪检查。

应当注意，财务分析既要考虑业务经营活动对财务活动的主要影响，同时不应忽视会计处理原则、方法的变更对财务状况和经营成果的影响；财务分析需要以企业的日常会计报告、计划资料为依据，也要结合同行业、先进企业的资料以及调查研究资料开展分析，从而有利于全面分析企业财务状况。

第三节 公司理财目标

一、公司理财目标的基本概念

公司理财目标是指公司理财活动所要达到的目的，是评价公司理财决策是否正确的标准。进行任何工作，都要根据工作对象的客观规律性提出自身需要解决的主要问题，这就是目标。合理确定公司理财的目标，对指导理财活动具有重要的意义。

（一）公司理财目标的作用

1. 导向作用。理财目标的作用首先就在于为各种管理者指明方向。公司理财目标是理财活动最终要达到的目的，犹如万里行船所要抵达的彼岸，它指导作用十分显著。

2. 激励作用。目标是激励公司全体成员的力量源泉，每个部门、每个员工只有明确了公司的目标，并将公司理财目标作为公司考核的依据，才能调动起潜在能力，尽力而为，创造出最佳成绩。

3. 凝聚作用。公司是一个凝聚协作系统，公司凝聚力的大小受到多种因素的影响，其中一个重要因素，就是它的目标。公司理财目标明确，能充分体现全体职工的共同利益，就会极大地激发公司职工的工作热情、献身精神和创造能力，形成强大的凝聚力。

4. 考核作用。以明确的目标作为绩效考核的标准，就能按职工的实际贡献大小如实地进行评价，使业绩考核规范有效、评价科学客观。

（二）公司理财目标的基本特征

1. 稳定性。稳定性是指理财目标的确立是在一定政治、经济环境及公司特性下所做出的，随着环境因素的变化，理财目标也会发生变化，但应根据公司理财的基本环境和本质属性，遵循理财基本规律，联系行业与公司特性的要求，慎重选择并为同行所公认。这样的理财目标在一定时期内必须保持相对稳定。

2. 多元性。多元性是指公司理财目标不是单一的，往往是一个多元目标组合。公司必须坚持以经济效益为中心，同时社会效益和环境效益并重，体现公司理财目标。否则，公司将既无经济效益，也无社会效益和环境效益，公司最终将被淘汰。

3. 层次性。层次性是指理财目标既有关系全局的总体目标，又有仅对某一范畴的局部目标。公司理财目标是一个系统。理财目标的层次性，是由于公司理财内容和理财方法的多样性以及它们相互关系上的层次所决定的。

二、公司理财目标体系

公司理财目标按其涉及的范围大小，可分为总体目标和分项目标。公司目标决定了公司理财的总体目标，总体目标是指整个公司理财活动要达到的目标，决定着整个理财过程的发展方向，是公司理财活动的出发点和归宿。分项目标是指在总体目标的制约下，从事某一部分理财活动所要达到的目标。总体目标是各个分项目标的集中表现，分项目标是总体目标的明细化。

（一）公司理财总体目标

公司理财总体目标，在理论界和实务界提出了许多不同的观点，归纳起来有以下几种：

1. 利润最大化。利润最大化观念在西方经济理论中根深蒂固，西方学者都是以利润最大化概念来分析、评价公司行为与业绩的。以追逐利润最大化作为公司理财目标，主要是因为：（1）人类进行生产经营活动的目的是为了创造更多的剩余产品，在商品经济条件下，剩余产品的多少可以用利润这个价值指标来衡量；（2）在自由竞争的资本市场中，资本使用权最终属于获利最多的公司，坚持这一目标有助于资源的最优配置；（3）每个公司都最大限度地获得利润，整个社会的财富才可能实现最大化，从而带来社会的进步和发展。

利润最大化目标在实践中存在一些难以解决的问题：（1）利润是指公司一定时期实现的利润总额，它没有考虑货币的时间价值。（2）没有反映创造的利润与投入的资本之间的关系，因而不利于不同资本规模的公司或期间之间的比较。（3）没有考虑风险因素，高额利润往往要承担过大的风险，不利于收益与风险的权衡决策。（4）片面追求利润最大化，可能导致公司短期行为，如忽视在科技开发、产品开发、人才开发、生产安全、技术装备水平、生活福利设施、履行社会责任等方面的投资与管理。（5）利润最大化强调了实现利润的最大化，没有要求利润分配的最优化。收益分配为公司理财的重要内容之一，要求决策者根据理财的外部环境和公司的实际情况，正确地做出收益分配决策。因此，利润最大化不能成为现代公司理财目标。

2. 公司价值最大化（股东财富最大化）。按照现代委托代理学说，公司的日常理财工作由受委托的经营者负责处理，受托方的职责是最大限度地谋求股东或委托人的利益。股东或委托人的利益目标则是增加股东财富，实现权益资本的保值增值。公司价值是指公司全部资产的市场价值（股票与负债市场价值之和），它是以一定期间归属于投资者的现金流量，按照资本成本或投资机会成本贴现的现值表示。公司价值不同于利润，利润是新创造价值的一部分，而公司价值不仅包含了新创造的价值，还包含了公司潜在的或预期的获利能力。公司价值的评价一般是通过投资大众的市场评价进行的，投资者对公司潜在的获利能力预期越高，其价值就越大。在公司负债水平一定的情况下，公司价值主要体现在公司股票价格上，股票投资报酬的现值越大，股票的市场价格就越高，公司的价值就越大。因此公司价值最大化也可表述为股东财富最大化。

公司价值最大化作为公司理财的目标，克服了利润最大化目标的某些缺陷。其优点表现在：

(1) 这一目标概念明确，便于股东评价理财工作的绩效。公司的价值体现在股票的价格上，而股票的价格高低则反映了投资者对公司经营绩效的综合评价，这样使公司的经营置于股东的监督之下。(2) 这一目标考虑了货币的时间价值和投资的风险价值。这是因为，在投资者看来，股票的价格不仅受公司利润因素的影响，还受到风险因素的影响；公司的经营风险加大，股票价格会下跌。(3) 这一目标能克服公司在追求利润上的短期行为，反映了对公司资产保值增值的要求。股东的财富表现为股票的市场价格，股票市场价格是公司资产价值的反映，它不仅与当前的利润水平有关，而且与投资者预计的未来报酬关系更密切。(4) 这一目标强调了公司理财是一项综合性的管理活动。某一公司的股票价格不仅受到公司的利润多少和风险大小的影响，而且受到外部环境变化的影响。这就要求公司经营者除了研究公司内部的各种有利与不利因素以外，还要注意分析外部环境的变化对公司价值高低可能产生的影响。

公司价值最大化作为理财目标，存在的缺陷：(1) 对于非股票上市公司，这一目标值不能依靠股票市价做出评判，而需通过资产评估方式进行，出于评估标准和评估方式的影响，这种估价不易客观和准确；(2) 公司股票价格并非为公司所控制，其价格波动受多种因素包括非经济因素的影响，并非与公司财务状况的实际变动相一致，这对公司实际经营业绩的衡量带来了一定的困难。

股东财富与公司价值最大化是公司理财目标的优化选择，该目标在总体目标中处于主要地位。

3. 公司理财社会责任目标。公司首先是一个社会组织，它受到市场经济规律的作用外，必然受到其他社会规律的影响。因此，公司要正确处理提高经济效益和履行社会责任的关系。公司在谋求自身的经济效益的过程中，必须尽到自己的社会责任。一是要保证产品质量，搞好售后服务，不能以不正当手段追求公司的利润；二是要维护社会公共利益，不能以破坏资源、污染环境为代价，谋求公司的效益。公司承担一定的社会义务，出资参与社会公益事业，有助于提高公司的知名度，进而提高股票市价。当然，公司承担的社会责任应当是通过立法以强制的方式让每个公司平均负担。公司按法律规定履行自己的社会责任，同时，保护自己的利益，拒绝非法律、法规规定的项目外，一切形形色色的摊派。

(二) 公司理财分项目标

公司理财的总体目标是理财的最根本和最终的目标，总体目标是由许多分项目标所构成的。分项目标以总体目标为依据，同时又是为总体目标服务的。公司理财的分项目标取决于公司理财的具体内容。因此，下面分别从投资决策、筹资决策和收益分配决策的角度，来阐述公司理财的分项目标。

1. 投资决策的目标。要实现公司价值最大化，必须进行投资，包括扩大生产经营规模的直接投资和提高资产使用效益的间接投资。投资是一个投入产出的过程，产出具有很大的不确定性，因此，投资总是有风险的，这就要求决策者必须认真分析影响投资收益和风险的各种因素，科学地进行投资项目的可行性研究，不但要测算投资项目建成投产后能给公司带来的收益，而且要充分估计投资项目的风险大小。投资决策的主要目标是：权衡投资报酬与风险的得失，达到投资项目在一定风险水平下取得最理想的报酬，或者在取得一定的报酬下风险最小，实现投入产出最大化、资产配置合理化、资产利用高效化、资产质量优良化。

2. 筹资决策的目标。公司要进行投资活动，必须筹集所需的资金。在市场经济体制下，公司所需的资金应由公司自行设法解决。筹资的渠道和方式是多种多样的，各种不同的筹资方式通常有不同的资金成本和不同的限制条件，对公司的财务状况和经营成果产生不同的影响。这就要求决策者认真分析公司内部和外部的筹资环境，正确合理地选择筹资渠道和筹资方式，适时地筹集到所需的资金。筹资决策应达到的基本目标：(1) 所筹资金能满足公司不同时期的投资需要；(2) 资金成本尽可能低；(3) 财务风险控制在合理的限度内；(4) 所筹集的资本结构尽量保持合理。

3. 收益分配决策的目标。公司价值最大的总体目标不但要求公司实现最大的收益，而且要求公司合理地分配收益。收益分配不但关系到投资者眼前的利益，也影响公司的发展。收益分配决策应达到的目标是：在不违反国家法律、法规的前提下，处理好发放股利和留存收益之间的矛盾，使两者之间的比例达到最理想的状态。

公司理财的分项目标除了上述三个方面以外，还包括财务预算计划的目标、成本计划与控制的目标等。实际上，它们都是围绕资金的运用而展开的。因此，公司理财还有一个重要的分项目标：合理安排和使用资金，加速资金周转，提高资金的使用效果。

三、公司理财目标的实现协调

公司理财活动中形成的资金运动，涉及公司生产经营的各个方面，体现了各方面的经济利益关系，这些经济利益关系的主体主要是国家、投资者、经营者和债权人，它们追求的目标不尽相同。因此，各种利益主体在追求各自经济利益的过程中，通常会产生各种利益冲突，这就要求理财专家正确认识和处理这些利益冲突，并设法协调各方的利益，最终实现公司理财的目标。

（一）国家和投资者的利益冲突及其协调

公司所得的各种利益，国家以社会管理者的身份，要求各类公司依法缴纳各种税费。各种投资主体（包括国家）以投资者的身份，要求公司根据发展的需要，进行公司税后利润的分配。从总体上讲，公司的利益与国家的利益是一致的，公司的财富增加了，国家对公司征收的税费也会相应地增加。但是，纳税毕竟是公司的一项支出，最终都会减少公司的财富。所以，投资者总是希望公司的经营者能设法尽可能地避税，甚至漏税、偷税，这就损害了国家的利益。如何来协调这种利益冲突呢？一是要加强宣传，增强纳税主体遵纪守法的自觉性；二是要不断完善税制，克服税收征管上的不科学性；三是要扩大税收稽查的范围，加大处罚的力度。

（二）投资者与经营者之间的利益冲突及其协调

公司制的最大特点是所有权与经营权的分离，这种两权分离是产生投资者和经营者利益冲突的根本动因。公司是投资者出资设立的，投资者委托经营者经营公司，希望获得预期的投资报酬。公司经营得好，取得的收益是归投资者所有的，即增加了股东的财富；经营得不好，公司发生了亏损，也由投资者来承担，即减少了股东的财富。因此，投资者的利益是与公司的利益直接联结在一起的。

经营者是接受投资者的委托来管理公司的经营活动，他们不是公司财产的所有者；经营者的利益虽与公司的利益有某种联系，却不如投资者与公司那么密切。对经营者来说，股东财富最大化是他们的受托责任，但并不是他们的目的，他们的目标主要有：

（1）高额工资薪金，即希望在公司中获得理想的或预期的工资收入。

（2）社会地位和政治地位。由于受传统观念的影响，公司经营者（尤其是高层管理者）被人们视为"老板"，这便是一种社会地位，国有公司的高层经营者还有一种政治地位。因此，经理们把公司经营得出色，一方面是为了经济利益，另一方面自然也是为了这种社会地位和政治地位。

（3）自身的形象。经营者不但要树立公司的良好形象，也设法创造理想的个人形象，这通常是通过适当的装饰来实现的。

（4）避免风险。经营者为了维护自己的地位和形象，通常处事谨慎，不愿冒险。因为冒险即使获得高额收益也不会给他们带来太多的好处，但一旦失败则可能会丧失他们的地位。

显然，经营者和投资者追求的目标不尽相同，有时甚至会发生某种利益冲突。例如，经营者获得高额薪金会增加公司的费用，减少公司的收益，损害股东的利益；树立经营者的自身形象需要增加公司的开支，如配备高档汽车、豪华的办公设备等；避免风险可能会使公司失去良好的投资机会。如何协调经营者和投资者之间的利益冲突呢？一般有两种策略：一是激励，二是监督。

激励，就是将经营者的利益与公司的利益挂起钩来，使他们分享公司增加的一部分财富，鼓励他们采取符合公司最大利益的行动。例如，给经营者增加薪金，把他们的奖金与公司的当前和将来较长一段时间经营业绩联系起来；提高经营者的政治地位；给予各种形式的精神鼓励等。

监督，就是投资者直接或委托第三者对经营者的管理活动进行控制，使经营者按照投资者的意愿去完成经营活动。我国《公司法》规定，公司必须设立监事会，来监督经营者的行为。然而，监督通常起不到理想的作用。这是因为，股东及其委托的监督人对公司并不像经营者那样了解，在业务上也不如经营者精通，所以，他们不可能处处监督，有时也不敢横加指责。监督需要一定的成本，企业的投资人必然在监督成本和监督效果之间进行均衡，采用较小的监督成本取得较大监督效果。

激励和监督的最终目的都是为了使经营者维护投资者的利益，不违背或偏离投资者的目标。但是，激励和监督都有相应的成本或代价，所以，采用这两种策略要注意适度。激励成本太低,可能对经营者起不到很大的作用;要使经营者感受到激励的刺激,就得增加激励成本。同样,要使监督有成效,必须增大监督的广度和力度,增加监督成本。因此,如何把握激励、监督的度,使激励成本和监督成本不超过由此引起的收益增加,这是投资者需要研究的一个重要课题。从理论上讲,激励和监督应控制在这样的最佳状态上:使激励成本、监督成本和偏离目标损失(由于激励与监督不得力而引起经营者的行为背离股东财富最大这一目标的偏差)三项之和达到最小。

(三) 投资者与债权人之间的利益冲突及其协调

债权人把资金提供给公司使用,其目标是到期收回本金,并按时取得约定的利息收入。公司从债权人那边取得资金的目的是维护正常的生产经营,或扩大生产经营规模,抓住投资机会,发挥财务杠杆的有利作用,最终是为了增加股东的财富。显然,债权人与投资者的利益会产生一些冲突。

债权人把资金让给公司使用,其实也是一种投资行为,这种投资行为自然也有风险,与这种风险相对应的报酬便是利息收入。债权人总是设法来避免或减少这种风险,但这并不是完全由债权人可以控制的,因为资金借给公司以后成为公司的法人财产,债权人就无法对其进行控制了。

投资者常常通过经营者来损害债权人的利益,维护其自身的利益。例如,投资者通过经营者将借得的资金投资到高风险的项目。如果冒险成功,分享成果的是投资者,而不是债权人;如果冒险失败,投资者当然首先应承担损失,但承担的损失是有限度的,在公司的财产不足以偿付债务时,债权人不但拿不到利息,可能连本金也不能全部收回。再比如,投资者通过经营者增加负债筹资,提高公司的负债比率,造成了公司财务风险的增大,这样,公司用同样的净资产来保证更多的债务,这种保证程度就会受到削弱,这实际上是损害了原来债权人的利益。

债权人为了保护自己的利益,减少其出借资金的风险,必然要采取相应的对策来限制投资人做出上述各种行为。债权人的对策主要是在有关合同中规定一些附加性或限制性的条款,包括:(1)规定出借资金的用途,限制公司将资金用于高风险的项目;(2)规定公司将负债比率控制在一定的限度内;(3)要求公司定期提供其财务报表,并规定某些重要财务指标(如流动比率、有形净值债务率等)必须保持在一定的水平;(4)限制公司分派股利的金额等。

【习题】

一、关键概念

1. 资金　　　2. 资金筹集　　3. 资金运用　　4. 资金分配　　5. 财务预测
6. 理财目标　7. 财务关系　　8. 财务决策　　9. 财务控制

二、简答题

1. 资金运动的特点是什么?
2. 公司理财一般有哪几个阶段?
3. 公司理财基本方法有哪些?
4. 公司理财目标的作用有哪些?
5. 如何实现投资者与经营者之间的理财目标协调?
6. 为什么说股东收益最大化是财务管理的目标?
7. 试述所有者与债权人的利益冲突与协调。

第2章 公司理财环境

【学习要点】本章介绍了公司组织形成、税务征管、财务会计和金融证券等理财所处的法律环境；说明了金融市场的分类和作用，金融市场的构成要素与主要金融机构，金融资产的价值确定；分析了有效市场假说下弱式效率性、半强式效率性和强式效率性；指出了经济发展状况、通货膨胀、互联网、政府的经济政策等环境因素对公司理财的影响；详细阐述了企业类型、财务管理体制、财务管理组织机构对公司理财的影响。

理财环境，是指对公司理财活动产生影响和作用的公司内外的各种条件。公司理财是一个开放系统，它与各方面发生千丝万缕的联系，公司经营活动的各种因素都对理财活动产生影响。理财环境是公司理财赖以生存的土壤，是公司开展理财活动的舞台。只有清晰公司所处理财环境的现状和发展趋势，才能把握开展理财活动的有利条件，克服不利条件，为公司财务决策提供充分可靠的依据，提出相应的战略措施，提高财务工作者对理财环境的适应能力、应变能力和利用能力，以便更好地实现公司的理财目标。公司理财环境可分为外部的宏观理财环境和内部的微观理财环境。

第一节 公司理财的法律环境

公司理财的法律环境是指公司所在国家，在一定时期内对公司理财发生法律效力的各项法律法规总称。它是公司在发生经济关系时，应遵守的各种法律、法规和规章。现代社会是法治的社会，国家通过制定和颁布法律、法规，并以国家强制力保证实施。市场经济从一定意义上讲也是法制经济。公司在其经营活动中，要和国家、其他企业或社会组织、职工或其他公民，及国外的经济组织或个人发生经济关系。国家管理这些经济活动和经济关系的手段包括行政手段、经济手段和法律手段三种。在经济改革中，行政手段逐步减少，而经济手段特别是法律手段日益增多，把越来越多的经济关系和经济活动的准则，用法律的形式固定下来。同时，众多经济手段和必要行政手段的使用，也必须逐步做到有相应的法律依据，从而转化为法律手段的具体形式，真正实现国民经济管理的法制化。改革开放以来，特别是确立社会主义市场经济体制以来，我国明显加快了法制建设的步伐，其中经济立法更为突出，现已初步形成体系并日趋完善。如我国近几年先后出台和修订了《会计法》、《审计法》、《注册会计师法》、《中国人民银行法》、《公司法》、《预算法》、《票据法》和有关税法等。经济立法的作用在于维护和规范社会经济秩序。从公司理财角度来看，法制建设既为公司提供了一个规范化的理财环境，同时也对公司的理财活动提出了严格的要求，公司理财活动既受到保护，又受到约束。公司的理财活动，无论是筹资、投资还是利润分配，应当遵守有关的法律规范。

一、公司组织法规

企业是市场经济的主体，不同组织形式的企业所适用的法律是不同的。按国际惯例，企业划分为独资企业、合伙企业和公司制企业。不同类型的组织形式对财务管理有着不同的影响。

（一）独资企业

独资企业是由业主个人出资兴办，完全归个人所有和控制的企业。其出资人既是所有者，也是管理者。其特点是易于设立和解散，经营方式灵活多样，所得归业主，无须与人分摊，对企业的债务承担无限责任。这类企业财务管理的内容比较简单，资本的投入和抽回也比较方便。由于信用有限，银行和其他投资者借钱给独资企业资金很少，独资企业利用借款筹资的能力十分有限，企业主要利用业主自己的资本和供应商提供的商业信用。

（二）合伙企业

合伙企业是由两个或两个以上的投资人共同出资兴办、合伙经营、共负盈亏的企业。合伙企业往往采用书面协议的形式明确收益分享和亏损分担的责任。合伙企业较之独资企业扩大了筹资来源和信用能力，使经营风险分散化；合伙人各显其能，有利于提高企业的竞争能力和扩大发展规模的可能性。但是合伙企业与独资企业一样，在法律上不具有法人地位，因而对其债务需承担无限责任。在合伙企业，财务管理活动比独资企业复杂，企业的资本来源和信用能力比独资企业有所增强，盈余分配也更加复杂。

（三）公司制企业

公司制企业的设立必须符合《公司法》的有关规定。公司制企业是由两个以上的股东共同出资，每个股东以其认缴的出资额或认购的股份对公司承担有限责任，公司以其全部净资产对其债务承担有限责任的法人企业。公司包括有限责任公司和股份有限公司两种形式。

有限责任公司的特点是：公司资本不分为等额份额；公司向股东签发出资证明书而不发行股票；公司股份的转让有严格的限制；股东人数受到限制；股东以其出资额比例享受权利、承担义务。

股份有限公司的特点是：公司资本平均分为金额相等的份额；经批准后，其股票可以向社会公开发行，股票可以交易或转让；股东人数没有上限限制；股东按其持有的股份享受权利、承担义务；股份公司要定期公布经注册会计师审查验证的财务报告。

可见，有限责任公司和股份有限公司都是依法集资、联合组成、有独立的注册资本、自主经营、自负盈亏的股权式法人企业。公司的股东作为出资人按投入公司的资本份额享有所有者的资产受益、重大决策和选择管理者的权利，并以其出资额或所持股份为限对公司承担有限责任。公司的最大优点是可以通过发行股票、债券，迅速筹集大量的资本，这比独资企业和合伙企业有更大发展的可能性。在公司制企业，企业不仅要争取获得最大的利润，还要谋求股东财富最大化；公司的资本来源多种多样，筹资方式纷繁复杂，需要认真地加以分析和选择；企业盈余分配也要考虑企业内部和外部的各种因素。

二、税务征管法规

(一) 税务征管法规的影响

税务问题是公司在各种决策中所要考虑的重要内容，公司的价值取决于税后的现金流。科学的税务规划是公司理财的重要职责，公司在经济活动中涉及的税种较多，与公司所在行业及经营业务有关，主要有流转税、所得税等。税法对各种税种的计征范围、计征依据和税率以及各种税的减免，都有原则的规定。税金是公司的一种费用，增加了公司的现金流出，对公司的筹资、投资和分配都具有重要影响。公司税负的减少，需要依靠投资、筹资和利润分配等财务决策过程，财务人员的精心策划，不允许在纳税行为已经发生时，违背税法偷税漏税。《企业会计准则》、《企业财务通则》以及具体会计准则，从会计信息可靠性和相关性角度，具体地、直接地规范了公司的理财行为，它与国家税务征管法规的目标有适度的分离。

税收环境对公司理财影响主要有以下几方面：

(1) 国家采取高税率的税收政策时，留给企业的纯收入将减少，企业现金流出增加，现金流入相对减少甚至绝对减少，增加企业的资金紧缺程度。与此相应，公司应控制投资规模增收节支、增加自我积累，积极寻找新的资金来源，适当增加利润留存比重。

(2) 国家采取低税率的税收政策时，留归公司的纯收入将增加，使企业现金流入增加，现金流出相对减少甚至绝对减少，结果使企业资金出现盈余。与此相应，公司应积极寻找新的投资领域，扩大投资规模，减少对外筹资数量，适当扩大股利支付比重。

(3) 国家调整税收征纳政策时，公司应善于用好用足政策调整给公司带来的潜在好处，合理进行税收筹划，如增加科研经费支出，提高税前抵扣额，增加安全防护投入，提高企业折旧费扣除额等，以期获得最大的政策利益。

(4) 国家调整产业税收政策时，公司应善于把握其政策导向，如产业导向和生产力布局导向（包括但不局限于新能源、新材料产业，节能减排绿色环保产业等），及时调整投资方向，谋求最大投资收益。

(二) 税种及发展趋势

中国入世对现行税法体系也有很大冲击，在结合中国实际、公平、效益的立法原则下重构中国税法将为当务之急。国际上税收制度有两大类：一是以流转税为核心，二是以所得税为核心。我国现行税制仍是以流转税为核心。

1. 流转税。流转税主要包括增值税、营业税和消费税。目前采用的是消费型增值税，这意味着本期购入生产用的机器设备等固定资产已纳增值税金，不计入固定资产成本，在本期凭发票全部抵扣。消费型增值税有利于鼓励设备更新和技术改造，刺激基础产业的投资。此外，增值税将适度扩大和改变征收范围、调低税率，营业税将对税率、征收范围适度调整。根据营业税改征增值税的方案，从事交通运输服务、研发和技术服务、信息技术服务、文化创意服务、物流辅助服务、有形动产租赁服务及鉴证咨询服务，按增值税进行征管。消费税也会扩大征收范围和改变征收方式。

2. 所得税。所得税从发展趋势看，所得税将会成为主体税种。在统一内外资企业所得税基础上，降低税负，加大中小企业、微利企业税收优惠，完善个人所得税，个人所得税将在申报方式、起征点及减免税方面进行改革。

税制模式的选择取决于政府的政策目标。如果政府的政策目标以公平分配为主，应选择以所得税为主体税种的税制模式；如果政府的政策目标以经济效率为主，则选择以流转税为主体税种的税制模式。税种的设置和税率的高低直接影响到企业的理财环境。2012年2月，中央经济工作会议指出，我国税制结构将不断调整完善，部分营业税改征增值税，适当降低部分应税产品增值税税率，调整房产税征纳范围比例，全面推进资源税改革，油气资源税改为从价计征等。这些措施对实现税收制度公平、合理，促进经济健康发展十分必要。

三、财务法规

现代财务法规体系是以财务通则为主导，以行业财务制度为主体，以企业内部财务管理办法为补充的基本框架构建的。就财务领域来讲有：

（一）《企业财务通则》

《企业财务通则》是各类企业进行财务活动、实施财务管理的基本规范，它是最基本的财务法规和制度，起着统率的作用。它是经国务院批准由财政部发布的。从适用范围看，它适用于中华人民共和国境内所有企业，把各类企业财务活动均纳入《企业财务通则》的调节范围。《企业财务通则》主要对建立资本金制度、固定资产的折旧、成本的开支范围、利润的分配等作了规定。从法律效力看，它属于行政法规，国务院已授权财政部颁布实施，并可根据实际执行情况进行修改。它是企业从事财务活动必须遵循的基本原则和规范，也是国家进行财务管理、制定财务制度的法规依据。在财务法规制度体系中，它处于体系中的最高层次。

（二）行业财务制度

行业财务制度是我国各类企业理财活动所必须遵守的原则和规范，反映国家对各类企业理财活动的最一般要求。但不同行业的企业，在资本筹集、资本运用、成本与费用开支、营业收入与利润构成分配等方面有着不同的特点,为了使财务通则的规定能够全面贯彻实施,还必须结合各行业的特点,制定若干具体财务规定,这些规定就是行业财务制度。

行业财务制度是根据财务通则的规定和要求,结合行业的实际情况,充分体现了行业的特点和管理要求,它是各行业企业进行财务工作遵循的具体规定。行业财务制度是财务通则的原则规定与各行业财务活动特点相结合的产物,它在整个财务法规、制度体系中起基础性作用。

行业财务制度是以行业划分为标准的。根据我国实际情况,国民经济行业划分为工业、运输、邮电、流通、服务、金融、建筑、农业、对外经济合作等九个行业,行业财务制度也分别按九个行业制定。行业财务制度由财政部制定,与财务通则保持一致。

(三)企业内部财务管理办法

企业内部财务管理办法(规定)是企业管理当局,根据国家统一的财务制度制定的,用来规范企业内部财务行为、处理企业内部财务关系的具体规则。它在财务法规体系中起补充作用。

企业内部财务管理制度的制定应:(1)遵守《企业财务通则》和行业财务制度的原则和规定;(2)体现企业生产技术的特点和管理要求;(3)考虑企业内部财务管理体制的特点和内容。企业内部财务管理制度一般应:(1)明确企业内部财务管理的级次,明确企业内部各经营单位之间和财务部的关系,明确企业与被投资单位、内部承包单位的财务管理关系;(2)划分内部财务管理岗位,明确相应的责任;(3)明确财务管理的内容与方法,具体包括货币资金、存货、固定资产、销货与收款、工资、筹资、投资、收益分配等管理办法,及固定资产折旧计提方法、存货计价方法、费用提取标准等;(4)明确对财务管理和内部责任单位管理的相互衔接;(5)规定财务规划与财务评价的方法与程序。

四、金融证券法

货币市场和证券市场是公司筹集资本的重要场所。金融证券法规对银行营运活动(如人民银行的职责、地位,商业银行运行监管,银行监督管理机构职责、履行)、保险业务流动管理、证券业务活动(如证券发行、证券交易、证券交易所、证券公司及证券市场的监管等)都有明确的规定,是公司在筹资、投资过程中必须要遵循和执行的法律法规。证券法以更新市场监管理念为主线,强调公共服务意识,着力构建信息披露体系,注意监管程序的建构,都成为业内关注的焦点。我国证券市场的投资品种主要有股票、债券和投资基金,其中投资基金包括证券投资基金、风险投资基金、产业投资基金,以证券投资基金为主。为了规范开放式基金的运行,《证券投资基金法》中对开放式基金当事人的主要权利、义务与责任,开放式基金份额净值及价格计算,开放式基金申购、赎回及其暂停申购和赎回的情形等内容作了详尽规定。公司法和证券投资基金法,促进了我国证券市场的良性发展。随着我国证券市场和资本市场的不断扩大,我国金融证券立法将进一步得到加强。

除上述法规外,与企业财务管理有关的其他经济法规还有许多,包括结算法规、合同法规等。财务人员要熟悉这些法规,在守法的前提下,履行财务管理的职能,实现公司的财务目标。

第二节 金融市场

金融市场是资金供给者和资金需求者通过金融工具进行交易的场所。金融市场的交易对象是资金，资金供应者直接或通过中介人把资金让渡给资金需求者，并取得一定的金融工具。广义的金融市场，是指一切资本流动的场所，包括实物资本和货币资本的流动。广义金融市场的交易内容主要是货币借贷、票据承兑和贴现、有价证券的买卖、黄金和外汇买卖、办理国内外保险、生产资料的产权交换等。狭义的金融市场一般是指有价证券市场，即股票、债券的发行和买卖市场。

一、金融市场的类型

金融市场是市场经济体系中最为重要的组成部分，几乎所有的非金融市场（包括商品市场、劳务市场、通信市场）、公共机构、公司，甚至个人都和金融市场息息相关。公司理财更要借助金融市场进行融资、投资，实现长短期资金周转，获得重要理财信息如利率变动、证券行情。

金融市场可按不同的标准进行分类：

（一）按交易期限划分，可分为货币市场和资本市场

1. 货币市场。它是指期限不超过一年的短期资金交易市场。货币市场是调剂短期资金的场所，主要有短期存贷、同业拆借、票据贴现、大额定期存单、短期债券。

（1）短期存贷是指公司的现金资产，绝大部分是以活期银行存款的方式存在，而当流动资金不足时，又以短期借款的方式进行弥补。

（2）同业拆借是指各种金融机构相互间进行短期的、临时性的头寸调剂而产生的交易活动。这种交易活动一般没有固定场所，主要通过现代通讯手段成交，期限按日计算，一般不超过一个月。同业拆借利率是金融市场上最敏感的利率，资本市场的利率总是跟随同业拆借利率作为其他信贷的利率。例如，国际信贷市场往往用 LIBOR（伦敦同业拆借利率）加一个附加率来表示贷款的利率高低。实际上，同业拆借利率成了公司资本成本的指示器，是进行筹资决策与风险管理的重要信息。

（3）票据贴现是指公司采购物资设备时，可以向供应商签发商业票据，获取短期信用；对于接受的票据，也可以通过背书转让，票据贴现获取现款。利用票据贴现是加强营运资本管理、提高资本运作效率的重要途径。

（4）大额定期存单是一种买卖银行发行的可转让大额定期存单的理财活动。允许大额定期存单买卖、转让，它集中了活期存款和定期存款的优点。对银行而言，它是定期存款；对投资者而言，既有较高的利息收入，又能够及时变现。

（5）短期债券主要买卖一年期以内的短期企业债券和政府债券。短期债券的转让可以通过贴现或买卖的方式进行。短期债券以其信誉好、期限短、利率优惠等优点，成为短期资

本市场的重要金融工具。

2. 资本市场。它是指期限在一年以上的股票和债券交易市场，因为发行股票和债券主要用于固定资产等资本货物的购置，所以叫资本市场。公司通常是以发行人的身份借助资本市场筹集资本的，有时也可能利用资本市场进行长期证券投资或开展兼并收购活动。资本市场又可分为长期存贷市场和证券市场。

（1）长期存贷是指公司借助长期存贷市场，举借长期贷款用于固定资产投资，或资金有较长期充裕时利用信托存款、委托贷款的方式提高资金利用效率和收益率，及通过租赁公司进行融资租赁，引进先进的通信设备等市场业务。

（2）证券市场是指公司发行股票、债券筹集权益资本与债务资本，或利用产业投资基金和创业投资基金进行筹资，及利用资金进行投资期限较长的投资等市场业务。

（二）按交易性质划分，可分为发行（一级）市场与流通（二级）市场

发行市场是指从事新证券和票据等金融工具买卖的转让市场，也叫初级市场或一级市场；流通市场是指从事已上市的旧证券或票据等金融工具买卖的转让市场，也叫次级市场或二级市场。

（三）按交割时间的不同，可分为现货市场和期货市场

现货市场是指买卖双方成交后，当场或几天之内买方付款、卖方交出证券的交易市场，它是即时募集资本的场所；期货市场是指买卖双方成交后，在双方约定的未来某一特定的时日才交割的交易市场，它主要有期货、期权业务，期货市场最基本的目的是完善市场，规避风险。股票指数期货，它是一种以股票价格指数作为标的物的金融期货合约，一般在期货市场上买入（或卖出）与现货市场方向相反、数量相等的同种商品的期货合约，进而无论现货市场价格怎样波动，最终都能取得在一个市场上亏损的同时在另一个市场盈利的结果，并且盈亏数额大致相等，从而达到规避风险的目的。股票期权是在发行股票前向特定对象以购股数量、购股价为契约的承诺，它是一种特殊的融资手段，既让投资者抓住公司蓬勃发展的机会分享利润，又使公司有机会以较低的资本成本筹措资本。公司的激励机制，也多采用期权激励的方式，以促进管理层为公司长期稳定的发展做出贡献。

在西方国家金融市场实务中通常采取以金融工具大类为标准的综合分类方法，即把金融市场分为六个市场：股票市场、债券市场、货币市场、外汇市场、期货市场、期权市场。但有时为了从不同的角度说明同一事物的不同侧面，在分析研究过程中也运用其他一些分类方法。

在这六大市场中，前三个市场可归为有价证券市场，因为股票市场、债券市场和货币市场的金融工具都具有筹措资金和投放资金的功能。无论从市场功能上还是从交易规模上看，这三个市场都构成了整个金融市场的核心部分。外汇市场的交易工具主要是外国货币，这个市场具有买卖外国通货和保值投机的双重功能，但对筹措资金和投放资金这两大主要金融活动来说，它只是一个辅助性的市场。对于以筹资或投资为目的的金融市场参加者来说，他们利用外汇市场，不过是为了最终参加其他国家的有价证券市场活动。期货市场和期权市场其

辅助性质更为突出。它们既不能筹措资金用于生产，也不能投放资金以获得利息。对于具有筹资和投资目的的金融市场参与者来说，这两个市场主要是用来防止市场价格和市场利率剧烈波动给筹资、投资活动造成巨大损失的保护性机制。因此，这两个市场又被归为保值市场。这六个市场之间的关系如图2－1所示。

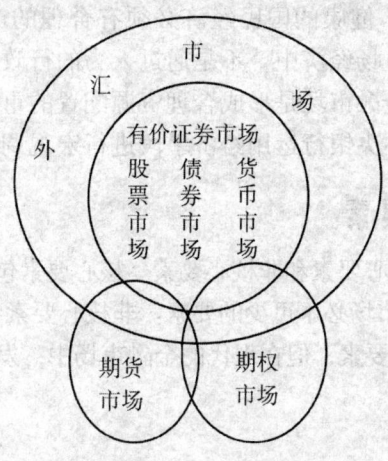

图2－1　金融市场综合分类

二、金融市场的作用

根据以上对金融市场的分类，可以确定金融市场与公司理财具有十分密切的关系，其作用主要表现为：

1. 金融市场是公司筹资和投资的场所。公司需要资金时，可以到金融市场选择适合自己需要的方式筹资。企业有了剩余的资金，也可以灵活选择投资方式，为其资金寻找出路。

2. 提高公司资金使用效益。金融市场的存在，首先扩大了资金供给者和资金需求者接触的机会，便利了金融交易，降低了融资成本，提高了资金使用效益。其次，金融市场为筹资人和投资人开辟了更广阔的融资途径，投资人可以选择适合自己的投资工具，而筹资人也可以选择最适合自己的筹资形式，双方都在谋求最佳经济效益，将资金投向最有利的投资项目，使社会资金的配置得到优化。

3. 实现借贷资金长短期互相转换。金融资产的流动性是实现借贷资金长短期互相转换的根本保证。比如商业银行在有超额准备金时，可以在货币市场上暂时拆出或购买短期证券或票据。而在资金不足时，又可以随时收回变成现款。企业、公司也同样可以将持有的股票、债券等投资品种，在金融市场上随时转手变现，成为短期资金。

4. 引导储蓄转向生产事业。金融市场是资金供求的中心，是储蓄转为投资的桥梁。它把国民储蓄与企业公司所需资金联结起来，有利于资本的形成和经济的发展。就个人来说，一个小的金额，不能当做资本来运用，但就社会来说，把这些小的金额集中起来，就形成一个巨大的货币资本，将其投入生产事业，可以扩大社会总资本，有利于促进经济的发展。

5. 为公司理财提供有用信息。金融市场的利率变动，反映资金的供求状况；有价证券市场的行情反映投资人对公司的经营状况和盈利水平的评价。持有证券者若预测到企业、公司经营利润下降，证券价格看跌，便卖出证券；相反，若预测到企业、公司经营利润上升，证券价格看涨，便买进证券。通过证券市场上证券价格的升降，可以预测企业经济活动和利润水平。金融市场上发出的这种金融信息，是企业、公司筹资和投资决策的重要依据。

6. 调节国民经济的发展。健康的国民经济必须有合理的产业结构、产品结构、技术结构，这些结构的合理化，在市场经济中，不是通过人为的行政分配，而是通过市场机制，通过合理的资源配置达到的。金融市场是形成合理资源配置的重要场所，这种作用一方面是自发形成的，另一方面是由于中央银行运用经济手段进行宏观调控形成的。

三、金融市场的构成要素

金融市场要素，可分为核心要素和非核心要素。核心要素包括交易主体、交易客体（金融工具）、交易价格，它是金融市场必不可少的要素。非核心要素包括金融中介机构和管理机构，非核心要素虽不是必不可少的要素，但在现代的金融市场中，发挥着重要的作用。

（一）核心要素

1. 交易主体是构成金融市场的第一要素，它是由参加金融市场交易的所有资金供应者和资金需求者共同构成的。如果从性质上看，这两方参加者又可分为以下五类：

（1）个人。它是指以非组织成员的身份参加金融市场的居民个人。个人在金融市场上主要是资金供应者，如居民个人储蓄、买进股票、债券等。

（2）企业和公司。他们经常是金融市场上的资金需求者，但也可以成为资金的供应者，当公司在经营活动中存在闲置资金时，可通过购买金融工具进行投资。

（3）政府机构。为了弥补临时性收支缺口或财政赤字，多数时候政府是以资金需求者身份参加交易的。

（4）金融机构。金融机构同时作为资金供应者和需求者而成为金融市场的一个重要参与者。

（5）中央银行。中央银行参与金融市场的活动是为了实施货币政策、稳定货币、稳定经济。

2. 交易客体是指金融工具，它是在信用活动中产生，能够证明金融交易金额、期限、价格的书面文件。包括债券、股票、票据、可转让存单、借款合同、抵押契约等。金融工具一般具有流动性、风险性和收益性等方面的基本特征。通常情况下，流动性越高，风险越小，收益率越低；流动性越低，风险越大，收益率越高。

3. 交易价格。在金融市场的交易中，利率即是资金商品的价格。健全的利率机制能够有效地调节市场资金的供给与需求：当资金供不应求时，市场利率会趋于上升；当资金供过于求时，市场利率又能自动下降，通过利率的自由调节，引导资金合理流动。

不同的金融市场有不同的市场利率，如贴现市场利率、国库券市场利率、银行同业拆借市场利率等。在金融市场上决定利率高低的因素有：纯粹利率、通货膨胀附加率、变现力附加率、违约风险附加率和到期风险附加率。纯粹利率是指无通货膨胀、无风险情况下的平均利率。通货膨胀附加率是指投资者为弥补通货膨胀造成的购买力损失而要求的附加利率。变现力附加率是投资者对变现力低的证券要求的补偿。违约风险附加率是投资者对违约风险大的证券要求的补偿。到期风险附加率是指因到期时间长短不同而形成的利率差别。

（二）非核心要素

1. 金融中介机构是金融市场上资金供应者和资金需求者之间融通资金的桥梁，实现交易的介绍人。扮演中介的是银行、非银行的金融机构和经纪人，包括商业银行、投资银行、储蓄银行、保险公司、信托投资公司、信用合作社、养老基金会以及经纪人和证券商等。他们通过吸收存款、发放贷款，或代客户发行证券、代理证券投资等业务，充当金融交易中介。

2. 金融管理机构包括银行监督委员会、证券监督委员会、保险监督委员会等。随着经济的全球化，金融市场正经历着全球化的巨变。金融管理机构越来越显示其在金融市场上的重要性。在我国，中国人民银行是金融管理的最重要的机构，其次如中国证券监督管理委员会、中国保险监督管理委员会等。

四、我国的主要金融机构

遍布全国的金融机构，其职能、业务范围、服务对象等均不同。主要的金融机构有：

（一）中央银行

中国人民银行是我国的中央银行，是国务院领导和管理全国金融事业的国家机关，负责领导和管理、监督、稽核、协调全国的所有金融机构。其主要职责是研究拟定全国金融工作的方法、政策，经批准后组织实施；拟定金融法规草案；制定金融业务的基本制度；掌握货币发行，调节货币流通，保持货币基本稳定；管理存款、贷款利率；编制国家信贷计划，管理信贷资金等。

（二）商业银行

它是金融机构中的主体和骨干，主要从事放款、汇兑、承兑、银行卡、代理代发等业务以及转账结算服务，是各类企业的信用中介和支付中介。商业银行与公司理财活动最为密切，商业银行在国际上有职能分工型与全能型两种模式，前指法律限定商业银行必须分业经营，职有专司。我国现行的银行设置即属职能分工型，如中国银行是外汇专营银行，统一办理外汇收支、国际结算、外汇信贷、国际汇兑等；中国工商银行是以城市工商业、机关团体为服务对象，办理储蓄存款、银行信贷、转账结算等业务；中国农业银行是以农村为服务对象，办理存放款、现金收付、转账结算等业务；中国建设银行是办理基本建设等固定资产投资的商业银行。除上述国有商业银行外，由于银行体系改革，陆续恢复和新设了交通银行、光大银行等。入世后，外资银行也要进入银行的竞争行列，并逐步取消外资银行经营人民币业务的地域和客户对象的限制。从2012年正式实施金融综合改革，主要内容包括：规范发展民间融资；加快发展新型金融组织；发展专业资产管理机构；研究开展个人境外直接投资试点，探索建立规范便捷的直接投资渠道；深化地方金融机构改革；创新发展面向小微企业和"三农"的金融产品与服务，探索建立多层次金融服务体系；培育发展地方资本市场；积极发展各类债券产品；拓宽保险服务领域，创新保险产品；加强社会信用体系建设；完善地方金融管理体制，防止出现监管真空；建立金融综合改革风险防范机制等十二项。

(三) 专业银行

它是指从事性质较为独特的金融活动的机构，如投资银行、政策银行。投资银行是从事证券买卖、证券承销等业务，在证券市场上最活跃的金融机构。公司在资本筹集、证券投资等理财活动中，聘请投资银行中介机构是至关重要的。政策银行是直属国务院领导的政策性金融机构，实行独立核算，自主、保本经营，按照国家产业政策对某些部门实施低息、无息贷款的金融机构。如中国进出口银行，其主要任务是执行国家产业政策和外贸政策，为扩大我国企业产品和成套设备等资本性货物出口提供政策性金融支持。又如国家开发银行，其主要任务是筹集和引导社会资金支持国家基础设施、基础产业和支柱产业大中型基本建设和技术改造等政策性项目及其配套工程的建设，从资源上对固定资产投资总量进行控制和调节，优化投资结构，提高投资效益。

(四) 非银行金融机构

非银行系统的金融机构较为庞杂，与公司理财关系密切的主要有：

1. 保险公司。它是最重要的非银行金融机构，主要承办财产保险、火灾与事故保险、汽车保险等，是保障公司资产安全、降低事故风险必须运用的。另外，由于保费收入经常远远超过保费理赔支出，因而积聚了大量资金，且比银行存款更稳定，是资本市场中长期资本的重要来源。

2. 养老基金。它是公司和职工为职工退休以后的生活来源而进行的资金储备，其数额巨大，往往投资于资本市场以积聚资本运作的收益，确保向参加养老计划者按期发放退休金。

3. 投资基金。它是根据共同投资、专家理财、收益分享的原则，吸收众多投资者的资金并投资于各种金融资产，为投资者谋取最高的收益。

4. 租赁公司。融资租赁是公司在缺乏资金又急需添置设备时的一种有效融资渠道。公司可以采取分别支付租金的方式向租赁公司租用需要的设备，以取得设备的使用权。

5. 财务公司。它是指不能吸收存款，只能承办贷款，并能提供类似银行各种服务的金融机构。财务公司可分为消费者财务公司、销售财务公司与商业财务公司三种。其金融业务主要是向个人（或家庭）、零售商提供贷款或融资，以促进消费、推销产品。

五、金融资产价值确定

金融资产是对未来现金流入量的索取权。包括以金融债权（如通货、存款、贷款等）、货币黄金、国际货币基金组织分配的特别提款权、公司股票等形式存在的资产。金融资产购买者在获得金融资产时支付的是现金，持有金融资产后出售，收入流量仍然是现金。因此，购买金融资产，实质上购买人把今天的现金收入变成未来的现金收入，把自己今天的现金使用权在一段时间内让渡给他人，然后按商定的条件逐渐收回。

金融资产有以下属性：

(1) 流动性。它是指金融性资产能够在短期内不受损失地变为现金的属性，流动性高的金融资产的特征是：容易兑现；市场价格波动小。

（2）收益性。它是指某项金融资产投资收益的属性。

（3）风险性。它是指某种金融资产不能恢复其原投资价格的可能性。金融资产的风险主要有违约风险和市场风险。违约风险是指金融资产创设人永远不能偿还的风险；市场风险是指由于投资的金融资产市场价格波动而产生的风险。

上述三种属性相互联系、相互制约。流动性和收益性成反比，收益性和风险性成正比。现金的流动性最高，但持有现金不能获得收益；政府债券的收益较好，但流动性较差。股票的收益性高，但风险大；政府债券的收益性不如股票，但其风险小。企业在投资时期望流动性高、风险小和高收益，这样的投资品种几乎是不存在的。

金融资产价值确定不同于一般商品价值的确定。一般商品的价值是其所耗费的社会必要劳动时间决定的，金融产品只是权益凭证。某一金融资产的内在价值，是其将来的现金收入流的贴现值。由于企业未来的现金收入具有不确定性，贴现的投资报酬率也难以准确预见，只有金融资产的持有时间是确定的，因此金融资产内在价值很难像实物商品那样准确推定。因为金融资产价值具有模糊性和不确定性，所以金融资产价格具有极大的不确定性，大起大落是金融资产价格运行的常态。

金融市场中信用交易的保证金制度和抛空机制又加剧了金融资产的波动，金融市场特有的"赌博游戏"机制，人们天然的投机趋利心态加重了金融产品比一般产品有着更大的不确定性和难以预料的风险。金本位制崩溃后，货币失去了实物资产的依托，逐渐虚拟化。货币的虚拟化进一步增强了币值本身的不稳定和虚拟经济的不稳定性。货币虚拟化使得货币价值和货币数量决定的主观和人为成分加大。货币虚拟化后，使虚拟经济发展在理论和实际上可以获得无限的货币资源支撑，为虚拟经济的快速膨胀创造了条件，当然，也加剧了虚拟经济的不稳定。

因此，金融资产的价值主要取决于其现金流入量的时间因素和不确定因素，价值构成主要包括两部分，即资金的时间价值和风险价值。这些内容将在以后各章详细讨论。

市场主体运用金融工具在各种交易场所进行交易，最终会形成金融市场各种参数，包括市场利率、汇率、证券价格和证券指数等，它们与公司理财直接相关，是进行财务决策的前提和基础。在公司理财中，金融环境有着直接的影响和决定作用，表现在以下几个方面：

1. 在筹资活动中，如果市场利率上升、汇率下跌、政府控制货币发行、提高存款准备金率和再贴现率、参与公开市场卖出业务等已经成为一种现实的影响，会使公司筹资困难，整个金融市场筹资成本和风险会对公司趋于不利；如果它们是一种未来的预期，公司财务管理部门应提前采取措施、规避未来筹资成本上升和风险增长的可能，如采用固定利率的长期筹资等。当金融市场参数以及政府货币政策的变动与上相反时，筹资活动所面临的情形和所采取的措施正好相反。

2. 在投资活动中，当政府控制货币发行、提高存款准备金率和再贴现率、参与公开市场卖出业务时，会使市场利率上升。这时，投资方向主要是存款以获取高利，或者贷款以获取高利。由于市场利率上升，投资者更愿意将资金投资于货币市场，而不是证券市场，使证券价格和证券指数将趋于下降。市场利率上升，投资者更愿意持有本币存款或贷款投资，放弃外汇投资；相反，投资者可以根据政府的一系列货币和金融政策进行相应的投资，以获取市场收益。

3. 在分配活动中，如何确定利润的存分比例，也与金融市场参数和政府政策密切相关。当市场利率上升抑或政府采取紧缩的货币政策、证券市场价格和指数低迷、外汇汇率下降时，公司筹资困难，如果公司确有资金需要，应该扩大留存利润；反之，可以相对减少留存利润。当市场利率上升时，如果其他条件不变，为稳住证券市场价格，公司也可以扩大按利润的分配份额，使公司证券价格维持较高的位置；反之亦然。

六、有效市场假说与信息不对称问题

（一）有效市场假说

在证券投资中，每个投资者都力图获得最大收益，或追求超出平均收益的收益。从理论上说，若证券市场上的有关信息对每个投资者都是均等的，而且每个投资者都能根据自己掌握的信息及时地进行理性的投资决策，那么任何投资者都不可能获得超额收益。这种市场被称作"有效市场"。

关于证券市场有效理论，西方许多经济学家进行了大量的研究和探讨，其中最著名的就是美国芝加哥大学教授法玛（E. Fama）1965 年在《商业周刊》发表题为"股票市场价格的行为"一文。法玛注意到有关证券市场效率的两个关键问题：一是信息变化如何引起价格的变动；二是不同的信息对证券价格的影响程度不同。

1. 信息和价格关系。为分析方便，假设市场上的投资者总是在不断地搜集有关证券的信息，包括国内外的政治和经济动态、行业发展状况、公司的财务状况和经营成果以及发展前景等。同时，投资者还将采取各种各样的方法迅速地处理这些信息，从而比较准确地判断有关证券的价位、收益率和风险程度。虽然不同的投资者可能采用不同的分析方法处理信息，对同样的信息也可能得出不同结论，从而做出不同的投资决策，有人高估价位，有人低估价位，但是，由于任何人都不能操纵市场，因此，如果所有的投资者都是理性的，他们信息处理方法和分析结论的差异就不可能影响证券价格的发展趋势，而只能引起证券价格的随机波动。所以在一个有效的证券市场上，由于信息对每个投资者都是均等的，因此任何投资者都不可能通过信息处理获取超额收益。

2. 不同信息对证券价格的影响。在证券市场上，不同的信息对价格的影响程度不同，从而反映了证券市场效率的程度因信息种类不同而异。为此，法玛将证券的有关信息分为三类：一是"历史信息"，二是"公开信息"，三是"内部信息"，从而定义了三种不同程度的市场效率。

（1）弱式效率性。在一个具有弱式效率性的市场中，所有包含过去证券价格变动的资料和信息（价格、交易量等历史资料）都已完全反映在证券的现行市价中；证券价格的过去变化和未来变化是不相关的，即所有证券价格的变化都是相互独立的。由于有关证券的历史信息已经充分揭露、均匀分布和完全使用，因此，任何投资者均不能通过任何方法来分析这些历史信息以获取超额收益。反之，如果有关证券的历史资料对证券的价格变动仍有影响，说明证券市场尚未达到弱式效率。

美国一些经济学家认为美国股市为弱式效率市场。在实证研究中，弱式效率性市场现象确实存在，过去的证券价格变动往往不能为将来证券价格变动提供可靠线索。但仍有一些研究证明股市存在某些可获超额收益的现象。一是"周五现象"，即当股市上涨时，周五的股价达到最高，而周一的股价较低。若周一购买后在周五售出，可获得一定的超额收益。但是这一超额收益又往往因为支付交易费用而显得微乎其微。二是"年末现象"，特别是一些小公司股票，在年末常常下跌2~3个百分点，年初又迅速回升。因此，年末买入后在年初卖出小公司股票也可获取一定的超额收益。"周五现象"和"年末现象"表明美国的证券市场也并非完全意义上的弱式效率。

（2）半强式效率性。这一假说是指证券的价格中不仅包含了过去价格的信息，而且也包含了所有已公开的其他信息，如经济和政治形势的变化、收入情况、股票分割以及其他有关企业经营情况的重大信息等。在一个具有半强式效率性市场中，投资者无法利用已公开的信息获得超常利润。这是因为在新的资料尚未公布之前，证券价格基本上处于均衡状态。一旦新的信息出现，价格将根据新的信息而变化。公开信息传递的速度越快、越均匀，证券价格调整越迅速，反之则越慢。如果每个投资者都同时掌握和使用有关公开信息进行投资决策，则任何投资者都不可能通过使用任何方法来分析这些公开信息以获取超额收益。然而，公司的内线人物（如董事长或总经理等）却可能取得投资者所无法得到的信息去买卖自己公司的股票，从而获得超常利润。

在实证研究中，美国学者对半强式效率市场持赞成与持否定态度的人大约一半对一半。但大多数人都承认，通过对市场做一些基本分析，会发现市场上一些高估或低估的证券，但一般来说，证券价格已充分反映了所有公开的市场信息。但许多投资商不承认半强式效率市场的存在，因此他们大都高薪聘请行情分析家进行证券评估。在实际中，一个成功的行情分析家之所以成功，很难解释是因为其善于分析手中已公开的信息还是因其善于先于他人得到信息。

（3）强式效率性。证券的现行市价中已反映了所有已公开的或未公开的信息，因此，任何人甚至内线人也不例外，都无法在证券市场中获得超常收益。如果有人利用内部信息买卖证券而获利，则说明证券市场尚未达到强式效率性。

在实证研究中，几乎没有人承认强式效率市场的存在，对公司经理和董事进行合法交易的研究也表明，当这些人卖股票时，此种股票的行情将看跌，反之则上升。内部知情者根据未公开的消息诸如收购公司的报价、研究开发的突破等，从事非法交易牟取暴利的情况比比皆是。

3. 中国股票市场效率的检验结果对投资者的启示。我国股票市场总体上接近弱式有效的结论表明，我国股市经过十几年的发展，不少投资者特别是机构投资者已经掌握了常用的技术分析方法，因此简单的技术分析指标已经在投资分析中显得越来越无效，尤其是基于简单的移动平均指标等线性分析方法。学者们采用各种方法得到的接近弱式有效的结论则支持投资者应加强对公司基本面研究的观点：一方面，由于股价没有充分反映公司公开的会计信息，投资者通过基础分析能够获取超过平均水平的利润。另一方面，前面得到的部分信息过度反应也是市场非有效的表现，它提醒投资者应注意防范内幕消息交易者逢利好出货，及因市场信息不均衡传播导致的危险。

效率市场假说经历了长期的经验性检验。在所有发展完善的资本市场或股票市场中，都具有高度的弱式效率性，以及一定程度的半强式效率性。研究效率市场假说对企业财务决策具有重要的作用。由于证券市场反映了全部已公开的市场信息，故大多数股票的价格都是公平合理的，投资者收益的大小只取决于所承担风险的大小。由于在股票价格中包含的信息非常大，因而股票指数可作为市场状况的主要指数，这对于那些与发行、出售股票，股票回购和偿还债券等有关财务决策者具有一定的作用。效率市场假说这一概念已深入到投资实践并成为政府制定有关证券市场法规的依据。

（二）关于信息对称性问题

根据有效市场假说，强式效率市场中没有任何人掌握其他人所无法知道的信息，每个人在获得信息的能力和可能性上都是均等的。用信息学上的术语来讲，这时的市场上存在着信息获得的对称性，或市场参加者掌握的是对称信息。但在事实上，几乎没有任何一个金融市场是强有效的，总有一些市场参加者掌握着另一些市场参加者所无法知道的信息，这就是所谓的信息不对称。

信息不对称理论产生于20世纪70年代，它用以说明相关信息在交易双方的不对称分布对于市场交易行为和市场运行效率所产生的影响。这一理论的基本内容主要是：（1）有关交易的信息在交易双方之间的分布是不对称的，即一方比另一方占有较多的相关信息；（2）交易双方对于各自在信息占有方面的相对地位是清楚的。这种相关信息占有的不对称状况导致在交易前后分别发生"逆向选择"和"道德风险"问题，严重降低市场运行效率，在极端的情况下甚至会造成市场交易停顿。

1. 信息不对称和资源逆向选择。在金融市场上，交易的双方是金融资产的出售者（发行债券或借款人）和金融资产的购买者（购买债券或放款人）。借款人是资金的使用者，对于借入资金的"实际"投资项目（不一定是他向放款人所声称的项目）、投资项目的风险和收益、投资回收及借入资金的偿还等问题具有较多的了解。放款人只是资金的提供者，并不直接实施资金的运用，对于借贷的有关信息只能通过借款人或其他渠道间接地了解。也就是说，在相关信息的占有方面，借款人处于优势地位，而放款人处于劣势地位，而且双方对于这种情况都是清楚的。由于信息不对称，放款人无法对借款人的信用质量和资金偿还情况做出可靠的判断，因此在购买金融资产时，通常是按照所有发行公司的平均质量来决定其愿意购买的价格。对于信用质量高于平均水平的证券来说，这种价格低于其公平的市场价值；而对于信用质量低于平均水平的证券来说，这种价格高于其公平的市场价值。由于借款人处于信息优先地位，能够对自己的信用质量做出比较合理的评价，从而也能判断出证券市场对其证券的实际价格是高估了还是低估了。那些证券价值被市场高估了的借款人，也就是信用质量低于平均水平的企业就会极力推销自己的证券；而那些证券价值被市场低估了的借款人，即信用质量高于平均水平的企业感到发行证券不合算，从而尽量避免用市场集资的办法来扩大经营规模。由于金融市场信息的不对称，就会鼓励投资资金向低质量的企业流动，抑制投资资金向高质量的企业流动，这种不合理的资金分配机制就是所谓的"逆向选择"问题。

2. 信息不对称和交易道德风险。如果说"逆向选择"是在金融交易之前产生的，那么"道德风险"则是在金融交易之后产生的。所谓"道德风险"，从广义上来说是指由于信息不对称，市场交易中的一方难以观察或监督另一方的行为。在金融交易中，道德风险主要表现在三个方面：（1）违反借款合同，私下改变资金用途。如将借入的资金用于投机性交易或风险项目投资，又如借款企业的管理者为了提高自己的地位或扩大自己的权力，故意将资金投入到对于企业来说根本无利可图的项目。所有这些都会增加违约风险发生的可能性。（2）借款人隐瞒投资收益，逃避偿付义务。如企业管理者为了侵吞投资成果，利用放款人对于企业投资经营状况的"信息缺陷"，谎称投资失利，使放款人的利益受到侵害。（3）借款人取得资金后，对于借入资金的使用效益漠不关心，不负责任，致使借入资金发生损失。信息不对称状态只是发生"道德风险"的外因条件，其内因在于借款人自身的内在动机。从本质上讲，是由于借款人与放款人之间的利益冲突所致，或者说是代理人与委托人之间的利益摩擦关系所致。

"逆向选择"降低金融市场的资源配置效率，"道德风险"则削弱金融市场的资金运用能力，两者都不利于金融市场的运行。防止这种状况的方法，就是建立低成本的修正信息不对称的机制，加强市场的有效性。如在金融市场上建立信息公开制度、有价证券信誉评级制度，但这些活动都需要进行一定的"信息投资"，由于证券市场上放款人的高度分散，普遍存在的"搭便车"行为却抑制了这种"信息投资"活动。假设在证券交易完成之前，有一部分放款人通过信息投资活动，了解了各个借款人的信用质量以及他们所发行证券的实际价值，从而可以购买那些实际价值高于市场价格的证券（目前证券价值低于市场价格）。这本来可以使花费了信息投资的放款人取得一定的好处，但由于证券市场是一种公开的市场，另外一部分人没有进行信息投资的放款人可以跟着前一类放款人购买同样的证券，即可以"搭便车"，使这些证券的市场价格由于需求增加而上升，直到与其实际价值相等为止。这样，进行信息投资的放款人就不可能获得信息投资的全部利益，他们进行信息投资的积极性就会受到挫折，证券市场上的信息不对称状态仍将继续存在。同样在证券买卖完后，为防止借款人制造"道德风险"，就必须采取监督等措施，甚至在必要时控制借款人的行为，这些活动也要付出一定的代价。在放款人高度分散的条件下，对借款人的监督就成了"大家的事"，没有人为了"大家的事"而自己投资，让大家"搭便车"。这样，证券市场上就不会有足够的资源投入到对借款人的监督活动，使放款人与借款人之间的信息不对称状态无法消除或得到具有实际意义的改善。即使不考虑"搭便车"问题，证券市场依然无法以"有效率"的方式消除信息不对称引起的"逆向选择"和"道德风险"问题。因为如果每一个放款人都对借款人进行调查、分析、监督活动，就会形成大量重复劳动，形成社会资源的巨大浪费，使证券市场的运行成本大大超过其合理的界限。从另一角度分析，如果众多放款人对于借款人的监督不是协调地进行，而是相互独立、杂乱无章地进行，这对借款人、放款人来说都是无法承受的。

信息不对称理论与有效市场假说并不矛盾。这两种理论有着一个共同的论据，就是市场上的证券价格平均反映了公开的有效信息。信息不对称理论试图说明，信息不对称的存在与否是决定市场有效性极其重要的因素。例如，A、B两个公司的股票同时在证券市场上被交易，而市场对这两种股票根据平均的原则，利用所有的有效信息，准确地确定了两种股票的价格。但A公司的内部人士知道他们公司股票的实际价格是在平均价格之上；而B公司的内部人士也知道他们公司股票的实际价格是在平均价格之下。他们知道这一点是因为掌握着市场所不知道的信息。这样，就平均价格而言，市场是正确的，因为从弱式效率市场甚至半强式效率市场的角度来说，这个存在信息不对称的市场是有效市场，但就强式效率市场来说，这个市场是无效的，因为内部人士所掌握的内部消息没有被纳入股票的现行价格之中。这种信息不对称的存在常常使那些相信某公司股价高估或低估的投资人产生强烈的投机动机。

强式效率性市场和存在信息严重不对称的市场，是实际生活中金融市场两个极端的例子。一般来说，绝大多数金融市场都在一定程度上存在着信息不对称，但同时都具有加强市场有效性的强烈动机和管理手段。

3. 我国政府与上市公司之间的信息不对称实例。政府具有政策制定的信息优势，上市公司只能根据所掌握的有关信息判断政策导向，进而决定下一步的经营行为；上市公司具有自身经营状况、财务状况、产品销售情况等方面的信息优势。这样在政府与上市公司之间形成信息不对称，在政府与上市公司的博弈中，政府视为委托人，上市公司为代理人。上市公司为了谋求自身利益的最大化、满足资金饥渴或寻求更为宽松的经营环境，而产生经营行为的异化，主观上故意隐藏信息或制造虚假信息，包装上市或规避政府监管。

对于利用虚假信息包装上市的案例在中国股票市场已发生过多起，红光实业、大庆联谊、东方锅炉及康赛集团等经营业绩差的公司为了达到圈钱的目的，人为制造虚假信息，规避监管，骗取了上市资格。

上市公司的弄虚作假、欺骗上市的行为固然与证券市场法律法规不完善、上市公司改制不彻底，以及部分地方政府的保护有关，尤其是与上市公司遴选制度和发行制度的缺陷密切相关，但更主要的原因是政府与上市公司之间的信息不对称，政府对上市公司信息掌握不完全，处于信息劣势地位，而上市公司正是利用了自身的信息优势，在与政府的博弈中取胜。

4. 上市公司与投资者之间的信息不对称实例。在证券市场上，投资者参与投资的目的是获取适当的回报。投资者在获取有关公司公开信息的基础上，根据自己的风险偏好选择投资的目标公司。我国的股票市场是一个以中小投资者为主的市场，他们大多不直接参与企业的经营决策活动，真正对企业有控制权的是国家股和法人股股东。投资者对企业的了解只能通过上市公司的财务报表、招股说明书及董事会公告等信息的掌握程度，通过理性分析来进行市场竞争。由于投资者特别是中小投资者很难在第一时间获取足够多的信息做出自己的投资判断，往往错失良机，甚至造成损失；而上市公司对自己的经营状况显然具有信息优势。这样形成上市公司与投资者之间的信息不对称。投资者与上市公司形成委托—代理关系，上市公司为代理人，投资者为委托人，在上市公司与投资者之间的博弈中，由于信息不对称的存在，导致上市公司逆向选择和道德风险问题。

上市公司对自己的经营状况具有完全信息，这些信息包括公司的财务管理、营业方面的一切非公开信息，如盈利和股息的变化、重大的技术成就、重大自然资源的发现、重要合同的损失、管理班子的变动、企业证券酝酿中的公开上市或私募、酝酿中的股票分割、企业资本结构将发生的调整、企业与他人的合并以及收购企业的预期投标等，这些信息的公开极有可能影响股价以及一个有理性的人的投资决定。上市公司与投资人之间的信息不对称一方面是投资人信息获取和处理能力上存在不同的差异，但更主要的是上市公司为了实现自身的经营目标，出现人为制造信息不对称的情况。主要表现在以下几个方面：

（1）制造虚假信息。这是上市公司信息披露中最为严重和危害最大的问题，集中体现在上市公司采取伪造和掩饰的方法在会计凭证、会计账簿、会计报表以及其他统计资料和业务活动记录材料上做手脚，隐瞒事实，虚报利润。

（2）提供信息的滞后性和不连续性。上市公司的经营过程是一个连续不断的动态过程，因而其信息披露过程也应该是一个连续不断的动态过程，但目前许多上市公司往往做不到这一点，存在严重的信息披露滞后性和间断性，给投资者的投资决策造成很大的不便。

（3）提供信息的随意性和不规范性。尽管国家对上市公司的信息披露指定了很多规定，但许多上市公司在对待信息披露的问题上往往不够严肃。在信息的披露方式、披露内容和披露时机的选择上很随便，随意性很强，提供信息的范围过小，造成大量的小道消息和内幕信息。

（4）提供信息的非主动性。上市公司往往把信息披露看成是一种累赘或额外的负担，而不是把它看成是一种应该承担的义务和投资人应该获得的权利，因而往往不是主动地去披露有关信息，而是抱着能够少披露就尽量少披露、能够不披露就尽量不披露的观念。这种认识上的偏差使得上市公司在信息披露上处于一种被动应付的状况。

第三节　公司理财的其他外部环境因素

法律环境、金融环境等对公司理财的影响是十分显现的。此外，经济发展状况、通货膨胀、互联网、政府的经济政策等环境因素对公司理财也有影响。这些因素被统称为其他外部环境因素。

一、经济发展状况

经济发展的速度，对公司理财有重大影响。近几年，我国经济增长比较快。公司为了跟上这种发展并在其行业中维持它的地位，公司至少要有同样的增长速度。企业要相应增加厂房、机器、存货、工人、专业人员等。这种增长，需要大规模的筹集资金，需要企业设法借入巨额款项或增发股票。经济发展的波动，对公司理财有极大影响。这种波动，最先影响的是企业销售额，进而减少公司现金的流入。例如产品积压不能变现，需要筹资以维持运营。尽管政府试图减少不利的经济波动，但事实上经济的"过热"，必然要求放慢速度，实现经济增长方式的转变和经济结构调整。经济增长方式的转变，要求公司理财时，应更注重成本管理，依靠科技进步，降低产品各项消耗，重视盘活存量资产。经济结构的调整要求公司加快产业的升级和技术更新，引导公司投资方向。财务人员对这种经济发展状况应有所准备，筹措并分配足够的资金，用以调整筹资、投资和生产经营活动。

经济全球化浪潮对财务管理有着直接影响。在经济全球化的趋势下，我国企业生产经营活动发生了很大的变化，企业生产的产品供应全世界，全球生产同类产品的企业相互竞争，它使经营竞争更加激烈，对产品质量和功能要求更加具体。要增强产品在国际国内市场上的竞争能力，我国企业尤其是一些资本和技术密集型企业需要将其投资建立在高新技术产业基础之上，与之相伴的科技投资风险将会增大。经济全球化对企业筹资投资产生极大的影响，金融市场规模的扩大、资金供给的增加、金融工具的不断创新和国内外金融市场竞争的加剧，促使我国金融机构进一步加快建立现代企业制度的步伐，金融机构自律性管理将进一步加强，国家对金融市场的监管也将进一步规范，必将使金融市场配置资源的功能得以更加有效地发挥。投资、融资市场的变化，使我国企业无论在"真实资产"方面还是在"金融资产"方面都将面临许多新的投资机会，同时也派生出利率风险、汇率风险、表外风险等新的风险，使投资、融资风险进一步加大，规避风险将成为企业财务管理面临的最重要课题。

二、计算机和互联网技术的影响

计算机技术、互联网络技术的发展和电子商务的出现，对公司理财活动造成巨大的影响。（1）集中式财务管理开始出现。电子商务的开展使得企业经营中的时空距离大大缩短，企业的总经理和财务总监可以利用电子商务中的互联网络技术随时随地将企业全球的信息置于掌握之中，企业总部可以利用网络财务系统对所有分支机构实现集中记账、集中资金调配，企业最高决策层无论身在何处都可以实时查询到整个企业集团的资金信息和财务状况，有效监督本企业和客户及供应商的资金往来情况。（2）财务管理成为实时。在电子商务环境下，通过网络技术可以实时地跟踪企业每一项经济活动，缩小了传统的时间和空间概念，每一笔经济业务的发生能够立刻反映为经过处理的财务会计信息，由此提高了信息的有用性，可以随时了解和掌握企业的经营和财务状况，迅速而准确地做出决策，从而将企业财务风险降低到最低限度。（3）在线财务管理开展。通过商务管理系统和互联网连接，理财人员可以实现在线资金调度、异地转账、在线证券投资、在线外汇买卖等功能。各种理财活动实行在线登记、在线审批，理财管理制度在线实时更新，在线查询各种法规政策。（4）公司理财协同化效果得到体现。通过互联网技术完全可以实现企业内部业务包括网上采购、网上销售、网上服务、网上考勤等的协同；实现企业与供应链之间如网上询价、网上催账等业务的协同；实现企业与社会部门之间，如网上银行、网上保险、网上报税、网上报关等的协同。这种协同化理财方式能够消除财务与业务活动运作上的时间差，改变财务与业务信息互不对称现状，使企业的财务资源配置和业务运作协调同步，从而实现资源配置最优化。

三、通货膨胀

通货膨胀是指流通中货币量超过实际需要量所引起的货币贬值、物价上涨的经济现象。通货膨胀的控制只能依靠政府，企业只能运用一定方法减少通货膨胀带来的损失。为此，公司在实现的期望报酬率中应充分考虑通货膨胀的影响因素，相应地调整收入和成本的确认和计算方法，尽量减少损失。公司更应采用套期保值等办法减少通货膨胀造成的损失，如提前购买设备和存货，买进现货、卖出期货或相反等。

四、政府的经济政策

政府具有调控宏观经济的职能。国民经济的发展规划、国家的产业政策、经济体制改革的措施、政府的行政法规等，如光伏电子产业政策的实施与调整，废旧电子产品拆装政策调整等，产业政策调整对企业的财务活动有重大影响。国家对某些地区、某些行业、某些经济行为的优惠鼓励和有利倾斜构成了政府政策的主要内容。从反面来看，政府政策也是对另外一些地区、行业和经济的限制。企业在财务决策时，应认真研究政府政策，按照政策导向行事，才能趋利除弊。

第四节 公司（微观）环境

公司理财除受上述宏观的外部环境影响外，还受公司（微观）环境及其变化的影响。公司（微观）环境属内部环境，其内容包括公司内部财务管理体制、财务管理组织机构等因素的影响。

一、企业类型

企业类型很多，按国际惯例分为独资企业、合伙企业和公司企业，这一基本分类与公司理财密切相关。根据资本运作、产业结合紧密情况，许多企业成立了集团公司，不同的集团公司在理财方面有其特殊性。

（一）按组建形式可分为控股型企业集团和产业型企业集团

1. 控股型企业集团。控股型企业集团属于纯粹资本经营型公司，它是一种以持有其他公司的股份为主要事业，以控制这些公司并通过这些公司获取投资利益为目的的公司。其特征是：没有明显的产业特征和产品（业务）特征，子公司之间没有产品、技术、经营、交易方面的内在联系，集团公司或管理总部本身并不从事任何商业活动和经营活动，唯一的目标就是资本经营，追求最大化的投资回报率。

2. 产业型企业集团。产业型企业集团属于资本经营与产业经营相结合的公司。其特征是：具有明显的产业特征和产品（业务）特征；子公司之间在产品、技术、经营等方面有较强的内在联系。公司经营要实现资本增值和市场占有双重目标。

（二）按组建体制可分为母子公司体制和总分公司体制

1. 母子公司体制。企业集团是一个企业联合体，集团公司与其成员企业必须以一定的纽带联结在一起并形成一个有机的整体。以控股形式存在的企业集团大多呈现"金字塔"型，即由集团公司（总公司）对下级公司进行投资或控股。下级公司可能是全资公司或控股公司，一般称二级公司为子公司。母子公司体制下，集团公司和子公司都必须具有法人地位，拥有相当的经济实力。

2. 总分公司体制。企业集团在组建时由于历史原因或其他因素的考虑，也会采用总分公司体制，即集团公司（总公司）具有独立法人地位，而其下属二级公司将不拥有法人资格，故称其为分公司。分公司拥有的经济实力与独立理财权限与子公司相比将有所变化。

（三）按股权结构可分为独资公司和股份公司

1. 独资公司。集团公司设立时，由单一股东出资的即为独资公司。在国有集团公司中凡是由国家单独出资并授权经营的国有企业即为国有独资公司，国家是公司的唯一股东。实质上，它是国家管理国有资产的组织形式之一，是国家为了以较少的资本控制较多、较大的企业资本，并执行管理众多国有企业的职能和实现政府某一政策目标而组建的经济组织。

2. 股份公司。集团公司设立时，由两个股东以上出资的即为股份公司。在多个股东中可以由不同的国有投资主体（部门或企业）出资，此类股份公司的性质为国有多元股份公司。假若还有非国有投资主体出资，如外商、民营企业、公司员工、社会公众等，股份公司性质则为混合多元股份公司，有不同的所有权投资主体，各自依据出资比例行使股权职能。

公司类型的不同影响到集团公司与成员企业在业务范围、理财权限、管理范围等方面的差异，影响集团公司理财目标的不同。

二、财务管理体制

企业财务管理体制是现代企业制度的重要方面，主要解决企业对外的财务行为和财务关系问题。建立企业财务管理体制，应当按照社会主义市场经济体制和完善现代企业制度的基本要求来进行。

（一）企业财务治理结构

现代企业应该适应公司治理结构，建立适当的财务治理结构。财务治理结构就是规范所有者和经营者财务权限、财务责任和财务利益的制度安排。按照公司治理结构，企业财务决策分别由股东大会、董事会、经理层来实施。股东作为出资者拥有股份、法人财产所有权，股东大会实行所有者财务管理。董事会与股东大会之间是一种信任托管关系，其关系通过公司章程加以约定。董事是股东的受托人，承担受托责任，受股东大会的信任委托，托管公司的法人财产和负责公司的经营。董事会拥有受约束的法人财产权和经营权。企业非独立董事一般是从股东中选举产生的，而且出资额较大的股东才能被选为董事，企业的法人代表董事长一般是出资额最大的股东；企业独立董事一般由董事会提名，经股东代表大会选举产生，代表全体股东尤其是中小股东的利益。因此，董事会成员既可能是原始出资人，又受雇于全体股东，从权能方面看，具有所有者和经营者的双重身份，具有所有者财务管理和经营者财务管理的两种职能。总经理和董事会之间是委托代理关系。总经理是受雇者，是董事会的受托人，拥有企业经营管理权。总经理和董事会的委托代理关系通过聘任契约加以约定。总经理及企业经理层对企业财务的管理属于经营者财务管理。企业财务治理结构如图2－2所示。

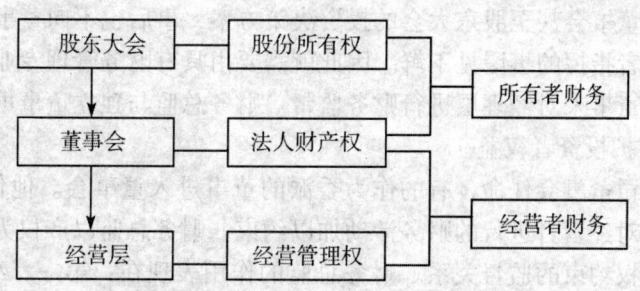

图2－2 公司财务治理结构

股东大会、董事会和经理层对企业财务治理的职责权限存在较大差异。所有者财务管理的对象，是所有者投入公司的资本，而经营者管理的对象则是企业的法人财产。这两者管理对象上的差别是两权分离的结果，它表明出资者只对投入的资本及其权益行使产权管理，而经营者对构成企业法人的全部财产行使产权管理，对出资者承担资本保值增值责任。

股东大会着眼于企业的长远发展和主要目标，实施重大的财务战略，进行重大的财务决策。其主要管理内容是：(1) 决定公司经营方针和投资计划；(2) 审议批准年度财务预算、财务决策；(3) 审议批准利润分配方案和亏损弥补方案；(4) 对公司增加或者减少注册资本做出决定；(5) 对发行公司债券做出决定；(6) 对公司合并、分立、解散和清算做出决定；等等。

董事会着眼于企业的中、长期发展，实施具体财务战略，进行财务决策。其主要管理内容是：(1) 决定公司的经营计划和筹资方案；(2) 制订年度财务预算方案、决策方案；(3) 制订利润分配方案和亏损弥补方案；(4) 制订增加或者减少注册资本的方案；(5) 制订发行公司债券的方案；(6) 拟定公司合并、分立、解散和清算的方案；(7) 决定公司内部财务管理机构的设置；(8) 聘任或者解聘经理和财务负责人，等等。

经理层对董事会负责，着眼于企业短期经营行为，执行财务战略，进行财务控制。其主要管理内容是：(1) 组织实施公司年度经营计划和投资方案；(2) 组织实施年度财务预算方案；(3) 组织实施利润分配方案或者亏损弥补方案；(4) 组织实施增加或者减少注册资本的方案；(5) 组织实施发行公司债券的方案；(6) 组织实施公司合并、分立、解散和清算的方案；(7) 拟订公司内部财务管理机构设置方案；(8) 提请聘任或者解聘经理和财务负责人，聘任或者解聘财务管理人员，等等。

（二）财务总监与独立董事

财务总监与独立董事是公司制企业财务管理制度的重要内容。由代表大股东的财务总监和相对独立的代表全体股东尤其是中小股东的独立董事对企业经理层的财务活动进行财务监督，已成为我国企业财务治理结构的一个重要组成部分。财务总监与独立董事产生和存在的客观前提是所有权和经营权的分离。在两权分离的条件下，由于经营者与所有者在利益上不完全一致，就需要设立代表所有者尤其是中小股东利益的专业人员对企业经理层进行财务监督。因为，许多企业董事会和经理层相互兼职，形成了董事自己聘任自己当经理，自己监督自己，自己评价自己的局面。董事会对经理层的监督往往是低效甚至是无效的。在实际工作中，经理常常改变董事会甚至股东大会的投资决策方案，事后也不向董事会报告，执行者自行其是、不听决策者指挥的事屡见不鲜。因此就需要由具有财务管理专业知识并有相当能力的财务总监与独立董事来对经理层进行财务监督。财务总监与独立董事可以有效地防止企业"内部人控制"，保护投资者权益。

财务总监由公司董事会任命，有的作为委派的董事进入董事会。他代表所有者的利益，作为所有者的代表对经营者进行的财务活动加以约束。财务总监以产权为依据行使权力，体现的是一种来自产权约束的监督关系。财务总监的作用表现在：第一，约束经理人员行为，限制"内部人控制"；第二，实施产权监管，确保所有者权益；第三，参与经营决策，协调所有者与经营者关系。财务总监的主要职权如下：(1) 参与制定公司的财务管理制度，监督检查公司各级财务活动和资金收支情况；(2) 参与拟订财务预算方案、决策方案；(3) 参与拟订发行股票、债券的方案；(4) 审核公司新项目投资的可行性；(5) 参与拟订所属部门和二级公司的承包方案；(6) 财务总监同经理联合批准规定限额内的经营性、投资性资金支出，汇往境外资金和担保贷款事项；(7) 参与拟订公司利润分配方案和亏损弥补方案；(8) 审核公司的财务报告，与经理共同确定其真实性，报本公司董事会和国有资产产权部门；(9) 定期向国有资产产权部门报告本企业的资产和经济效益变化情况，对企业重大经营问题要及时报告。财务总监的主要责任是：(1) 对上报的公司财务报告的真实性与经理共同承担责任；(2) 对国有资产的流失承担相应责任；(3) 对公司重大投资项目决策失误造成的经济损失承担责任；(4) 对公司严重违反财经纪律的行为承担责任。

独立董事由股东大会选举产生，他代表全体股东特别是中小股东的利益，作为中小股东的代表对大股东和经营者进行的财务活动加以约束。独立董事不一定以产权为依据行使权力，它体现的是一种没有经济利益关系的独立的监督关系。独立董事的作用表现在：第一，约束大股东行为，限制大股东的"掠夺行为"；第二，代表中小股东实施产权监管，确保中小股东权益；第三，参与信息披露工作，确保信息披露的真实可靠。独立董事制度实施时间较短，还需要在实践中不断发展完善。

（三）企业内部财务管理方式

企业内部财务管理方式主要是规定企业内部各项财务活动的运行方式，确定企业内部各级各部门之间的财务关系。确定企业内部财务管理方式，是加强企业财务管理的重要措施。企业内部财务管理大体上有两种方式：一是在小型企业通常采取一级核算方式。财务管理权限集中于厂部，厂部统一安排各项资金、处理财务收支、核算成本和盈亏；二级单位一般不负责管理资金，不核算成本和盈亏，不进行收支结算。二是在大中型企业中通常采取二级核算方式。除了厂部统一安排各项资金、处理财务收支、核算成本和盈亏以外，二级单位要负责部分资金管理,核算成本,计算盈亏。

企业内部财务管理方式,应该根据各个企业的条件加以确定,不能强求一致,具体形式可以多样化。在经营层内部财权安排上,要妥善处理集权与分权的关系。

三、财务管理组织机构

企业财务管理机构的设置,因企业规模大小不同而有差异。我国企业大都将财务机构和会计机构合并设置。大中型企业在厂长(经理)领导下,由总会计师(不设财务总经理)领导财务会计工作;小型企业不设总会计师,由一名副厂长(副经理)领导财务会计工作。财务与会计机构合并设置是与传统的财务管理体制相适应的。

改革开放以后,企业财务活动发生了深刻变化。随着企业筹资渠道和筹资方式多样化、投资规模不断扩大,财务管理地位日益突出,财务与会计职责不明的弊病也越来越明显。所以,财务机构与会计机构分设是必然要求。

根据西方发达国家的经验,结合我国具体情况,可以在企业总经理领导下设立财务副经理来主管财务与会计工作,设立财务部和会计处,分别由财务经理和会计处长担任主管人员,再根据工作内容设置若干专业科室。财务管理机构的设置如图2-3。企业财务部的主要职责可规定为如下几项:(1)筹集资金;(2)负责固定资产投资;(3)负责营运资金管理;(4)负责证券的投资与管理;(5)负责利润的分配;(6)负责财务预测、财务计划和财务分析工作。企业会计处的主要职责可规定为以下几项:(1)按照企业会计准则的要求编制对外会计报表;(2)按照内部管理的要求编制内部会计报表;(3)进行成本核算工作;(4)负责纳税的计算和申报;(5)执行内部控制制度,保护企业财产;(6)办理审核报销等其他有关会计核算工作。财务机构和会计机构分别设置、分别规定职责范围,有助于财务部和会计处各司其职,提高工作效率。

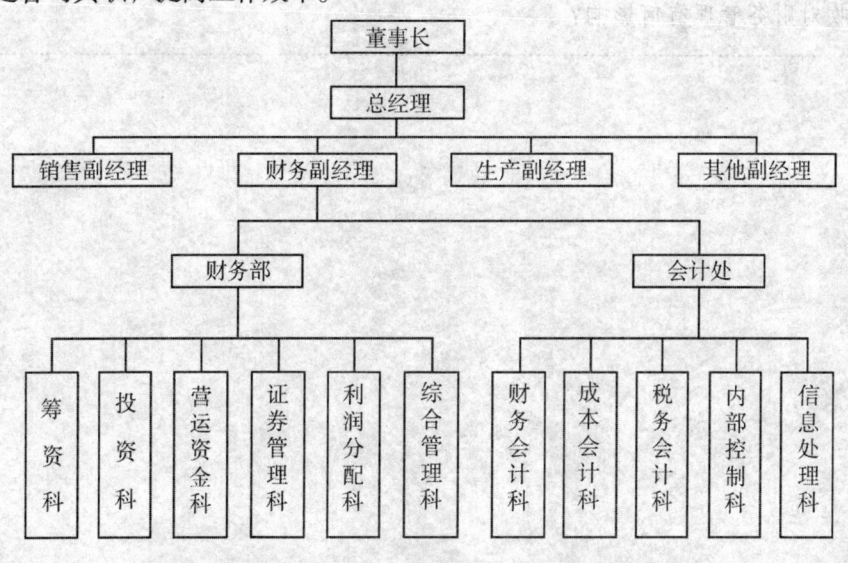

图2-3 财务管理机构的设置

财务机构同会计机构分别设置后,财务部和会计处必须相互配合,密切协作。会计处要及时地向财务部提供真实可靠的会计信息,并利用其所掌握的会计信息参与企业的财务计划和财务分析工作,对企业财务活动进行监督,为经营决策服务。财务部则要充分利用会计处提供的会计信息和其他有关资料搞好财务预测、财务决策、财务计划和财务分析工作,依据日常核算资料及时调度资金,财务部预测、计划所确定的具体财务指标要及时提供给会计处,作为其日常控制监督的依据。在财务副总经理统一领导下,财务机构和会计机构加强联系,互相支持,就能协调一致地为实现企业的总体目标而发挥各自的作用。

【习题】

一、关键概念

1. 财务管理环境　　2. 宏观环境　　3. 微观环境　　4. 短期资本市场
5. 长期资本市场

二、简答题

1. 公司的理财环境包括哪些内容?
2. 金融市场对公司理财有何影响?
3. 结合税制改革,说明税法对公司理财的影响。
4. 什么叫有效市场假说?有哪几种不同水平的市场效率?
5. 什么叫信息不对称问题?证券市场上有哪几种信息不对称情况?
6. 网络化对公司理财产生了什么影响?
7. 经济全球化对公司理财产生哪些作用?
8. 税收对财务管理有何影响?

第3章

公司理财基础理论

【学习要点】本章说明了利率的作用，利率的种类与构成；分析了影响市场利率的因素；阐述了资金时间价值的概念，资金时间价值的计算，实际利率和名义利率的区分；介绍了风险价值概念、风险程度衡量和风险价值计算。

第一节 利　　率

一、利率的意义

（一）利率的概念

利率是衡量货币增值量的基本单位，也就是货币的增值量同货币本金的价值之比。从货币流通的借贷关系来看，利率是一个特定时期运用货币这一资源的交易价格。也就是说，货币作为一种特殊商品，在流通市场上的买卖，是以利率作为价格标准的，货币资源的融通是通过利率这个价格体系在市场机制作用下实行的再分配。

利率在货币资金的供求、个人和企业财务决策过程中起着重要的作用。例如，一个企业拥有投资利润率很高的投资机会，它就可以发行高利率的证券以吸引投资，投资者把过去投资的利率较低的证券卖掉，来购买这种利率较高的证券，这样，货币资金将从低利的投资项目不断向高利的投资项目转移。因此，在完善的市场经济机制的条件下，项目吸收货币资金的能力，从高收益项目到低收益项目的依次分配，它是由市场机制提供货币的价格——利率的差异来决定的。企业必须适应利率杠杆对经济活动的调节，正确运用利率措施实行对货币资金的有效利用。

（二）利率在公司理财中的作用

利率在市场经济体系下是一个重要的经济调节杠杆，它对于投资过程有着极其重要的作用。

利率在金融市场运行过程中可以看做是一个无风险的资产收益率,是投资者决策的重要参数。如果一定时期的利率是由金融市场的供求关系决定的,则利率是由市场内在性确定的,投资者主要是依据市场变化所给出的利率来做出投资的决策。

经济学家认为市场利率的变化与社会总储蓄(资金供给)和总投资(资金需求)的变动密切相关。从长期来看,储蓄等于投资。利率一方面影响现期的投资活动,同时又通过调节储蓄而影响未来的投资规模。

证券的价格和利率的变动成反比。利率提高,股票、债券价格下降,将影响企业直接吸收社会资金;利率下降,股票、债券价格上升,能够有利于企业吸收社会资金。利率与证券价格的这种关系,使得企业在所持有的金融资产的安排上可以在货币与债券之间进行选择,以期获利。

利率对投资的影响表现在投资规模和投资结构上。利率对投资规模的影响是,在投资收益不变的条件下,因利率上升而导致的投资成本增加,必然使那些投资收益较低的投资者退出投资领域,从而使投资需求减少。相反,利率下跌则意味着投资成本下降,从而刺激投资,使投资需求增加。

利率对投资结构的影响是,通过利率水平与利率结构来影响投资结构。利率水平对投资结构的调节是通过预期收益率与利率的对比达到的,资金应理性地流向预期收益率高的投资活动,预期收益率低于利率的投资,往往由于缺乏资金而无法进行。利率对投资项目期限结构表现为,利率越高,投资会越集中于期限短、收益高的项目。利率结构对投资结构的影响表现得更为淋漓尽致,利率按贷款行业划分可分为工业贷款利率、商业贷款利率、农业贷款利率等,不同行业的贷款利率高低不同,是国家对产业政策的具体体现,对企业的投资必然产生重大影响。

利率对企业筹资的影响表现为企业的筹资成本和资金结构;当企业收益率一定的情况下,利息由于能够进行税前抵扣,利息对企业分配的影响是,利息支出越大,对息前税的利润的杠杆作用就越大。

二、利率的种类与构成

(一) 名义利率与实际利率

在市场价格变化的条件下,按照货币资产交易协议确定的利率是一种名义利率,名义利率不能反映投资者所获得的实际收益率。因为市场价格的变化或通货膨胀会影响到货币的购买力,从而使名义利率的实际价格发生变化。而实际利率是指名义利率去除了通货膨胀因素以后的利率,它往往是用货币的实际购买力来显示的,因为通货膨胀是一种物价的全面上涨,它会影响货币的实际购买力。因此,投资的收益不能只看名义的利息率,而要计算实际的利息率。

如何才能准确地计算出物价的变动,这是一个较为困难的问题,因为各种不同的价格水平变化对于货币购买力的影响是不同的。在目前用于测算价格变化影响因子的方法很多,但通常用"消费价格指数"来反映价格变化对货币购买力的影响。这个消费价格指数是根据消费者购买的一揽子商品的价格变化率计算出来的。用名义利率减去一定时期的消费价格指数，就得到了实际利率。

实际利率 = 名义利率 – 消费价格指数

从以上分析可以看出，名义利率是事先确定的契约利率，而实际利率是要在期末才能得出，事先的预测也只是预期的实际利率。

（二）市场利率与基准利率

市场利率是由借贷双方在资金市场上通过竞争而形成的利率，它是一种均衡利率，如没有新的外力影响，它将处于稳定状态。市场利率的形成依赖于竞争性的货币市场和资本市场的存在，货币资金可以自由流动，没有行政性的管制。在我国市场经济体制确立之前，货币市场与资本市场尚未开放，利率是由金融行政当局直接决定的，是一种官方利率。随着货币、资本市场的开放，资本流动已不可避免，利率也开始浮动，但还没有完全市场化。随着金融市场的发展，我国的利率将走向市场化。

基准利率是指在市场上起指导性作用的中心利率，通常是指中央银行的再贴现利率和再贷款利率。基准利率不是由市场竞争直接给出的，而是由中央银行根据金融市场的供求关系而决定的。这种基准利率会影响到商业银行和其他金融机构的贴现和贷款利率，而商业银行和金融机构的贴现或贷款利率则会影响到债券利率、股票价格，以及市场上的借贷利率。因此，基准利率往往是一国中央银行实施货币政策调控的重要工具，对资金市场供求有着很大的影响。

（三）固定利率与浮动利率

从货币、资本市场的运行过程看，利率按形成与变化可以分为固定利率与浮动利率。固定利率是指整个借贷期内利率固定成本不变，不管市场供求关系如何变化。固定利率使资金借贷的成本保持不变，便于计算与控制成本。但固定利率不能反映资金市场供求关系的变化和通货膨胀因素，对借贷双方都增加了不确定性。因此，在中长期借贷活动中，通常不采用固定利率。只有一些中短期国债，为了交易方便而实行固定利率。

浮动利率是一种在借贷期内可以根据资金市场供求关系变化而进行调整或浮动的利率。浮动可以是定期浮动，如以一年为期限，也可以是随机浮动。浮动利率使借贷资金的成本不确定，但利率因为随资金市场供求关系变化而调整，因而可使借贷双方的利率风险降低。因此浮动利率是实际市场上较为普遍采用的形式。

（四）普通利率与优惠利率

在货币、资本市场的运行过程中，利率还有普通利率与优惠利率之分。普通利率是金融借贷活动中的一般利率，也是市场上通常采用的利率。而优惠利率是金融机构在资金交易时采用的一种比一般利率更低的利率。这属于一种经营性的策略。

在市场竞争较为普遍的条件下，金融机构为了吸引客户，尤其是资信高、来往密切的大客户，往往提供一种比一般商业贷款利率更优惠的利率来发放贷款。因此，在市场较为成熟且竞争较为充分的环境下，市场上的优惠利率往往是其他商业利率的基准，一般商业利率与优惠利率的差额，体现的是不同借款之间风险的差异。

在市场日益开放和竞争的条件下，优惠利率的机制可发挥更为积极的作用。一些特殊的行业，如亟须扶持的高新技术行业，带动国民经济增长的进出口行业，享有优惠利率。对一些特殊的地区，如我国的中西部地区，在进行经济开发与建设的时期，提供一些特定的贷款项目，实行特殊的优惠利率，来扶持这些地区的经济发展。在实施优惠利率的过程中，存在两种不同的作用机制：（1）纯粹的商业性行为，它是金融机构经营中的竞争性手段，属于"让利"性经营，它据此可实施其市场战略。（2）优惠利率则是一种"扶持"性政策，是为了实现某种特殊的目标而提供的政策。这种优惠利率既可以通过那些政策性的金融机构的政策性贷款来实施，也可以通过商业性的金融机构以特殊优惠利率贷款实施。但商业性金融机构的特殊利率贷款需要有特殊的安排，在市场经济体系下，这种特殊利率贷款不能成为基本经营手段，以保证商业性金融机构经营活动的竞争性与盈利性。因此，要分离商业性金融机构的政策性业务与盈利性业务，确保金融业的竞争能力。

三、影响市场利率的因素

正如商品的供应量和需求量决定着商品价格一样，表现货币价格的利率同样受到货币供应量与需求量的影响。

（一）货币需求量与利率关系

货币需求量与利率水平之间的关系如图 3-1 所示。

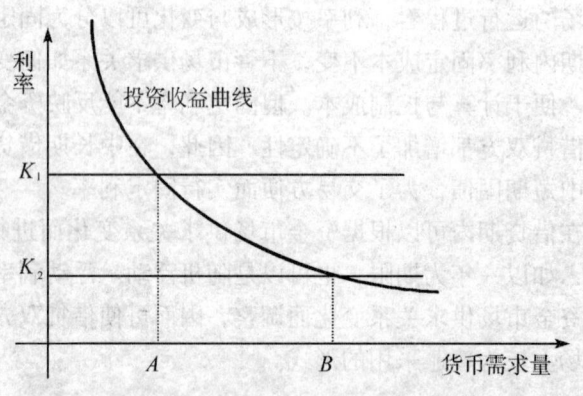

图 3-1　利率变动与货币需求质量变动关系

图 3-1 中的纵坐标表示利率，横坐标表示企业在不同利率水平下的投资规模，即对货币的需求量，图中的曲线代表投资机会的收益率。企业在选择投资机会时，总是先选择收益高的投资项目，随后再选择收益率较低的投资项目，这样，随着投资项目的增多，平均的投

资收益率就会呈下降趋势。当利率处于 K_1 水平时,企业便会筹集货币资金去投资经营 A 点之内所需资金项目,但不可能对 A 点外的项目进行投资,因此所需资金较少。但当利率处于 K_2 水平时,从 A 点到 B 点之间的项目便成为可投资项目。这就说明,随着利率的降低,企业的投资规模会扩大,则货币资金需求量也就相应增加。可见,降低利率会刺激货币需要量的增加。

(二) 货币供应量与利率关系

货币供应量与利率水平之间的关系如图 3-2 所示。

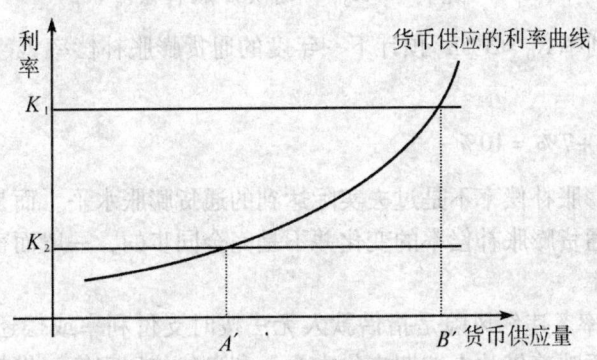

图 3-2 利率变动与货币供应量变动关系

从图 3-2 中可以看到,在利率水平为 K_2 时,货币供应量位于 A' 点,当利率水平提高到 K_1 时,货币供应量扩大到 B' 点。因此,提高利率会刺激货币供应量扩大。

资金的需求和供应是影响利率的最基本因素。除这两个因素外,经济周期、通货膨胀、货币政策和财政政策、国际政治经济关系、国家利率管制程度等,对利率的变动均有不同程度的影响。当然,这些因素有些也是通过资金的供应和需求从而影响利率的,因此,在市场经济条件下,资金的供应和需求是影响利率的两个最重要因素。

(三) 影响市场利率因素分析

要测算特定条件下的利率水平,必须分析利率的构成。利率一般由三部分组成:纯利率、通货膨胀补偿率、风险报酬率(风险收益率)。其中风险报酬率又分为违约风险报酬率、流动性风险报酬率和期限风险报酬率三种。因此,利率的一般计算公式可以表示为:

$$K = K_0 + I_P + D_P + L_P + M_P$$

式中:K 为利率(指名义利率);K_0 为纯利率;I_P 为通货膨胀补偿率(或称通货膨胀贴水);D_P 为违约风险报酬率;L_P 为流动性风险报酬率;M_P 为期限风险报酬率。

1. 纯利率。纯利率是指没有风险和没有通货膨胀情况下的均衡点利率,影响纯利率的基本因素是货币供应量和需求量,因而,纯利率不是一成不变的,它主要受社会平均资金利润率、资金供求和国家有关政策的影响而不断变化。精确地测量纯利率是非常困难的,在实际工作中,通常以无通货膨胀情况下的无风险证券的利率来代表纯利率。据有关统计资料表明,20世纪末的纯利率在2%~4%范围内浮动。

2. 通货膨胀补偿率。通货膨胀已成为世界上大多数国家经济发展过程中难以医治的病症。持续的通货膨胀,会不断降低货币的实际购买力,同时,对投资项目的投资收益率也会产生影响。货币的供应者在通货膨胀情况下,必须要求提高利率水平以补偿其购买力损失。因此,无风险证券的利率,除纯利率之外还要加上通货膨胀因素,以补偿因通货膨胀所遭受的损失。例如,政府发行的短期无风险证券(如国库券)的利率就是由纯利率和通货膨胀补偿率这两部分组成的,即:

短期无风险证券利率(R_F) = 纯利率(K_0) + 通货膨胀补偿率(I_P)

[例1] 假设纯利率$K_0=3\%$,预计下一年度的通货膨胀补偿率I_P为7%,则一年期无风险证券的利率应为:

$R_F = K_0 + I_P = 3\% + 7\% = 10\%$

计入利率的通货膨胀补偿率不是过去实际达到的通货膨胀水平,而是对未来通货膨胀的预期。利率的变化与通货膨胀补偿率的变化并不是完全同步的,一般而言,利率的变化总是滞后于通货膨胀补偿率。

3. 违约风险报酬率。违约风险是指借款人无法按时支付利率或偿还本金而给投资人带来的风险。违约风险反映着借款人按期支付本金、利息的信用程度。借款人如果经常不能按期支付本利,说明这个人的违约风险较高。为了弥补违约风险,必须提高利率,否则,投资人不会进行投资,借款人也就无法借到款项。

违约风险报酬率与违约风险成正比。国库券等证券由政府发行,一般可以认为是没有违约风险的,因此,利率相对较低。企业债券的违约风险则要根据企业的信用程度来定,企业的信用可分为若干等级,等级越高,信用越好,违约风险越低,利率水平也越低;信誉不好,违约风险高,利率水平自然也高。在到期日和流动性等因素相同的情况下,某信用等级债券的利率水平同国库券利率之间的差额,便是该信用等级债券的违约风险报酬率。

4. 流动性风险报酬率。流动性是指某项资产能否迅速转化为现金的可能性。如果一项资产能迅速转化为现金,说明其变现能力强,流动性好,流动风险小;反之,则说明其变现能力弱,流动性不好,流动风险大。政府债券、大公司的股票与债券,由于信用好,变现能力强,所以流动风险小。而一些不知名的中小企业发行的证券,流动性风险相对较大。一般而言,在其他因素均相同的情况下,流动性风险小与流动性风险大的证券利率均介于1%~2%之间,这就是所谓的流动性风险报酬率。

5. 期限风险报酬率。一项负债,到期日越长,债权人承受的不肯定因素就越多,承担的风险也就越大。为弥补这种风险而增加的利率水平,称为期限风险报酬率。例如,同时发行的国库券,5年期的利率就比3年期的利率高,银行存贷款也一样,长期利率一般总是高于短期利率。当然,在利率剧烈波动的情况下,可能出现短期利率高于长期利率的情况,但这种偶然情况并不影响上述结论。

综上所述,影响某一特定借款或投资的利率主要有以上五大类因素,只要能合理预测上述因素，便能比较合理地测算未来的利率水平。

第二节 资金的时间价值

一、资金时间价值的概念

资金时间价值是指资金在周转使用中由于时间因素而形成的差额价值，资金时间价值相当于没有风险和没有通货膨胀下的社会平均资金利润率。

在现实经济生活中，一定量的资金在不同的时点具有不同的价值。年初的1元钱与年末的1元钱具有不同的经济价值。即使不考虑通货膨胀因素，年初的1元钱在投入企业运营后，经过1年时间的生产经营，企业生产出了新的产品，创造出了新的价值，原来的1元钱也同样产生了增值，其最终价值超过了1元钱。如果企业将年初的1元钱存入银行，假定银行以10%计算存款利息，年末企业能拿到的不是1元钱，而是1.10元。这多出来的0.10元即是资金的时间价值。

资金时间价值的产生必须同时具备两个前提条件：一是资金必须投入社会再生产过程；二是要有一定的时间间隔。由于资金时间价值产生的根本原因是企业将资金投入使用而创造出了新的价值，所以，只有周转使用中的资金才具有时间价值。资金的循环和周转以及因此实现的资金增值，需要一定的时间，每完成一次循环，资金就增加一定数额；资金循环周转的次数越多，其增值额也越大。因此，资金随着时间的推移，其增值额不断增加，资金时间价值也即表现为资金周转使用后的增值额。

资金时间价值相当于没有风险和没有通货膨胀下的社会平均资金利润率，由于资金时间价值广泛使用计算利息的各种方法，因而时间价值与利率容易混为一谈。事实上，利率不仅包括时间价值，而且包括风险价值和通货膨胀因素。只有在购买国库券等政府债券时，几乎没有风险，如果通货膨胀率很低的话，可以用政府债券的利率来表示时间价值。

由于资金时间价值的存在，不同时点上的资金其经济价值不等，不能直接进行比较。所以，企业在理财中，必须对不同时点上的收入或支出进行换算，使它们在相同的时间基础上具有可比性。

二、资金时间价值的计算

利息计算方式有单利与复利之分，价值也有终值与现值之分，彼此一一对应，有单利终值和单利现值，复利终值和复利现值四种基本计算，在换算时广泛使用复利计算的方法。

（一）单利终值和现值的计算

单利是计算利息的一种方法。在这种方式下，只对本金计算利息，利息不再计算利息，即无论多长时间,只有本金生息,利息不生息。由于资金时间价值反映的是资金的增值额,因此,相对于一定量的增值额,有两个数额与它对应,即资金原有的数额和增值后的数额,也就是现值和终值。现值是指资金现在的价值,也称为本金,用字母 P 表示;终值是指资金将来的价值,也称为本利和,用字母 F 表示。它们两者之间的差额即是资金的时间价值。

以本金100元为例,年利率为10%,从第1年到第3年,各年年末的单利终值计算如下:

100元1年后的终值 $=100\times(1+10\%\times1)=110$(元)

100元2年后的终值 $=100\times(1+10\%\times2)=120$(元)

100元3年后的终值 $=100\times(1+10\%\times3)=130$(元)

由此可得出单利终值的一般计算公式为:

$$F=P\times(1+i\times n)$$

式中:F 为终值;P 为现值;i 为利率;n 为计息期数。

以100元本利和为例,年利率为10%,从第1年到第3年,各年年末的100元其现值计算如下:

第1年年末的100元的现值 $=100/(1+10\%\times1)=90.9$(元)

第2年年末的100元的现值 $=100/(1+10\%\times2)=83.3$(元)

第3年年末的100元的现值 $=100/(1+10\%\times3)=76.9$(元)

由此可得出单利现值的一般计算公式为:

$$P=F\times[1/(1+i\times n)]$$

[例2] 本金1 000元存入银行,年利率为10%,单利计算,5年后的本利和为:

$F=1\ 000\times(1+10\%\times5)=1\ 500$(元)

[例3] 某人拟在5年后获得本利和1 400元,银行存款年利率8%,单利计算,他现在应存入银行多少现金?

$P=1\ 400\times[1/(1+8\%\times5)]=1\ 000$(元)

(二)复利终值和现值的计算

复利是计算利息的另一种方法。在这种方式下,不仅对本金计算利息,而且对利息也要计算利息,即在每一次计息期(一般以一年为单位)后,不仅本金要计算利息,而且以前期计算出的利息也都转化为本金在以后期生息。随着时间的延长,计息次数不断增加,利息的利息也不断增多,俗称"利滚利"。复利现值是资金现在的价值(已知 F 求 P),复利终值是资金将来的价值(已知 P 求 F)。

以100元本金为例,年利率为10%,每年复利计算一次,从第1年到第3年各年年末的终值可计算如下:

100元1年后的终值 $=100\times(1+10\%)=110$(元)

100元2年后的终值 $=110\times(1+10\%)=100\times(1+10\%)^2=121$(元)

100元3年后的终值 = 121×(1+10%) = 100×(1+10%)³ = 133.1（元）

由此可得出复利终值一般计算公式为：

$$F = P(1+i)^n$$

式中，$(1+i)^n$ 被称为复利终值系数或1元的复利终值，用符号 $(F/P, i, n)$ 表示。

以100元终值为例，年利率为10%，从第1年到第3年，各年年末的100元其复利现值计算如下：

第1年年末的100元的现值 = 100×[1/(1+10%)] = 90.9（元）
第2年年末的100元的现值 = 100×[1/(1+10%)²] = 82.6（元）
第3年年末的100元的现值 = 100×[1/(1+10%)³] = 75.1（元）

由此可得出复利现值的一般计算公式为：

$$P = F \times [1/(1+i)^n]$$

式中，$1/(1+i)^n$ 被称为复利现值系数或1元的复利现值，用符号 $(P/F, i, n)$ 表示。

为了简单明了地反映资金收支的大小以及它们相应发生的时间，通常用一个数轴图形来表示各资金收支及其相应时间的对应关系。它将资金的收入和支出按照发生的时间阶段画在时间的标度上，并且标明所要计算的问题，即标明什么是已知、什么是所求。时间点0表示资金运动的时间始点或某一基准时刻，并不一定是指日历年度的年初，如图3-3所示。

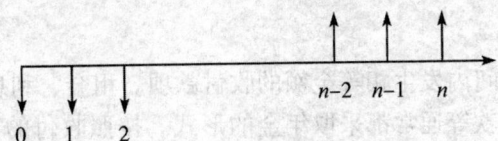

图3-3　n期现金流入与流出

图3-3中横轴表示一个从0开始到n的时间序列，每一个刻度表示一个时间单位（或一个计息期）。随计息期长短的不同，时间单位可以取年、半年、季或月等。0表示时间序列的起点，同时也是第1个计息期的起始点。从1至n分别代表各个计息期的终点，第1个计息期的终点，也就是第2个计息期的起点。时间坐标的垂直线代表不同时点的资金情况。

一次性支付的将来值（复利终值）的计算如图3-4所示。

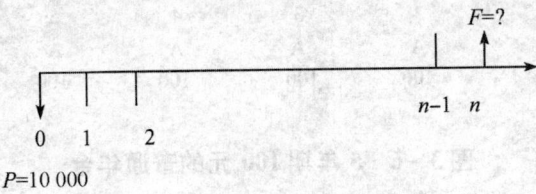

图3-4　n期复利终值计算

一次性支付的现值（复利现值）的计算如图3-5所示。

在实际工作中，复利终值系数 $(1+i)^n$ 与复利现值系数 $1/(1+i)^n$ 可以直接查阅复利终值表和复利现值表（见本书附表）。

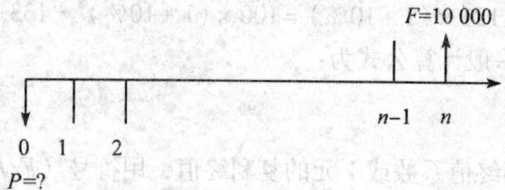

图 3-5　n 期复利现值计算

[例 4]　本金 1 000 元存入银行，年利率为 10%，复利计息，求 5 年后的本利和。

$F = 1\,000 \times (1 + 10\%)^5 = 1\,000 \times 1.611 = 1\,611$（元）

[例 5]　某人拟在 5 年后获得本利和 1 400 元，银行存款年利率为 8%，复利计算，求他现在应存入银行多少现金？

$P = 1\,400 \times [1/(1 + 8\%)^5] = 1\,400 \times 0.681 = 953.4$（元）

与上两例的计算结果相比，可以看出，在本金、利率、期数均相同的情况下，复利终值大于单利终值，其差额即是利息再生的利息。相反，当终值、利率、期数均相同时，复利现值小于单利现值，原因也是从终值中扣除的利息再生的利息。本例与 [例 3] 比较说明不同计息方式对货币时间价值的影响。

（三）年金的计算

年金是指间隔相等期间内发生相等金额的收付款项。租金、利息、保险金、养老金、分期付款赊购、分期偿还贷款等通常都采取年金的形式。按照收付的次数和支付的时间不同，年金分为后付年金、先付年金、递延年金和永续年金。

后付年金又称普通年金，是指每期期末收付的年金。普通年金的收付形式也可用图来表示（见图 3-6）。发生在（或折算为）某一特定时间序列各计息期末（不包括零期）的等额资金（用字母 A 表示）序列的价值。例如，在图 3-6 中除 0 点以外，从 1 至 n 期期末的现金流量都相等即为普通年金。

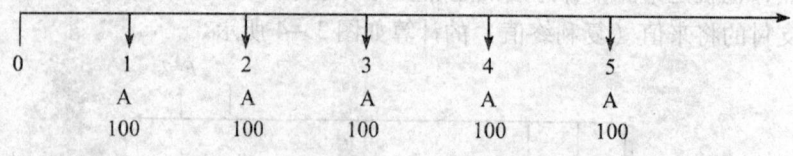

图 3-6　5 年期 100 元的普通年金

先付年金又称预付年金或即付年金，是指在每期期初收付的年金。预付年金支付形式见图 3-7。

递延年金是指第一次支付发生在第二期或第二期以后的年金。递延年金的支付形式见图 3-8。从图中可以看出，前两期没有发生支付，一般用 m 表示递延期数，本例的 $m = 1$，第一次支付在第二期期末，连续支付 5 次，即 $n = 5$。

永续年金是指无限期定额收付的年金。现实中的存本取息、股票固定股息，可视为永续

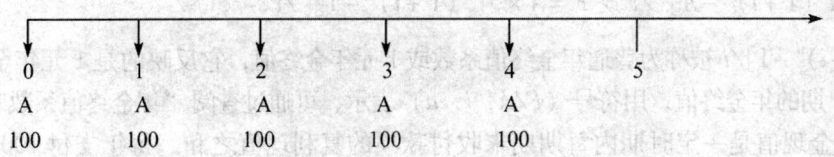

图 3-7 5 年期 100 元的预付年金

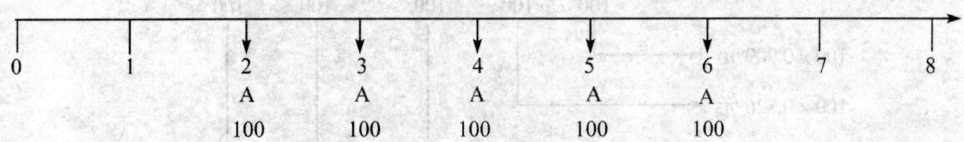

图 3-8 递延期为 1 年、5 年期的 100 元递延年金

年金的例子。

1. 普通年金终值和现值的计算。由于年金是一系列的等额收付款项,每期所收付的款项处在不同的时点上,具有不同的价值,无法直接加总计算。这样,在决策过程中,往往需要知道这一系列收付款项相当于现在的多少价值,又相当于将来的多少价值,以便于与其他项目进行比较。这就是年金现值与年金终值的计算。

普通年金终值是指一定时期内每期期末收付款项的复利终值之和。每年支付 100 元,年利率 10%,经过 5 年,年金终值可表示为图 3-9。

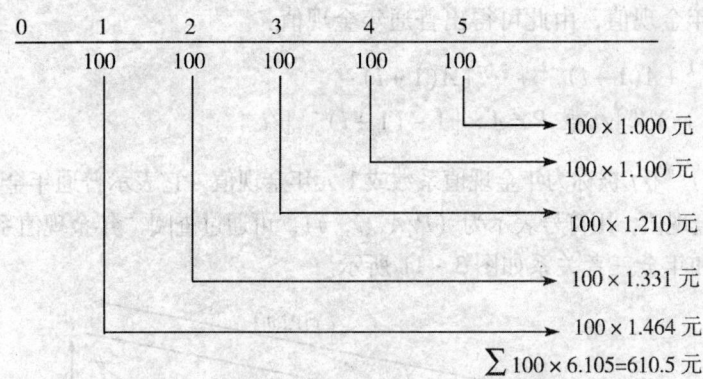

图 3-9 5 年 100 元年金的终值计算

$$5 \text{ 年 } 100 \text{ 元年金的终值} = 100 + 100 \times (1+10\%) + 100 \times (1+10\%)^2$$
$$+ 100 \times (1+10\%)^3 + 100 \times (1+10\%)^4$$
$$= 100 \times 6.105 = 610.5 \text{(元)}$$

若用 A 代表每年支付的金额,i 为利率,n 为期数,F 代表年金终值,由此可得出普通年金终值:

$$F = A + A(1+i) + A(1+i)^2 + A(1+i)^3 + \cdots + A(1+i)^{n-1}$$

$$F = [A(1+i)^n - A]/i \text{ 或 } F = A \times [(1+i)^n - 1]/i$$

式中，$[(1+i)^n - 1]/i$ 被称为普通年金终值系数或1元年金终值，它反映的是1元年金在利率为 i 时，经过 n 期的年金终值，用符号 $(F/A, i, n)$ 表示，可通过查阅"年金终值系数表"求得。

普通年金现值是一定时期内每期期末收付款项的复利现值之和。每年支付100元，年利率10%，为期5年，其年金现值可表示为图3-10。

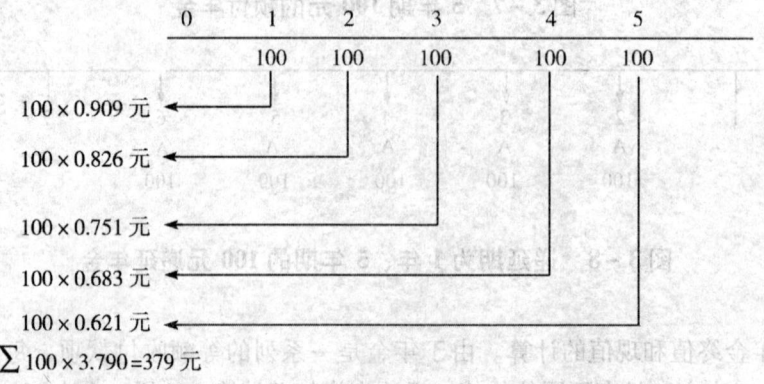

图3-10 5年100元年金的现值

$$5 \text{ 年 } 100 \text{ 元年金的现值} = 100 \times (1+10\%)^{-1} + 100 \times (1+10\%)^{-2}$$
$$+ 100 \times (1+10\%)^{-3} + 100 \times (1+10\%)^{-4}$$
$$+ 100 \times (1+10\%)^{-5} = 379 \text{ （元）}$$

若用 P 代表年金现值，由此可得出普通年金现值：

$$P = A(1+i)^{-1} + A(1+i)^{-2} + \cdots + A(1+i)^{-n}$$
$$P = [A - A(1+i)^{-n}]/i \text{ 或 } P = A \times [1 - (1+i)^{-n}]/i$$

式中，$[1 - (1+i)^{-n}]/i$ 被称为年金现值系数或1元年金现值，它表示普通年金为1元，利率为 i，经过 n 期的年金现值，用符号表示为 $(P/A, i, n)$，可通过查阅"年金现值系数表"求得。

现值、终值和年金三者关系如图3-11所示。

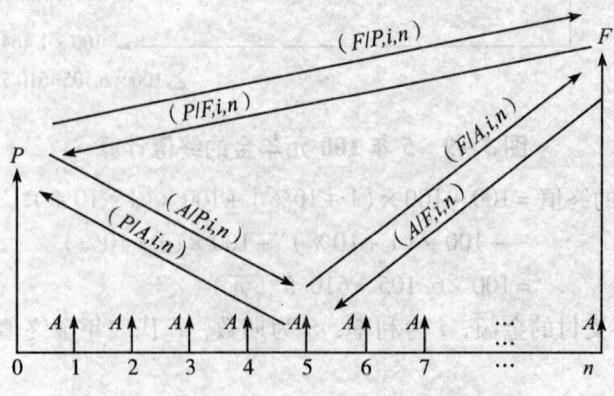

图3-11 现值、终值和年金三者关系

[例6]　李先生每年年末存入银行5 000元，年利率5%，则5年后本利和共有多少？

$F = 5\,000 \times (F/A, 5\%, 5)$
$ = 5\,000 \times 5.526 = 27\,630$（元）

[例7]　企业进行设备改造，每年可增加收益50 000元，按年利6%计算，若设备还可继续使用10年，其投资额不高于多少才合算（本例计算中不考虑设备折旧的现金流量）？

$P = 50\,000 \times (P/A, 6\%, 10)$
$ = 50\,000 \times 7.36 = 368\,000$（元）

如果已知年金终值时，在利率一定、期数一定的条件下，相应可求出年金A，我们称之为偿债基金。偿债基金是指为使年金终值达到既定金额每年应支付的年金数额。为了便于大家理解，先看一例。

[例8]　某企业为在5年后还清其50 000元的债务，从现在开始每年等额存入银行一笔款项。假设银行存款利率为10%，每年需要存多少钱？

由于银行按复利计息，因此每年不必存入10 000元，而只需存入更少的金额，在5年后本利和就可达到50 000元，债务即可得到偿付。

根据年金终值计算公式，得：

$$A = F \times \frac{i}{(1+i)^n - 1}$$

式中，$\frac{i}{(1+i)^n - 1}$是年金终值系数的倒数，称为偿债基金系数，它可以把年金终值折算为每年需要支付的金额。偿债基金系数可以通过年金终值系数求倒数确定。将例题中的数据代入上式，则：

$A = 50\,000 \times \dfrac{10\%}{(1+10\%)^5 - 1}$
$ = 50\,000 \times 0.1638$
$ = 8\,190$（元）

因此，在银行利率为10%时，每年存入8 190元，5年后就可以得到50 000元偿还债务。

对固定资产的折旧有一种方法为偿债基金法，其理论依据是"折旧的目的是保持简单再生产"。为在若干年后重购该设备，并不需要每年提存设备原值与使用年限的算术平均数，由于利息不断增加，每年只需提存较少的数额即按偿债基金提取折旧，即可在使用期满时得到设备原值。偿债基金法的年折旧额，就是根据偿债基金系数乘以固定资产原值计算出来的。

与前述普通年金终值系数的运用相似，投资回收系数正好是普通年金现值系数的倒数。

[例9]　企业取得银行借款200万元，年利率10%，期限5年，银行要求贷款本息等额偿还，每年年末应偿还多少？

这是已知年金现值、时间和利率，求年金的计算。

$A = 200/(P/A, 10\%, 5)$
$= 200/3.791 = 52.76$（万元）

2. 预付年金终值和现值的计算。预付年金是每期期初收付的年金。与普通年金相比，在期数相同时，预付年金各期都提前一期，所以，预付年金价值高于普通年金价值。为便于使用"年金现值系数表"与"年金终值系数表"，预付年金可在普通年金的基础上调整求得。预付年金现值是各期期初等额收付款项现值之和。

若用 P 代表年金现值，由此可得出预付年金现值：

$P = A + A(1+i)^{-1} + A(1+i)^{-2} + \cdots + A(1+i)^{-n-1}$

等式两边同除以 $(1+i)$：

$1/(1+i)P = A(1+i)^{-1} + A(1+i)^{-2} + \cdots + A(1+i)^{-n-1-1}$

上述两式相减，得：

$P - 1/(1+i)P = A - A(1+i)^{-n-1-1}$
$P = [A(1+i) - A(1+i)^{-n-1}]/i$ 或 $P = A \times (1+i)[1-(1+i)^{-n-1-1}]/i$

由此可推出，预付年金现值系数可通过调整普通年金现值系数求得，即期数减1，系数加1，可记作 $[(P/A, i, n-1) + 1]$。可利用"年金现值系数表"查得 $(n-1)$ 期的系数值，然后加1，得出1元钱的预付年金现值。

从图 3-12 中可看出，5 年期 100 元预付年金与 4 年期 100 元普通年金比，差别就在于第一年年初多了 100 元。

	0	1	2	3	4	5
5 年期预付年金 (元)	100	100	100	100	100	
4 年期普通年金 (元)		100	100	100	100	

图 3-12 预付年金与普通年金的关系

[例10] 购入房屋一套，采取分期付款方式，10 年中每年年初付 10 000 元，设银行利率为 10%，问该套房屋相当于现价多少？

$P = A[(P/A, i, n-1) + 1]$
$= 10\,000 \times [(P/A, 10\%, 9) + 1]$
$= 10\,000 \times (5.759 + 1) = 67\,590$（元）

预付年金终值是每期期初等额收付款项在最后一期期末的终值之和。图 3-13 是预付年金终值与普通年金终值的比较，对于 5 年期 100 元预付年金而言，其终值要计算到第 5 年年末。年末，如果将预付年金向后递延 1 年，即成为普通年金，其终值需要计算到第 6 年年末。但是，由于普通年金年末支付，所以在第六期末若加上一个 100 元即成为一个标准的 6 年期 100 元年末年金。其终值比 5 年期 100 元预付年金多了一个 100 元。因此，预付年金终值按普通年金终值计算时应做出如下调整：期数加 1，系数减 1，可记作 $[(F/A, i, n+1) - 1]$。

	0	1	2	3	4	5	6
5 年期预付年金 (元)	100	100	100	100	100		
6 年期普通年金 (元)		100	100	100	100	100	100

图 3 - 13　预付年金与普通年金终值关系

可利用"年金终值系数表"查得 ($n+1$) 期的系数值，然后减 1，得出 1 元的预付年金终值。

[**例 11**]　每年年初存入银行 4 000 元，若银行存款利率为 5%，5 年后的本利和是多少？

$$F = A[(F/A, i, n+1) - 1]$$
$$= 4\,000 \times [(F/A, 5\%, 6) - 1]$$
$$= 4\,000 \times (6.802 - 1) = 23\,208 \text{（元）}$$

3. 递延年金的计算。递延年金终值的计算方法和普通年金终值类似，如果用 m 表示递延期，n 表示收付期数，递延年金终值可直接计算如下：

$$F = A(F/A, i, n)$$

递延年金的现值计算方法有两种：

第一种方法，是把递延年金按普通年金计算其到递延期末（m 年末）的现值，然后再按复利现值计算方法将其按 m 年折现到第一期期初，用公式表示为：

$$P_m = A(P/A, i, n)$$
$$P = P_m(1+i)^{-m}$$

即 $P = A(P/A, i, n)(1+i)^{-m}$

第二种方法，是假设递延期中也发生了收付行为，则递延年金转化为 ($m+n$) 期普通年金，先求出 ($m+n$) 期的年金现值，然后，再减去实际并未发生收付的 m 期年金现值，其计算公式为：

$$P_{(m+n)} = A(P/A, i, m+n)$$
$$P_m = A(P/A, i, m)$$
$$P = P_{(m+n)} - P_m$$

即 $P = A[(P/A, i, m+n) - (P/A, i, m)]$

[**例 12**]　某款项支付方式为从第 4 年末到第 9 年末每年支付 100 元，若市场利率为 10%，求该款项第 9 年末的终值和第 1 年初的现值。图 3 - 14 是该款项的支付形式，$m = 3$，$n = 6$，$i = 10\%$。

0	1	2	3	4	5	6	7	8	9	10
				100	100	100	100	100	100	

图 3 - 14　递延年金终值和现值计算

终值计算：

$F = A(F/A, i, n)$
$= 100 \times (F/A, 10\%, 6)$
$= 100 \times 7.716$
$= 771.6$（元）

现值计算：

$P = 100 \times (P/A, i, n) \times (P/F, i, m)$
$= 100 \times (P/A, 10\%, 6) \times (P/F, 10\%, 3)$
$= 100 \times 4.355 \times 0.751$
$= 327.06$（元）

或：$P = 100 \times [(P/A, i, m+n) - (P/A, i, m)]$
$= 100 \times [(P/A, 10\%, 9) - (P/A, 10\%, 3)]$
$= 100 \times (5.759 - 2.487)$
$= 327.2$（元）

注：由于小数位数的关系，所以有误差。

4. 永续年金现值的计算。永续年金由于没有期限，所以没有终值，只有现值计算。永续年金现值可通过普通年金现值的计算公式推导出：

$P = A \times [1 - (1+i)^{-n}]/i$

当 $n \to \infty$ 时，$(1+i)^{-n}$ 的极限为零，得出永续年金现值计算公式为：

$P = A/i$

[例13] 某种优先股每年分得股利3元，若利率为10%，该优先股价值为：

$P = 3/10\% = 30$（元）

以上介绍了时间价值的基本计算，即从 F 求 P，从 P 求 F，从 A 求 F，从 F 求 A，从 A 求 P，从 P 求 A 的互换公式，即当利率与时间均已确定时，不同时点上的各种资金之间的等值关系。

三、实际利率和名义利率

以上的计算我们一般都是以年为计息周期的，通常所说的年利率都是指名义利率，也是一种约定的利率。在实际运用中，计息周期可以短于一年，这时，利率标明的时间单位与计息周期发生不一致时，就出现了名义利率和实际利率的区别。

[例14] 年利率为16%，存款额1 000元，期限为一年，要求分别以一年1次复利计息，一年4次按季利率计息，一年12次按月利率计息，则一年后的本利和分别为：

一年1次计息：$F = 1\,000 \times (1 + 16\%) = 1\,160$（元）

一年 4 次计息：$F = 1\,000 \times (1 + 4\%)^4 = 1\,169.86$（元）

一年 12 次计息：$F = 1\,000 \times (1 + 1.33\%)^{12} = 1\,171.81$（元）

这里的 16%，对于一年 1 次计息情况既是实际利率又是名义利率；4% 和 1.33% 称为周期利率。由上述计息可得：

名义利率 = 周期利率 × 每年复利计息周期数

$$实际利率 = \left(1 + \frac{名义利率}{每年复利计息周期数}\right)^{复利计息次数} - 1$$

对于一年计息 4 次和 12 次来说，16% 就是名义利率，而实际利率分别为：一年计息 4 次时，实际利率 = $(1 + 4\%)^4 - 1 = 16.99\%$；一年计息 12 次时，实际利率 = $(1 + 1.33\%)^{12} - 1 = 17.18\%$。

通过上述分析和计算，可以得出名义利率与实际利率存在着下述关系：

（1）当计息周期为一年时，名义利率与实际利率相等；计息周期短于一年时，实际利率大于名义利率。

（2）名义利率越大，计息周期越短，实际利率与名义利率的差异就越大。

（3）假设名义利率为 r，年初借款为 P，在一年中计算利息 m 次，则每一计息周期的利率为 r/m，一年后的本利和为 $F = P(1 + r/m)^m$，其中利息为 $F - P = P(1 + r/m)^m - P$。故实际利率 i 与名义利率 r 的关系式为：

$$i = [P(1 + r/m)^m - P]/P = (1 + r/m)^m - 1$$

（4）名义利率不能完全反映资金的时间价值，实际利率才能真正反映资金的时间价值。

[例 15] 某企业预计一投资项目，今后 10 年内的每月现金流入为 12 000 元，如果其中的 30% 可用于支付项目贷款的月还款额，年贷款利率为 12%，问该企业有偿还能力的最大项目贷款额是多少？

解：（1）该企业每月用于支付项目贷款的月还款额为：

$A = 12\,000 \times 30\% = 3\,600$（元）

（2）月贷款利率为：

$i = 12\%/12 = 1\%$

（3）计息周期数为：

$n = 10 \times 12 = 120$（月）

（4）该企业有偿还能力的最大项目贷款额为：

$P = A[(1 + i)^n - 1]/[i(1 + i)^n]$

$= 3\,600 \times [(1 + 1\%)^{120} - 1]/[1\% \times (1 + 1\%)^{120}]$

$= 3\,600 \times 69.7005$

$= 250\,921.80$（元）

第三节 风险与报酬

一、风险价值概念

（一）风险

1. 风险的概念。风险是指在一定条件下的某一时期内可能发生的各种结果的变动程度。在财务学中，风险是指预期收益的离散性，也即脱离预期收益的可能性。现代企业财务管理环境的一个重要特征是，在企业财务管理的每一个环节都不可避免地要面对风险。风险是客观存在的，如何防范和化解风险，以达到风险与报酬的优化配置是非常重要的。

假设有需要投资1 000万元的项目A和B。项目A是没有风险的，投资A项目可获得的报酬是100万元；项目B存在着无法规避的风险，并且成功和失败的可能性分别为50%，成功后的报酬是200万元，而失败的结果是损失20万元。你选择哪个项目？这就涉及风险和报酬。

2. 风险的特征。风险具有如下特征：

（1）客观性。即不以人们的意志为转移，不论人们喜欢与否，它都无处不在，无时不有。

（2）不确定性。风险的发生难以琢磨，虽然整体风险可以通过概率计算，但某一特定风险何时发生、怎样发生则难以预计。

（3）风险与收益一般情况下具有对等性，即风险大，如成功则收益大，如失败则损失大；反之亦然。

风险对不同的人来说是不一样的，它取决于风险的具体内容和人们选择风险时的偏好。人们对待风险的态度有三种，即喜好风险、厌恶风险和漠视风险。作为理性经济人对待风险的态度是厌恶风险，从而要求风险与收益挂钩，风险越大，收益也必须越大，否则，就没有经济意义；对于敢于冒险的人而言，喜欢收益一定的情况下，风险越大，越带有刺激性、越有成就感；对于漠视风险的人而言，风险与收益没有关系。

3. 风险与不确定性、损失、危险有密切关系。

（1）风险与不确定性的区别。与风险相比，在不确定性状态下，人们不能预知各种后果出现的可能性状况。

（2）风险与损失的区别。风险只是存在损失的可能，而不是损失本身。损失是一个事后概念，而风险是一个事前的概念。而且，风险不只有损失的可能性，还有不损失或获益的可能性。

（3）风险与危险的区别。危险是指能使损失事件更容易发生或损失事件一旦发生会使损失更加严重的因素。所以危险是影响风险的环境性因素，是导致风险水平增加的原因。

（二）风险价值

以上所述在企业财务管理的每一个环节都不可避免地要面对风险，货币时间价值是指在没有风险和通货膨胀因素下的投资收益，因此，企业冒着风险进行投资时，就必须获得超过货币时间价值以外的额外收益。风险价值是指企业由于冒着风险进行投资而获取的超过货币时间价值的额外收益。风险价值又称风险收益或风险报酬。

二、风险程度衡量

（一）概率及其分布

1. 概率是某一事件发生的机会，即在条件不变的情况下，做大量重复实验时，某种事件发生频率的稳定值。
2. 概率的基本性质：
（1）任何某一概率 P_i 都在 0 和 1 之间，即 $0 \leq P_i \leq 1$；
（2）所有结果的概率之和等于 1，即 $P_i = 1$。
3. 概率分布：概率分布是指所有后果可能性的集合。

（二）期望值

期望值是各种可能的结果按其发生的概率进行加权平均得到的结果，其计算公式如下：

$$E(X) = \sum_{i=1}^{n} P_i X_i$$

式中：X 为随机变量；X_i 为第 i 种可能的结果；n 为可能结果的总数。

[例16] 有 A、B 两个项目，两个项目的报酬率及其概率分布情况如表 3-1 所示，试计算两个项目的期望报酬率。

表 3-1　　　　　A 项目和 B 项目投资报酬率的概率分布

项目实施情况	该种情况出现的概率		投资报酬率（%）	
	项目 A	项目 B	项目 A	项目 B
好	0.20	0.30	15	20
一般	0.60	0.40	10	15
差	0.20	0.30	0	-10

根据公式分别计算项目 A 和项目 B 的期望投资报酬率分别为：

项目 A 的期望投资报酬率 $E(X)_A = P_1 X_1 + P_2 X_2 + P_3 X_3 = 0.2 \times 0.15 + 0.6 \times 0.1 + 0.2 \times 0 = 9\%$

项目 B 的期望投资报酬率 $E(X)_B = P_1 X_1 + P_2 X_2 + P_3 X_3 = 0.3 \times 0.2 + 0.4 \times 0.15 + 0.3 \times (-0.1) = 9\%$

(三) 方差、标准差和标准离差率

方差、标准差和标准离差率是用来考察概率分布离散情况的指标。

1. 方差，即各种可能的结果偏离期望值的综合差异，方差是反映离散程度的一种量度。

$$\sigma^2 = \sum_{i=1}^{n} P_i (X_i - \bar{X})^2$$

式中：X_i 为随机变量；$\bar{X}$ 为期望值。

2. 标准差，即方差的平方根。

$$\sigma = \sqrt{\sum_{i=1}^{n} P_i (X_i - \bar{X})^2}$$

标准差是一个反映概率分布离散程度的绝对数指标。

$$\begin{aligned}\sigma_A^2 &= \sum_{i=1}^{n} P_i (X_i - \bar{X})^2 \\ &= 0.2 \times (0.15 - 0.09)^2 + 0.6 \times (0.1 - 0.09)^2 + 0.2 \times (0 - 0.09)^2 \\ &= 0.0024\end{aligned}$$

$$\sigma_A = \sqrt{0.0024} = 0.049$$

$$\begin{aligned}\sigma_B^2 &= \sum_{i=1}^{n} P_i (X_i - \bar{X})^2 \\ &= 0.3 \times (0.2 - 0.09)^2 + 0.4 \times (0.15 - 0.09)^2 + 0.3 \times (-0.1 - 0.09)^2 \\ &= 0.0159\end{aligned}$$

$$\sigma_B = \sqrt{0.0159} = 0.126$$

以上计算结果表明项目 B 的风险要高于项目 A 的风险。

3. 标准离差率。标准离差率的大小既取决于概率分布的离散程度，又取决于期望值的大小。为更准确地反映离散程度，消除期望值的影响，则应计算标准离差率。标准离差率是一个反映概率分布离散程度的相对数指标。

$$V = \frac{\sigma}{E(X)}$$

式中：V 为标准离差率；σ 为标准离差；$E(X)$ 为期望投资报酬率。

利用上例的数据，分别计算项目 A 和项目 B 的标准离差率为：

项目 A 的标准离差率 = 0.049/0.09 × 100% = 54.4%

项目 B 的标准离差率 = 0.126/0.09 × 100% = 140%

当然，在此例中项目 A 和项目 B 的期望投资报酬率是相等的，可以直接根据标准离差来比较两个项目的风险水平。但如果比较项目的期望报酬率不同，则一定要计算标准离差率才能进行比较。

三、风险价值衡量

（一）风险价值系数和风险报酬率

标准离差率虽然能正确评价投资风险程度的大小，但还无法将风险与报酬结合起来进行分析。假设我们面临的决策不是评价与比较两个投资项目的风险水平，而是要决定是否对某一投资项目进行投资，此时就需要计算出该项目的风险报酬率。因此我们还需要一个指标来将对风险的评价转化为报酬率指标，这便是风险价值系数。风险报酬率、风险价值系数和标准离差率之间的关系可用公式表示如下：

$$R_R = bV$$

式中：R_R 为风险报酬率；b 为风险价值系数；V 为标准离差率。

在不考虑通货膨胀因素的影响时，投资的总报酬率为：

$$K = R_F + R_R = R_F + bV$$

式中：K 为投资报酬率；R_F 为无风险报酬率。其中，无风险报酬率 R_F，可用加上通货膨胀溢价的时间价值来确定。在企业理财实务中一般把短期政府债券（如短期国库券）的报酬率作为无风险报酬率；风险价值系数 b 则可以通过对历史资料的分析、统计回归、专家评议获得，或者由政府部门公布。

[**例17**] 利用前例的数据，并假设无风险报酬率为10%，风险价值系数为10%，请计算两个项目的风险报酬率和投资报酬率。

项目 A 的风险报酬率 = bV = 10% × 0.544 = 5.44%

项目 A 的投资报酬率 = $R_F + bV$ = 10% + 10% × 0.544 = 15.44%

项目 B 的风险报酬率 = bV = 10% × 1.4 = 14%

项目 B 的投资报酬率 = $R_F + bV$ = 10% + 10% × 1.4 = 24%

从计算结果可以看出，项目 B 的投资报酬率（24%）要高于项目 A 的投资报酬率（15.44%）。从前面的分析来看，在对 A、B 项目作二选一决策时，两个项目的期望报酬率是相等的，但项目 B 的风险要高于项目 A，因此项目 A 是应选择的项目。而单独决定 B 项目是否可选时，只需将 B 项目的投资报酬率24%与期望投资报酬率进行比较，当前者大于后者时项目可选。

（二）风险价值计算

风险价值即风险报酬额，利用风险报酬率，可以进一步计算得到风险报酬额。其公式为：

$$P_R = CR_R$$

式中：P_R 为风险报酬额；C 为投资额；R_R 为风险报酬率。

[**例18**] 如果项目 A 的投资额为 100 万元，则投资 A 项目的风险报酬额为：

$$P_R = 100 \times 5.44\% = 5.44（万元）$$

说明投资100万元于A项目，因冒风险，可以获得风险价值（风险报酬额）5.44万元。

【习题】

一、关键概念

1. 时间价值　　2. 单利　　3. 终值　　4. 单利现值　　5. 复利终值
6. 复利现值　　7. 普通年金　　8. 先付年金　　9. 递延年金　　10. 永续年金
11. 年金终值　　12. 年金现值　　13. 偿债基金　　14. 实际利率　　15. 风险价值
16. 标准离差

二、简答题

1. 时间价值产生的原因及表达方式如何？
2. 单利计息与复利计息对现值与终值的计算分别有什么影响？
3. 简述年金的概念和种类。
4. 后付年金与先付年金有何区别？
5. 偿债基金与年金终值、投资回收与年金现值的关系如何？
6. 何谓风险？风险与报酬的关系如何？

第4章

资金成本及其应用

【学习要点】 本章介绍了资金成本的概念和构成，资金成本在公司理财中的重要性；阐述了单项资金成本、加权平均资金成本、资金边际成本的概念和计算运用；说明了资金成本在理财决策中的运用。

第一节 资金成本含义及意义

一、资金成本的含义

（一）资金成本的概念

资金成本，有时也称为资本成本。在现代财务管理学界，关于资金成本（COC）最权威的定义是著名的《新帕尔格雷夫货币金融大辞典》给出的："资本成本是商业资产的投资者要求获得的预期收益率。以价值最大化为目标的公司经理把资本成本作为评价投资项目的贴现率或最低回报率。"很明显，资本成本表示的是投资者所要求的与投资风险相适应的必要报酬率。但这一概念是站在投资者角度而言的。

资金成本浅显的定义是：公司筹集和使用资金所付出的代价。这是因为承担资金成本的主体是特定的公司。很显然，这一定义是站在筹集和使用资金的公司角度而言的。

（二）资金成本的层次

资金成本有四层含义：

1. 单项资金成本，指单独使用一种筹资方式下的资金成本。
2. 加权平均资金成本（综合资金成本或总资金成本），即对同时使用多种筹资方式的资金成本以加权平均方法的综合计量。
3. 单项边际资金成本（MCC），指单独使用一种筹资方式去新筹资金的资金成本。它有三种定义方法：

(1) 数学上的定义。若 $y = f(x)$（y：个别资金成本；x：筹资量），则 $MCC = dy/dx$。

(2) 经济学上的定义。$\Delta x = 1$ 时的 Δy（因增加一个单位的资金而增加的资金成本），即为 MCC。

(3) 理财实务上的定义。企业新筹资金的个别资金成本，即为 MCC。

4. 加权平均边际资金成本，它是对同时使用多种筹资方式去新筹资金的资金成本以加权平均方法的综合计量。在公司理财理论中，资金成本一般是指加权平均资金成本或加权平均边际资金成本，而且并不严格区分加权平均资金成本与加权平均边际资金成本，笼统用"加权平均资金成本"。

（三）资金成本的构成

根据上述定义，资金成本应由两部分构成：

1. 筹资费用，指在筹资过程中所发生的一次性费用，即获取资金之前所发生的费用。如筹资过程中发生的谈判费、申请费、注册费、代理费、手续费、股票债券的印刷费等，属于市场交易成本。

2. 用资费用，指在使用资金过程中所发生的费用，即获取资金之后所发生的费用。具体表现为：以利息（利率）形式支付给债权人的报酬；以分红或股利（股息）（投资报酬率）形式支付给所有者的报酬。

二、资金成本的意义

资金成本概念在公司理财中具有重要的地位。

1. 资金成本是比较筹资方式、选择追加筹资方案的依据。单项资金成本是比较各种筹资方式优劣的一个尺度（但不是选择筹资方式的唯一依据）；加权平均资金成本是企业进行资本结构决策的基本依据；单项边际资金成本和加权平均边际资金成本是比较选择追加筹资方案的重要依据。

2. 资金成本是评价投资项目、比较投资方案和追加投资决策的主要经济（财务）标准。人们通常将资金成本视为投资项目的"最低收益率"，即项目的"取舍率"，还把它作为比较选择投资方案的主要标准。

3. 资金成本是运用贴现的现金流量方法进行价值评估（财务估价）的关键因素（变量）。

4. 资金成本还可作为衡量整个企业的经营业绩的基准。近年来，在对公司的绩效进行财务衡量时，人们越来越喜欢用剩余利润（剩余收益）、经济增加值（EVA）或调整的经济增加值等指标。这时，"加权平均资金成本"便成为上述指标中不可或缺的解释变量之一。

三、资金成本的表示

资金成本的静态（不考虑时间价值）表现形式有两种，即可以用绝对数表示，也可以用相对数表示。

绝对数：资金成本额 = 筹资费用 + 用资费用

相对数：资金成本率 $(k) = \dfrac{\text{年平均资金成本额}}{\text{筹资净额}}$

在财务管理中一般用相对数表示。通常提到"资金成本"时,即指"资金成本率"。它是一个相对的概念:从筹资方看属于成本;从被筹资方看,则属于投资收益或必要报酬。也正是因为这个理由,所以企业在筹资时,往往将资金成本作为衡量项目是否可行的主要财务依据,即表现为用来计算现值系数时的贴现率或项目的最低可接受收益率。

资金成本的基本计算公式可表示为:

$$资金成本 = \frac{每年的资本占用费}{筹资总额 - 筹资费用}$$

它是企业为实际使用的资金(筹资总额 - 筹资费用)所付出的代价(用资费用)。该公式是计算各种筹资方式的基本公式。因为资金的来源和种类很多,包括债券、股票、长期借款、商业信用,甚至于企业的留存收益都会发生资金成本。而每种来源的资金成本计算方法大都符合该公式,只是在细节之处略有变通。

动态模式。对于金额大、时间超过一年的长期资本,准确的资本成本计算方式是采用折现模式,即将债务未来还本付息或股权未来股利分红的折现值与目前筹资净额相等时的折现率作为资本成本率,即:

筹资净额现值 - 未来资本清偿额现金流量现值 = 0
资本成本率 = 所采用的折现率

第二节 资金成本的计算

单项资金成本按不同来源进行细分有:债券资金成本、银行借款资金成本、优先股资金成本、普通股资金成本和留存收益资金成本。每一项资金成本的计算都是根据资金成本的基本计算公式变化而来的。

一、单项借入资金成本的计算

借入资金的利息率的高低是预先确定的,不受企业经营业绩的影响;在长期债务有效期内,一般利息率固定不变,并按期支付;利息费用是税前扣除项目。

(一) 长期债券成本

长期债券的资金使用费是指每期支付的债券利息;长期债券的资金筹集费,主要包括申请发行债券的手续费、债券注册费、印刷费、上市费及推销费用等。

$$K_b = \frac{I \times (1-T)}{B \times (1-R)}$$

式中:K_b 为长期债券的资金成本率;I 为债券按票面价值计算的年利息额;T 为所得税税率;B 为债券按发行价格计算的筹资额;R 为债券的筹资费率。

公式中分子是债券面值×票面年利率,当然是指债券的使用费。企业发行债券要向债权人支付利息，企业支付利息记入"财务费用"，由此会使利润总额减少，如果所得税税率是33%，那么企业因为支付了利息就可以少缴33%的所得税。也就是说，企业真正承担的利息是：利息×（1－所得税税率）。公式中要在债券发行价格基础上乘上（1－筹资费率），债券发行的筹资净额。分母用的是债券的发行价格，而不是分子中用的面值。债券的利息是按票面金额与票面利率乘积计算，债券的筹资额按发行价格计算，债券的发行价格，根据票面利率和市场利率的不同有三种：溢价、折价和平价，只有平价发行时，分母中的发行价格才等于分子中的面值。也只有在这种情况下，债券资金成本的公式才可以简化。

债券的还本付息方式对长期债券资金成本是有一定影响的，上面所讨论的是，在不考虑货币时间价值的情况下，一次还本、分期付息的长期债券成本计算方法。对于其他还本付息方式，如等额还款的债券，其资金成本的计算应采用另外方法。

[例1] 某企业发行一笔期限为10年的债券，债券面值为1 000万元，票面利率12%，每年付一次利息，发行费率3%，所得税税率30%，试根据情况回答以下问题：

(1) 债券按面值等价发行，则该笔债券的资金成本是多少？

$$K_b = \frac{1\,000 \times 12\% \times (1-30\%)}{1\,000 \times (1-3\%)} = 8.66\%$$

(2) 如果债券溢价50%发行，发行债券筹资的资金成本又是多少？

$$K_b = \frac{1\,000 \times 12\% \times (1-30\%)}{1\,000 \times (1+50\%) \times (1-3\%)} = 5.77\%$$

（二）长期借款成本

银行借款资金成本的计算公式与债券成本的计算公式基本一致，但要注意两者的区别：

(1) 债券的发行价格有溢价、折价、平价之分，而银行借款不存在溢价、折价的问题，所以和债券成本的公式相比，银行借款的资金成本相当于债券平价发行时的公式。即计算公式可相应简化为：

$$K_l = \frac{借款年利率 \times (1-所得税税率)}{1-筹资费率}$$

(2) 债券的发行费用比较大，一般不可忽略不计，而银行借款的筹资费用主要指的是借款手续费，借款手续费通常很小，因此，上式中的筹资费率常常可以忽略，所以其计算公式又可进一步简化为：

$$K_l = 借款年利率 \times (1-所得税税率)$$

[例2] 某企业从银行取得长期借款100万元，年利率10%，期限2年，每年付息一次，到期还本。筹资费率1%，所得税税率33%，求其借款成本。

$$K_l = \frac{100 \times 10\% \times (1-33\%)}{100 \times (1-1\%)} = 6.77\%$$

如分母忽略，则：

$$K_l = 10\% \times (1-33\%) = 6.7\%$$

二、单项自有资金成本的计算

（一）优先股成本

优先股有两重性质：既有债券的特性又有普通股的特性。根据优先股兼具主权资本和负债两种特征的特点，在确定优先股公式时，要考虑两点：

（1）和债券相似，每期支付固定股息。所以分子仍可以用固定不变的股息率来表示。

（2）和普通股一样，股息是在税后支付的，即不用考虑税收抵免因素，因此在优先股成本的计算公式中不用乘上 $(1-T)$。

综合以上两点，其成本的计算公式为：

$$K_p = \frac{\text{优先股面值} \times \text{年股息率}}{\text{优先股发行价格} \times (1-\text{筹资费率})}$$

但同样要注意优先股也有平价、溢价、折价发行时的公式运用。平价发行时：

$$K_p = \frac{\text{年股息率}}{1-\text{筹资费率}}$$

[例3] 某企业按面值发行100万元的优先股，筹资费率4%，每年支付12%的股利，则优先股的成本是多少？

根据公式可得：$K_p = 12.5\%$

优先股成本由于其特点通常要高于债券成本，原因是：

（1）优先股筹集的是自有资金，股东所承受的风险较大，要求较高的回报率；

（2）优先股的股利在税前支付，而利息在税后支付。

（二）普通股成本

普通股成本的计算比较困难。因为普通股股东是没有固定收益的，普通股是收益不固定的证券。发行公司在发行股票时也绝对不会对股东保证将来每期支付多少股息，所以股息是因经营状况好坏而定的。股息不固定，即使用费不固定，那就不能像以上几种单项资金成本一样用一个固定的使用费率来直接表示。因此普通股成本的计算是这几个单项资金成本计算中最复杂也是最难的一个。以下介绍两种计算方法。

1. 股利折现法。它是根据普通股估价公式倒推出来的。一股普通股值多少钱，取决于这股股票能够给它的持有者（股东）带来多少收益，把这些收益折算成现值，这个现值就是股票的价值。普通股现值的计算公式为：

$$V_0 = \sum_{i=1}^{n} \frac{D_i}{(1+K_s)^i} + \frac{V_n}{(1+K_s)^n}$$

由于股票没有到期日，那么，当 $n \to \infty$ 时，$\frac{V_n}{(1+K_s)^n} \to 0$，所以股票的现值为：

$$V_0 = \sum_{i=1}^{n} \frac{D_i}{(1+K_s)^i}$$

以上两式中，V_0 为普通股现值；D_i 为第 i 期支付的股利；V_n 为普通股终值；K_s 为普通股成本。

以上普通股现值的计算公式是将各期股利折现相加得来的。购买股票的人用这个公式来测算股票的价值是已知股票未来各年的股利和投资该股票所要求的收益率。但是，现在我们不是要计算股票的价值，而是在已知股票价值（价格）的情况下，要计算股票的成本。所以可利用以上两式倒推求出，即普通股成本。投资者所要求从股票发行公司得到的收益，实际上就是股票发行公司的成本。所以如果我们有办法算出投资者所要求的收益率，那么这个收益率就是我们股票发行公司的股票成本。因此可依据股票估价公式倒推股票成本。

由于股份公司未来各年的股利多少是很难预计的，它不像债券利息那样每年都固定不变。为了简化计算，可假定股份公司未来各年的股利都固定不变，由于股票没有到期期限，所以可视为永续年金。计算公式可简化为：

$$K_s = \frac{D}{V_0}$$

如果有筹资费用，则：

$$K_s = \frac{D}{V_0(1-f)}$$

式中：K_s 为普通股成本；D 为每年固定股利；V_0 为普通股金额，按发行价计算；f 为普通股筹资费率。

由于许多公司都一直保持有规律地发放股利，且大多数公司的股利都是不断增加的，因此可进一步假设每年股利均在上一年股利的基础上递增，年增长率为 g，则最终可推出普通股成本的计算公式为：

$$K_s = \frac{预计第一年股利}{股票发行总额 \times (1-筹资费率)} + 股利增长率$$

[例4] 东方公司普通股每股发行价格为 6 元，发行股票 2 000 万股，筹资费率 5%，第一年每股股利 0.63 元，以后每年增长 4%，则普通股成本是多少？

$$普通股成本 = \frac{2\,000 \times 0.63}{2\,000 \times 6 \times (1-5\%)} + 4\% = 15.05\%$$

由题中可以看出，普通股的资金成本在各种筹资方式资金成本的比较中是最高的。原因是普通股的投资风险最大，股东要求的回报率也最高。考虑到筹资费用大、股利税后支付等因素，普通股的资金成本也最高。

2. 风险收益调整法。这种方法是考虑了股票和债券的投资收益的差异以及和投资风险的关系以后形成的。具体来说又可分为两种操作方法：

（1）股票—债券收益调整法。因为税前的债券成本率较容易确定，因此可根据公司历年股票与债券的成本差异等资料很方便地求出：

普通股成本 = 债券成本率 + （历年普通股成本 − 历年税前债券成本）

[例5] 某公司历史上股票债券收益率差异为4%，现时债券税前成本率为11%，则股本成本是多少？

股本成本 = 11% + 4% = 15%

这种方法的优点是简单实用。因为债券成本易于取得，而且股票债券的成本差异企业往往有历史记录。即使没有记录，还有证券市场提供的差异率可供借鉴。

（2）资本资产定价模型（CAPM）法。

普通股成本 = 无风险证券收益率 + 公司股票风险系数 × （资金市场平均投资收益率 − 无风险证券收益率）

[例6] 某公司拟发行普通股前，对其成本进行了估计。假定国库券收益率为5%，市场平均的投资收益率为10%，该公司股票风险系数为1.2，则股本成本为多少？

根据以上公式可得：

股本成本 = 5% + 1.2 × （10% − 5%） = 11%

这种方法的优点是在前法的基础上，考虑了风险因素（风险和收益的关系）。

除以上从理论上计算出的普通股成本外，以下几项成本在很大程度上也加大了公司的资金总成本，特别是股权投资的成本。

（1）机会成本。上市公司股权融资是有机会成本的，在计算资金成本时往往被忽略。这些机会成本主要有：第一，放弃以其他方式筹集资金的机会成本。如当借款利息较低，或当银行贷款条件比较宽松时，这种机会成本会较高。第二，放弃税收减免的机会成本。根据税法，负债的利息是可以在税前扣除的，因此有一种减税的作用。而股权融资则没有这种税收优惠。这种成本是任何制度下都会有的。

（2）代理成本。企业从申请上市到公开发行股票的过程中，有很多工作是需要股市中介机构代理的。由于我国中介机构市场发育迟缓且不规范，一些证券公司、会计师事务所、律师事务所和其他中介机构在相互争夺代理业务的同时，又向企业漫天要价，使得企业发行股票的代理成本居高不下。虽然从银行获取贷款也要支付代理成本，但目前来看，其数额要大大低于股权融资所需要支付的代理成本。企业发行股票的代理成本过高，是与我国目前证券中介市场不规范相联系的。

(3) 信息成本。在我国，股市的信息仍不完善，采用股权融资还是采用债权融资向市场发出信号的作用不大，许多中小投资者并不重视上市公司的价值和前景，而是过分关注政府的政策和消息，从而产生了信息不对称的成本。例如，公司内部经理人员十分清楚公司的运营正常且有良好的投资机会，决定在股票市场募集资金，但外部投资者对公司情况不甚了解或不愿了解，因为他们更关心的是政府的股市政策。例如，当政府为了制止股市过热打压股市时，股民的投资欲望较低，对股市持谨慎态度，结果公司的股票只能以低于实际价值的价格出售，进而增加了上市公司股权融资的成本。

(4) 寻租成本。股票发行由政府直接审批上市申请、分配发行额度和核定发行价格的情况下，企业要想获得上市的资格，并在股市上筹集较多的资金，就必须投入大量人力、财力。我国企业发行股票的寻租成本显然高于从银行借款和发行债券的寻租成本。

（三）留存收益成本

留存收益是企业资金的一项重要来源。但很多人不理解留存收益也有成本。留存收益不就是企业自己的钱吗，那怎么会有成本呢？实际上留存收益的成本是一种机会成本。留存收益是指企业不将利润分给股东而留下来。如果企业不是将利润留下来，而是将利润分给股东，对股东来说这同样相当于对企业追加投资，当然也要求有一定的报酬，也要计算成本。因此它和普通股成本的计算公式只有一个区别：它没有发行费用，所以只需要把 $(1-f)$ 去掉就行了。其计算公式为：

$$K_e = \frac{预计第一年股利}{留存收益额} + 股利增长率$$

[例7] 某公司留存收益 3 000 万元，上一年公司对外发行普通股的股利率为 12%，预计股利每年的增长率为 5%，求公司留存收益的成本？

根据以上公式可得：

$$K_e = \frac{3\,000 \times 12\%}{3\,000} + 5\% = 17\%$$

普通股与留存收益都属于所有者权益，股利的支付不固定。而且留存收益的成本计算是以普通股的股利率为前提的，因此，留存收益的成本和普通股一样高。

一般来说，各种长期筹资方式的筹资成本由低到高的顺序是：国库券、银行借款、抵押债券、信用债券、优先股、普通股（留存收益）。

要注意的是：计算债券、普通股、优先股成本时，如不是平价发行，则不能用简化公式，且分子上的利息（股息）用面值（总额）计算，而分母上的筹资净额要用市价（发行价格）计算。

三、加权平均资金成本的计算

企业的筹资方式往往不是单一的，在有几种筹资方式共同使用的时候，就要计算总的筹资成本。因此企业筹集资金的总成本应是各类不同筹资方式资金成本的加权平均——综合资金成本,也叫加权平均资金成本。加权平均资金成本是从总体上计算的资金成本,它是以各类资金在全部资金中所占有的比重为权数,对各类资金的成本进行加权平均后形成的,可用公式表示为:

$$K_w = \sum 某种资金来源的资金成本 \times 该种资金来源占全部资金的比重$$

[例8] 某公司须筹集1 000万元资金,有银行贷款、债券、优先股、普通股四种筹资方式,各自的筹资额分别为200万元、50万元、400万元、350万元,各自的资金成本率分别为9.2%、9.8%、12%、14%,求该公司筹资总成本。

(1) 首先计算各种资金占筹资总额的比重。

银行贷款占筹资总额的比重 = 200/1 000 × 100% = 20%

债券占筹资总额的比重 = 50/1 000 × 100% = 5%

优先股占筹资总额的比重 = 400/1 000 × 100% = 40%

普通股占筹资总额的比重 = 350/1 000 × 100% = 35%

(2) 计算加权平均资金成本。

$$K_w = 20\% \times 9.2\% + 5\% \times 9.8\% + 40\% \times 12\% + 35\% \times 14\% = 12.03\%$$

以上计算过程也可通过表4-1来进行。

表4-1　　　　　　　　　加权平均资金成本计算　　　　　　　　　单位:%

筹资方式	资金成本	资金数额(万元)	所占比重	加权平均资金成本
银行贷款	9.2	200	20	1.84
债券	9.8	50	5	0.49
优先股	12	400	40	4.8
普通股	14	350	35	4.9
合计	—	1 000	100	12.03

[例9] 某公司资金总量为1 000万元,其中长期借款200万元,年息20万元,手续费忽略不计;企业发行总面额为100万元的3年期债券,票面利率为12%,由于票面利率高于市场利率,故该批债券溢价10%出售,发行费率为5%;此外公司普通股500万元,预计第一年的股利率为15%,以后每年增长1%,筹资费用率为2%;优先股150万元,股利率固定为20%,筹资费用率也是2%;公司未分配利润总额为40万元。该公司所得税税率为30%。求该公司筹资总成本。

(1) 首先计算各种筹资方式的单项资金成本。

长期借款成本为:

$$K_l = \frac{20}{200} \times (1 - 30\%) = 7\%$$

长期债券成本为:

$$K_b = \frac{100 \times 12\% \times (1-30\%)}{100 \times (1+10\%) \times (1-5\%)} = 8.04\%$$

普通股成本为：

$$K_s = \frac{500 \times 15\%}{500 \times (1-2\%)} + 1\% = 16.31\%$$

优先股成本为：

$$K_p = \frac{150 \times 20\%}{150 \times (1-2\%)} = 20.41\%$$

留存收益成本为：

$$K_e = \frac{40 \times 15\%}{40} + 1\% = 16\%$$

（2）再计算各种筹资方式的加权平均资金成本。

$$K_w = 7\% \times \frac{200}{1\,000} + 8.04\% \times \frac{110}{1\,000} + 16.31\% \times \frac{500}{1\,000} + 20.41\% \times \frac{150}{1\,000} + 16\% \times \frac{40}{1\,000} = 14.14\%$$

综合资金成本是以各项个别资金在企业总资金中所占比重为权数，对各项个别资金成本进行加权平均而得的资金成本。综合资金成本的计算存在着一个权数价值的选择问题，即各个个别资金成本按什么价值来确定的问题。可供选择的价值形式有四种：

（1）账面价值。即以各个个别资金的账面价值来计算权数。其优点是资料容易取得，可以直接从资产负债表的右方得到。其缺点是，当债券和股票的市价脱离账面价值较大时，影响准确性；同时，账面价值反映的是过去的资本结构，不适合未来的筹资决策。

（2）现行市价。即以各个个别资金的现行市价来计算权数。其优点是能够反映实际的资金成本，但现行市价处于经常变动之中，不容易取得；而且现行市价反映的只是现实的资金结构，也同样不适用未来的筹资决策。

（3）目标价值。即以未来预计的目标市场价值来确定权数。对于公司筹措新资、反映期望的资金结构来说，目标价值是有益的，但目标价值的确定难免具有主观性。

（4）修正账面价值。即以各个个别资金的账面价值为基础，根据债券和股票的市价脱离账面价值的程度，适当地对账面价值予以修正，据以计算权数。这种方法能够比较好地反映实际资金成本和资金结构。

四、资金边际成本的计算

（一）边际及边际成本的概念

在经济学中我们经常遇到"边际"这个概念。例如：边际成本、边际产出和边际效用等。生产一台电视机的边际成本是指每多生产一台电视机所增加的成本——原料和劳动力，但并不包括管理费用——租金和管理人员的工资。在经济学中，边际收益如果大于边际成本，那么，增加产出被认为是值得的。

个别资金成本与综合资金成本，是企业过去筹集的或目前使用的资金的成本。边际成本概念用到企业筹资或投资上，企业不能仅仅考虑目前所使用的资金的成本，还要考虑为该投资项目所新筹集的资金的成本，这就需要计算边际成本。企业在追加筹资时又有两种情况：其一，改变现行的资本结构。如，认为现行资本结构中债务比重过高，要降低资产负债率，可以选择发行普通股或优先股或将二者组合进行追加筹资。其二，不改变现行资本结构。即认为现行资本结构为理想资本结构，按现行资本结构进行追加筹资。在追加筹资时还有一个基本约定，即追加筹资规模不同，个别资金成本率也不同。一般随着追加筹资规模的扩大，个别资金成本率会逐步抬高。换言之，企业不可能以一个固定的资金成本率筹集到无限的资本。

（二）边际成本的表示

边际成本如果用模型图的形式表示的话，可呈现阶梯形的曲线（见图4-1）。

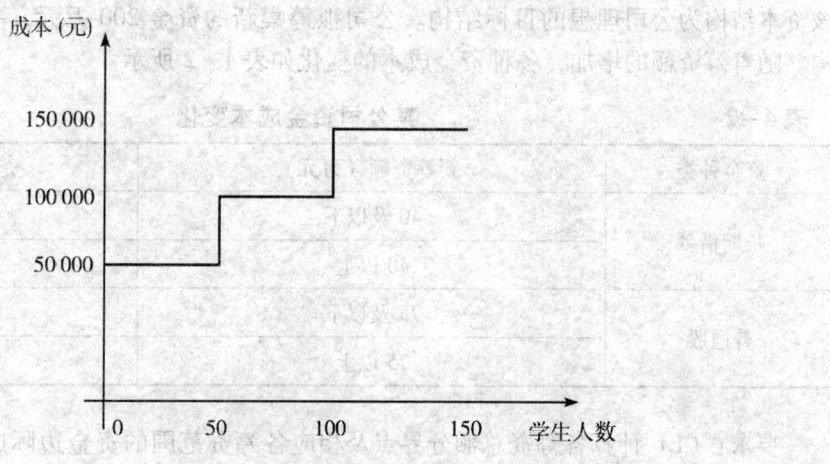

图4-1　边际成本曲线

以学校招生办班为例：假设50人一个班是最合算的（因为这时边际成本最小，假设每学期为50 000元）。如果一个班少于50人，也同样要花费50人的成本，如支付教师讲课费、管理费、电费等，那就不合算了；如果超过50人，一个教室坐不下了，要另请教师，另开一个教室，这时办班的边际成本就要增加许多。

（三）资金边际成本

企业各种资金的成本，是随时间的推移或筹资条件的变化而不断变化的。当其筹集的资金超过一定限度时，原来的资金成本就会增加。而公司追加筹资到多大规模时会引起资金成本的变化呢？这就要用到资金边际成本的概念。

资金边际成本指资金每增加同一单位时所增加的资金成本。资金边际成本也是按加权平均法计算的，是追加筹资时所使用的加权平均成本，因此它是加权平均资金边际成本的简称。边际意味着增量，在筹资看来，增量意味着风险提高，成本加大。例如，资金每增加

10万元时,成本增加1%,则1%即为资金边际成本。

　　计算资金边际成本,实际上就是计算新筹措资金的加权平均成本。资金边际成本的计算与原来资金成本相比较,新筹措的资金可能是单项资金成本不同,也可能资金结构不同,或者资金成本和资金结构都不同。我们一般假设,追加资金始终按目标资金结构进行追加,例如某企业负债与股票的资金结构分别为40%和60%,则意味着若企业追加资金总额为1 000万元时,则负债占40%,为400万元,权益资金占60%,为600万元,在此基础上,计算资金边际成本。资金的边际成本需要采用加权平均资金成本来计算,其权数应为市场价值权数,不应使用账面价值权数。

　　边际成本作用就是研究成本变化规律,配合边际收入,计算边际利润。当边际收入－边际成本＝边际利润＞0时,方案可行;当边际收入－边际成本＝边际利润＜0时,方案不可行。

　　[例10] 某公司拥有长期资金400万元,其中长期借款100万元,普通股300万元。该资本结构为公司理想的目标结构。公司拟筹集新的资金200万元,并维持目前的资本结构。随着筹资额的增加,各种资金成本的变化如表4－2所示。

表4－2　　　　　　　　　某公司资金成本变化

资金种类	新筹资额（万元）	资金成本（%）
长期借款	40及以下	4
	40以上	8
普通股	75及以下	10
	75以上	12

　　要求:(1)计算各筹资总额分界点及相应各筹资范围的资金边际成本。(2)若新筹资200万元用于投资,则投资报酬率至少为多少?

　　第一,计算分界点。所谓分界点,是指为了保持其资本结构不变的条件下,可以筹集到的资本总额。换言之,在筹资分界点内筹资,资金成本不会改变,一旦超过了筹资分界点,即使保持原有的资金结构,其资金成本也会增加。其计算公式为:

$$BP_i = \frac{TF_i}{W_i}$$

式中:BP_i为筹资总额分界点;TF_i为第i种筹资方式的成本分界点;W_i为目标资金结构中第i种筹资方式所占的比例。

　　根据题意,长期借款筹资总额分界点：40÷25%＝160（万元）
　　　　　　　　普通股筹资总额分界点：75÷75%＝100（万元）

这就意味着对借款而言,当筹资总额小于160万元时,因借款占25%,则借款筹资额小于40万元,那么借款资金成本为4%,而当筹资总额大于160万元时,则借款筹资额大于40万元,那么借款资金成本将为8%;对股票而言,当筹资总额小于100万元时,因股票占75%,则股票筹资额将小于75万元,那么股票资金成本为10%,而当筹资总额大于100万元时,则股票筹资额大于75万元,那么股票资金成本将为12%。

第二,划分追加筹资范围。将筹资总额分界点,由小到大排序,即可将0到无穷大的追加筹资范围,划成几个小的范围段,本例即为 0~100,100~160,160以上。长期借款资金成本分别是:4%,4%,8%;股票资金成本分别是:10%,12%,12%。

第三,计算不同筹资范围的资金边际成本。

资金边际成本（0~100）= 25% × 4% + 75% × 10% = 8.5%

资金边际成本（100~160）= 25% × 4% + 75% × 12% = 10%

资金边际成本（160以上）= 25% × 8% + 75% × 12% = 11%

由于200万元的加权成本为11%,说明新筹资200万元要求的最低报酬率为11%。

在实际操作中,有时筹资种类较多、成本分界点也较多,为了条理清晰,这时可列表计算资金的边际成本。

[例11] A公司目前有资金1 000 000元,其中长期债务100 000元,优先股200 000元,普通股700 000元。现在公司为满足投资的要求,要筹集更多的资金,试确定资金的边际成本。

解题的思路和上题一样,其关键点是确定权数和资金成本,这就是说要求确定资金的筹集范围。

(1) 根据过去的资金结构,重新确定公司最优的资金结构。假设目前的资金结构是最优的资金结构,因此,追加筹资时应继续保持长期债务占10%,优先股占20%,普通股占70%的资金结构。

(2) 确定各种筹资方式的资金成本。不同的筹资方式,其资金成本不同。即使同一种筹资方式,筹资额不同,资金成本也不相同。企业应把各种筹资方式在不同筹资额度内的资金成本清晰地列示出来,具体情况见表4-3。

表4-3　　　　　　　筹资方式、筹资范围和资金成本变化

筹资方式	目标资金结构	新筹资的数量范围（元）	资金成本（%）
长期债务	0.10	0~10 000	6
		10 000~50 000	7
		大于50 000	8
优先股	0.20	0~5 000	10
		大于5 000	12
普通股	0.70	0~21 000	14
		21 000~70 000	15
		大于70 000	16

(3) 计算筹资总额分界点。列表后,根据本企业各种筹资方式所占的资金比例,找出不同筹资额度内所对应的企业筹资总额,以及在不同的筹资总额下个别资金成本的大小。依

次找出每种成本下的筹资分界点，A公司的筹资总额分界点如表4-4所示。

表4-4　　　　　　　　　　　筹资总额分界点计算　　　　　　　　　　单位：元

筹资方式及目标资金结构	资金成本（%）	特定筹资方式的筹资范围	筹资总额分界点	筹资总额的范围
长期债务占10%	6	0~10 000	10 000/0.1=100 000	0~100 000
	7	10 000~50 000	50 000/0.1=500 000	100 000~500 000
	8	大于50 000	—	大于500 000
优先股占20%	10	0~5 000	5 000/0.2=25 000	0~25 000
	12	大于5 000	—	大于25 000
普通股占70%	14	0~21 000	21 000/0.70=30 000	0~30 000
	15	21 000~70 000	70 000/0.70=100 000	30 000~100 000
	16	大于70 000	—	大于100 000

在表4-4中，分界点是指特定筹资方式成本变化的分界点。例如，对长期债务而言，在0~10 000元以内，其成本为6%，而在目标结构中，债务的比重为10%，这表明在债务成本由6%上升到7%之前，企业可筹集100 000元的资金。当筹资总额在100 000~500 000元之间时，债务在10 000~50 000元之间，债务成本上升到7%。

（4）计算资金的边际成本。根据第三步计算的分界点，可得出五组新的筹资范围：0~25 000，25 000~30 000，30 000~100 000，100 000~500 000，500 000以上。对这五个筹资范围计算加权平均资金成本，就可得到各个筹资范围的边际成本。这个计算过程在表4-5中说明。

表4-5　　　　　　　　　　　加权平均资金成本计算

序号	筹资总额的范围（元）	筹资方式	目标资金结构（1）	资金成本（%）（2）	资金的边际成本（%）（3）=（1）×（2）
1	0~25 000	长期债务	0.10	6	0.6
		优先股	0.20	10	2.0
		普通股	0.70	14	9.8
		第一个范围资金边际成本=12.4%			
2	25 000~30 000	长期债务	0.10	6	0.6
		优先股	0.20	12	2.4
		普通股	0.70	14	9.8
		第二个范围资金边际成本=12.8%			

续表

序号	筹资总额的范围（元）	筹资方式	目标资金结构 (1)	资金成本（%）(2)	资金的边际成本（%）(3) = (1) × (2)
3	30 000 ~ 100 000	长期债务	0.10	6	0.6
		优先股	0.20	12	2.4
		普通股	0.70	15	10.5
	第三个范围资金边际成本 = 13.5%					
4	100 000 ~ 500 000	长期债务	0.10	7	0.7
		优先股	0.20	12	2.4
		普通股	0.70	16	11.2
	第四个范围资金边际成本 = 14.3%					
5	500 000 以上	长期债务	0.10	8	0.8
		优先股	0.20	12	2.4
		普通股	0.70	16	11.2
	第五个范围资金边际成本 = 14.4%					

公司可根据各个不同的筹资突破点和加权平均资金成本，依表4-5做出追加筹资的规划。

第三节 资金成本在理财决策中的运用

市场竞争越激烈，企业资金管理就越显得重要。在资金管理中，加强资金成本管理，降低资金成本，应充分发挥资金成本在企业中的作用。在一个大型公司运作中，公司财务总监（CFO）是一个穿插在金融市场操作和公司内部财务管理之间的角色。公司财务总监第一个方面的任务就是进行投资决策，第二个方面的任务是融资。公司财务总监需要为公司的发展融资时，就要到金融市场上去，分析哪些融资手段所获得的资金成本最低，最适合公司的资金操作模式，并在时间上也匹配，才最终进行融资安排。可见，资金成本在理财决策中具有十分重要的作用。

一、运用资金成本进行筹资决策

（一）资金成本对企业筹资决策的影响

1. 资金成本是影响企业筹资总额的一个重要因素。资金成本随着筹资数额的增加而不断地变化，当企业筹资数额增大，边际资金成本超过其承受能力时，企业便不能再增加筹资数额了。

2. 资金成本是确定企业资金来源、筹资方式的依据。企业的资金可以通过多种渠道筹集，资金成本的高低是筹资方案确定的关键因素。企业必须充分衡量长期借款、短期借款、企业债券和股票之间的资金成本究竟孰低，确定最佳筹资渠道。企业还须利用资金的盈利能力，反映和对比资金效益，再与资金成本率对比，做出选择。其中：

$$资金利润率 = \frac{年平均利润额}{筹集的资金平均额} \times 100\%$$

具体操作时，可首先计算各方案的资金利润率，比较各个方案的可行情况，然后再比较各方案的综合资金成本率。如方案资金利润率大于资金成本率，则该项筹资方案是可行的；如各候选方案的资金利润率均大于资金成本率，则还应通过计算比较各方案的资金利润率与综合资金成本率的差额，最终选出综合资金成本率相对较低而资金利润率相对较高的方案作为最佳方案。

3. 资金成本是企业确定最佳资金结构必不可少的因素。最佳资金结构是一个动态指标，企业不同时期存在不同的最佳资金结构。不同的资金结构，其资金成本和风险也是不同的。因而，在某个特定的时期，企业确定最佳资金结构，要充分考虑资金成本与财务风险这两个相关因素，但资金成本作为一个重要的经济因素，直接关系到筹资的经济效益，是企业筹资决策考虑的首要问题。下面就从资金成本在优化资金结构中的作用来谈资金成本在企业决策中的作用。

优化企业资金结构主要就是正确处理企业各种资金来源的比例关系，即筹资的综合成本和筹资风险最低的资金来源构成。其中，衡量企业资金结构是否最佳，有两个标准：一是使企业资金总成本最低；二是使企业价值最大。

一般情况下，企业长期负债的资金成本低于所有者权益的资金成本。因而，长期负债比重越高，企业价值也越大，但当企业预期投资报酬率低于借款利率时，情况刚好相反。企业在优化资金筹措结构时，要注意企业长期负债与所有者权益之间结构配置的最优点，只有做到这一点，企业资金成本才最低，企业价值最大。

考虑到由资金成本引发出的资金结构最优化对企业的作用，企业财务管理人员在优化资金筹措结构时，应考虑以下几个因素：

(1) 时间的适当性。筹措资金时，既要保证资金及时到位，又要避免资金的闲置和不必要的浪费，还要充分考虑资金的时间价值。

(2) 空间的合理性。企业筹资时，既要看重利率，还要考虑不同币种来源的筹资带来的汇率风险，充分考虑不同资金市场的差别，尤其在利用国外贷款时，更要注意外币风险变动给企业带来的风险。

(3) 筹资方式的合理性。应做到既要满足企业资金预算的需要，又尽量降低企业资金总成本。对于长期资金的需要，不宜采用短期借款筹资方式，在选择筹资方式时，筹资方式与资金用途应保持匹配。

(4) 资金配置合理性。使企业筹措到资金能各尽所用，最大限度地为企业服务，提高企业的筹资效益。

(5) 筹资风险适中性。正确运用筹资组合理论，分散、转移筹资风险。

(6) 资金成本最低和企业价值最大化相结合。一般来说，资金总成本最低时，企业价值最大，但当企业资金结构中绝大部分由长期负债构成时，加大企业的财务风险，虽然资金总成本较低，但却有损于企业价值，也是不可取的。

（二）运用资金成本进行筹资决策的方法

运用资金成本进行筹资决策，主要是从如何通过各种方式降低资金成本的角度来考虑的。下面介绍几种途径：

1. 以较低单项资金成本筹资。企业在运用一种筹资方式进行筹资时，要计算各种候选筹资方案的成本，即单项（个别）资金成本，从中选择单项资金成本最低的筹资方式。对银行借款、债券、优先股、普通股和留存收益等计算个别资金成本，通常即用本章第二节中介绍的单项资金成本率公式，具体计算过程在此不再赘述。运用资金成本对长期借款、短期借款、商业信用、提前收兑债券等单项筹资方式进行筹资决策时，其条件是最一般或基本的，如果各种筹资方式的条件不同，其资金成本也会有所不同。

(1) 长期借款的利率确定和制度选择问题。对意图通过长期借款筹集资金的公司而言，借款利率的高低和利率制度的选择是决定长期借款资金成本高低的主要因素。

影响长期借款利率的主要因素是借款期限和借款企业的信用。一般认为，借款期限越长，银行承担的风险也越大，从而要求的借款利率也越高，反之则相反。在计算资金成本时，长期借款的筹资费一般不在借款期限内分摊。在期限一定的情况下，借款利率的高低取决于借款方的信用情况。一般来说，信用好或抵押品流动性强的借款企业，其借款利率相对于信用较低、抵押品流动性弱或没有抵押担保的借款企业的利率低。因此，企业在平时就应注意维护自己的信誉，树立企业的良好形象，在借款时才能博得银行的信任，以较低的资金成本筹集到所需资金。

随着资本市场的成熟，长期贷款的利率制度必然会有固定利率制和浮动利率制的区分，其中浮动利率制通常有高、低限额，并在借款合同中明确其浮动幅度。为节约借款资金成本，企业必须进行有效的利率预期，并在此基础上灵活采用不同的利率制度。如果预期利率上升，则应采用固定利率制，将借款的资金成本固定在现在较低的利率水平上；如果预期利率下降，则相应选择浮动利率制，则企业会随着市场利率的下降而享受到借款的资金成本也随之下降的好处。

(2) 短期借款利息支付方法的选择。短期借款依利息支付方法的不同，分为收款法借款、贴现法借款和等额还款法借款。每种不同的利息支付方式下，借款企业所承担的利息率（资金成本率）也各有不同。在采用贴现法时，借款的实际利率比名义利率要高。

1) 收款法，也叫单利计算法，指借款到期时按单利计算并支付利息，是最常用的一种支付方法。这种方式下的借款实际利率和名义利率相等。

2) 贴现法，也叫贴现利率计算法，指银行向企业贷款时，怕企业到期不能如约偿还，为降低贷款风险，预先从本金中扣除利息部分再贷款给企业，而到期时企业则要偿还全部本金。采用这种方法，企业可利用的贷款额只有本金减去利息部分的差额，因此贷款的实际利率高于名义利率。实际利率的公式表示如下：

$$实际利率 = \frac{贴现利息}{实际可用的贷款} \times 100\% = \frac{贴现利息}{借款本金 - 贴现利息} \times 100\%$$

[例12] 某公司从银行取得借款10 000元，期限1年，年利率（即名义利率）为8%，按照贴现法付息，公司实际的贷款利率为多少？

$$实际利率 = \frac{10\,000 \times 8\%}{10\,000 - 10\,000 \times 8\%} \times 100\% = 8.7\%$$

本题中公司实际可用的贷款额度只有9 200元（10 000 - 800），而利息却仍要按10 000元的本金来计算，因此实际利率要大于8%。也就是说，采用这种利息支付方式，公司的短期借款资金成本较高。

3）等额还款法是银行放贷，要求贷款企业分期等额偿还贷款时采用的利息收取方法。采用该方法时，银行要求企业在贷款期内分期偿还等额款项（不分利息和本金）。对企业而言每期的还款额中，一部分是利息，另一部分是本金。因为贷款分期等额偿还，借款企业相当于只使用了贷款本金的半数，利息按偿还后的贷款余额计算并支付全额利息。因此，这种情况下企业所负担的实际利率更为复杂，这种情况下实际利率的公式表示如下：

$$实际利率 = \frac{名义利息}{平均借款使用额} \times 100\%$$

[例13] 某企业借入（名义）年利率是12%的1年期贷款30 000元，分12个月等额偿还本息，则每个月末须偿还2 665.46元（每月等额还款额的计算，按年金方式）。而实际上企业只在第一个月真正占用了银行30 000元资金，以后每个月的占用额减少2 665.46元，见表4-6。

表4-6　　　　　　　　　　　　还款额计算　　　　　　　　　　　　　　单位：元

时间	借款金额（未还款余额）	月还款额	利息	本金
0	30 000	2 665.46	300	2 365.46
1	27 634.54	2 665.46	276.35	2 389.11
2	25 245.43	2 665.46	252.45	2 413.01
3	22 832.42	2 665.46	228.32	2 437.14
4	20 395.28	2 665.46	203.95	2 461.51
5	17 933.77	2 665.46	179.33	2 486.13
6	15 447.64	2 665.46	154.48	2 510.98
7	12 936.66	2 665.46	129.37	2 536.09
8	10 400.57	2 665.46	104.01	2 561.45
9	7 839.12	2 665.46	78.39	2 587.07
10	5 252.05	2 665.46	52.52	2 612.94
11	2 639.11	2 639.11	0	2 639.11
	平均金额：16 546.38		合计金额：1 959.17	

企业借款的实际成本 = $\dfrac{1\ 959.17}{16\ 546.38} \times 100\% = 11.84\%$

除了以上所述三种情况外，企业在用资金成本因素衡量短期借款方案时，还要注意银行提出的信用条件，如补偿性余额等。所谓补偿性余额是指银行虽然贷款给企业，但又要求企业保留一部分资金不能使用，一般是总额的10%~20%，也叫最低存款余额。补偿性余额对银行有利，可降低贷款风险，补偿遭受的贷款损失。但对借款企业来讲，借到的资金不能全部使用，但却要按资金总额支付利息，因此提高了借款实际利率。实际利率的公式表示如下：

实际利率 = $\dfrac{\text{名义利息}}{\text{实际可用的贷款}} \times 100\% = \dfrac{\text{名义利息}}{\text{借款本金} \times (1 - \text{补偿性余额比率})} \times 100\%$

[例14] 某企业按年利率6%向银行借款10万元，银行要求维持贷款限额15%的补偿性余额，那么企业借款的实际利率为多少？

实际利率 = $\dfrac{10 \times 6\%}{10 \times (1 - 15\%)} \times 100\% = 7.05\%$

综上所述，企业以资金成本为判断依据在进行短期借款时，要特别注意借款利息的支付方法和借款的信用条件，尽最大努力和银行方面协商，在利率上讨价还价，有条件的也可以在各贷款机构之间做出选择，以图最大限度地降低资金成本，获得对己最为有利的借款条件。

（3）利用债券类型选择降低债券筹资成本的方法。公司发行债券，事先可以有很多种类型选择。如按能否提前收兑，可分为可提前收兑债券和不可提前收兑债券。可提前收兑债券是公司按照发行时的条款规定，依一定条件和价格在公司认为合适的时间收回债券。对筹资方来说，这类债券的优点在于：当利率降低时，公司可用"以新换旧"的方法，收回已发行的利率较高的债券，代之以新的、利率相对较低的债券，以降低债券的资金成本。

2. 以最低综合资金成本筹资。企业从多种渠道、用多种方式进行筹资时，必须计算企业的综合资金成本，即加权平均资金成本。通常是用上节介绍的加权平均资金成本的计算方法，选择综合资金成本最低的筹资结构进行筹资。具体计算方法详见第五章第二节的资金成本比较法。

3. 充分利用表外筹资，降低资金成本。表外筹资是指企业的筹资不在资产负债表内直接反映，而其形成的费用及取得的经营成果却在利润表中反映出来，如经营性租赁筹资、应收账款筹资、代销商品和来料加工等。表外筹资不涉及负债的增加，不支付筹资费用和用资费用，减少了企业的筹资成本。

二、运用资金成本进行投资决策

资金成本是联系投资决策与筹资决策的桥梁。企业筹资是为了使资金得以运动，而投资则是使资金运动的手段之一。我们常说"以投定筹"指投资决策是筹资决策的前提，只有存在可行的投资项目，才有必要筹资。

（一）运用资金成本进行投资决策的主要原理

企业的投资决策多种多样，是购买或开发新的生产线还是维持现有的生产线，是购置新设备还是继续使用旧设备，是购买质量一般不太耐用但价格低廉的设备、还是购买价高质好的设备等，这都要通过资金成本来做出决定。资金成本实际上是个取舍率。运用资金成本应注意些什么呢？这就要求企业投资决策所用的假设资金成本与企业筹资方案的边际资金成本相等。笼统地说，资金成本是长期投资决策分析中淘汰不可行方案的一项重要工具。企业考虑实施投资决策时，应首先考虑投资回报率与资金成本孰大孰小，然后再进行投资方案的取舍。一个投资项目的投资报酬率要高于其资金成本率，该项目才是可行的，否则就是不可行的。其原因就在于：资金成本是新投资方案能否接受的最低报酬率。

（二）运用资金成本进行投资决策应考虑的问题

1. 在投资决策时，首先必须认真考虑资金的时间价值并计算各年现金流量。这就要求在决策时要弄清每笔预期收入款项和支出款项的具体时间，因为不同时间的资金具有不同的价值。这样，在衡量方案优劣时，就可以根据按收付实现制计算的各投资项目寿命周期内各年的现金流量，以现金流入量作为项目的收入，以现金流出量作为项目的支出，并在此基础上运用资金成本，结合时间价值，以净现金流量作为项目的净收益，来评价投资项目的经济效益。

2. 选择具体的投资决策分析方法进行投资决策。常用的投资决策分析方法有贴现法和非贴现法两种。其中贴现法充分考虑到资金的时间价值，包括净现值法、现值指数法、内部报酬率法三种。而非贴现法不考虑资金的时间价值，包括投资回报期法、平均报酬率法等。在有几个投资决策方案可供选择时，就可运用上述指标作比较，选出最优投资方案。在上述五种方法中，最常用的是前三种，都是通过投资收益与资金成本的比较并考虑了货币的时间价值来对各个投资方案的经济效益进行评价的。

3. 企业的投资也要充分考虑到资金成本这一问题。企业投资要遵循适时、适量、适度和经济可行四原则。企业需要一定的分析预测方法和评价决策的理论，而且考虑问题的角度不同，决策原理和方法也有差别。若基于借入资金考虑，则采用差量分析法，通过比较借入资金的投资回报及资金成本决定取舍，如果借入资金的投资回报率高于其资金成本率，借款投资就有利可图。若从自有资金方面考虑，则要根据借款投资前后自有资金收益率的变化做出选择，当借款投资后自有资金投资收益率高于仅用自有资金投资时，借款投资才是可行的。

要注意的是，企业在投资中应充分考虑资金成本对企业未来投资报酬率的影响，应从多方面考虑，全面具体地算出具有说服力的数据，不应只凭一般的理论。在实际运用中应考虑以下几个方面：（1）相关指标的计算期间要一致。与会计期间假定相协调，一般情况下采用年投资回报率、年资金收益率和年利率为宜。（2）同一指数在不同期间的转换要区别单利与复利，充分考虑资金成本的运用效果。（3）区别借入资金应负担的实际利率与名义利率。

【习题】

一、关键概念
1. 资金成本　　2. 单项资金成本　　3. 综合资金成本　　4. 边际资金成本

二、简答题
1. 请比较下列筹资方式资金成本的高低：发行股票、发行债券、长期借款、留存收益。
2. 简述资金成本的作用。
3. 请举出几个你所能想到的日常生活中遇到的边际成本的例子。
4. 运用资金成本进行筹资和投资决策有哪些主要内容？资金成本对企业筹资决策的影响有哪些？
5. 在短期借款的利息计算和偿还方法中，企业实际负担利率高于名义利率的有哪些？

第5章

杠杆利益和资本结构

【学习要点】本章介绍了经营风险的概念，经营杠杆系数的计量，财务风险的概念，财务杠杆效益的计量，复合杠杆（总杠杆）利益的计量；阐述了企业最佳资本结构的含义，影响资本结构的因素，最佳资本结构的确定方法。

第一节 杠杆利益分析

一、经营杠杆利益分析

（一）经营风险的概念

经营风险是指因生产经营方面的原因给企业盈利带来的不确定性。例如，由于原材料供应地的政治经济情况变动，运输路线改变，原材料价格变动，新材料、新设备的出现等因素给供应方面带来的影响；由于产品生产方向不对头，生产组织不合理等因素给生产方面带来的风险；由于销售失策，产品广告推销不力及货款回收不及时给销售方面带来的风险。这些均属于经营风险。影响经营风险的因素有：

1. 产品需求。市场对产品的需求越稳定，经营风险就越小；反之，经营风险就越大。
2. 产品售价。产品售价变动不大，经营风险就较小；反之，经营风险就较大。
3. 产品成本。产品成本是收入的抵减部分，这里所指的产品成本是构成产品要素的所有投入品成本（或价格），如原料进价、人工费用等。产品成本不稳定，会导致利润不稳定，因此产品成本变动大的，经营风险就大；反之，经营风险就小。
4. 企业调整价格的能力。当产品成本变动时，若企业具有较强的调整价格的能力，经营风险就小；反之，经营风险就大。
5. 固定成本的比重。在企业全部成本中，固定成本所占比重较大，单位产品分摊的固定成本额就多。从成本习性分析来看，若业务量或产品量越大，单位产品分摊到的固定成本就会越小。固定成本的这一习性及其形成的对利润波动性的影响，就是经营风险。

（二）经营杠杆效益

企业在组织生产经营活动时，可以采取不同的组织形式。既可以采取高度自动化的生产形式，即较高的固定成本和较低的变动成本；也可以采取自动化程度较低的生产形式，即较低的固定成本和较高的变动成本。前者我们称为经营杠杆程度高，后者我们称为经营杠杆程度低。

经营杠杆效益是指在企业扩大营业额或业务量的条件下，由于经营成本中固定成本的作用而带来的增长程度更高的经营利润。效益（收益）与风险正相关，效益（收益）越大，风险也越大。

如何理解这句话？这要从本量利分析的角度来看。

息税前利润 = 销售额 – 变动成本 – 固定成本
　　　　　= 产销量×单价 – 产销量×单位变动成本 – 固定成本
　　　　　= 产销量×单位贡献毛益 – 固定成本
　　　　　= 贡献毛益总额 – 固定成本

所以，只有当固定成本 = 0 时，息税前利润 = 贡献毛益总额。也只有在这时，息税前利润才有可能和产销量同步增减。但这种情况在现实中是不存在的，企业开展生产经营活动，总是会发生固定成本的，息税前利润不可能和产销量同步增减。根据成本性态，在一定产销量范围内，产销量的增加一般不会影响固定成本总额，但会使单位产品固定成本降低，从而提高单位产品利润，并使利润增长率大于产销量增长率；反之，产销量减少，会使单位产品固定成本升高，从而降低单位产品利润，并使利润下降率大于产销量的下降率。正是因为固定成本的存在而使息税前利润变动率大于产销量变动率。经营杠杆是指在企业生产经营中由于存在固定成本而使利润变动率大于产销量变动率的规律。由于存在这种规律，经营杠杆成为本量利分析中的一个重要概念，在管理会计和企业财务管理中就常根据计划期产销量变动率来预测计划期的经营利润、规划产销规模、预测经营风险。

（三）经营杠杆系数的计量

经营杠杆的大小一般用经营杠杆系数表示，为了对经营杠杆进行量化，财务管理和管理会计中把息税前利润变动率相当于产销量（或销售收入）变动率的倍数称为"经营杠杆系数"或"经营杠杆率"（DOL），并用下列公式加以表示：

公式一：$DOL = \dfrac{\text{息税前利润变动率}}{\text{销售量（额）变动率}} = \dfrac{\Delta EBIT/EBIT}{\Delta Q/Q}$

式中：DOL 为经营杠杆系数；$\Delta EBIT$ 为息税前利润变动额；$EBIT$ 为变动前息税前利润；ΔQ 为销售变动量（额）；Q 为变动前（或基期）销售量（额）。该公式可用于计算经营杠杆系数，但大多用于对经营杠杆系数的理论说明。

[例1] 假设某企业基期和计划期有关销售与利润的资料如表5-1所示，试计算其经营杠杆系数。

表5-1　　　　　　　　　　　销售与利润资料　　　　　　　　　单位：万元

项目	基期	计划期	变动额	变动率（%）
销售额	3 000	3 600	+600	+20
变动成本	1 000	1 200	+200	+20
贡献毛益	2 000	2 400	+400	+20
固定成本	500	500	0	0
息税前利润	1 500	1 900	+400	+26.67

据表5-1，产销量变动率为20%，而息税前利润变动率为26.67%，因此，

$$DOL = \frac{26.67\%}{20\%} = 1.33$$

经营杠杆系数一般大都采用以下公式计算：

公式二：$DOL = \dfrac{\text{基期贡献毛益总额}}{\text{基期息税前利润总额}} = \dfrac{S - VC}{S - VC - F}$

也可变形为：$DOL = \dfrac{TCM}{EBIT} = \dfrac{TCM}{TCM - F} = \dfrac{EBIT + F}{EBIT}$

式中：S 为销售额；VC 为变动成本；F 为固定成本；TCM 为变动前贡献毛益总额；$EBIT$ 为变动前息税前利润。

[例2] A企业销售额1 000万元，变动成本率70%，固定成本额120万元，当销售额增长30%时，求 DOL 和息税前利润增长率。

根据公式二：$DOL = \dfrac{1\,000 \times (1 - 70\%)}{1\,000 \times (1 - 70\%) - 120} \approx 1.67$

根据公式一：息税前利润变动率 = DOL × 销售额变动率 = 1.67 × 30% = 50.1%

以上计算结论说明以下问题：

（1）当企业产销量有所增加时，息税前利润将以 DOL 的倍数增加。同理，当企业产销量有所减少时，息税前利润将以 DOL 的倍数减少。

（2）在 DOL 较大的前提下，销售量增加，则息税前利润以更快的速度增加，即经营杠杆效应增加。

（3）从另一角度来说，DOL 扩大了市场和经营不确定性因素等对息税前利润变动的影响程度。而且，DOL 越大，息税前利润的变动越激烈，相应的企业的经营风险也越大。

（4）事实上单位变动成本的变动也会引起息税前利润的变化，一般情况下，只将销售量的变动和销售额的变动引起息税前利润的变动才称为经营杠杆系数。

[例3] 某公司生产一种产品，固定成本为100万元，变动成本率为60%，当公司销售

额分别为 400 万元、300 万元、250 万元时,经营杠杆系数分别为多少?

$$DOL_1 = \frac{400 \times (1-60\%)}{400 \times (1-60\%) - 100} \approx 2.67$$

$$DOL_2 = \frac{300 \times (1-60\%)}{300 \times (1-60\%) - 100} \approx 6$$

$$DOL_3 = \frac{250 \times (1-60\%)}{250 \times (1-60\%) - 100} \approx \infty \text{（无穷大）}$$

以上计算结论说明以下问题:

(1) 在固定成本不变的情况下,经营杠杆系数说明了销售额增长（减少）所引起的利润增长的幅度。

(2) 在固定成本不变的情况下,销售额越大,经营杠杆系数越小,经营风险也越小。反之就越大。

(3) 当销售额处于盈亏临界点时,经营杠杆系数趋于无穷大。

在求得经营杠杆系数以后,假定固定成本不变,即可用下列公式预测计划期的经营利润:

计划期经营利润 = 基期经营利润 × (1 + 产销量变动率 × 经营杠杆系数)

(四) 经营杠杆与经营风险的关系

根据上述公式二,可推出公式三: $DOL = 1 + \dfrac{F}{EBIT}$

公式四: $DOL = \dfrac{CM \times X}{CM \times X - F}$

式中:CM 为单位贡献毛益额;X 为产销量。

根据上述公式,可得出如下结论:在其他因素一定的情况下,固定成本、经营杠杆系数和经营风险三者呈同方向变化。固定成本越高,经营杠杆系数越大,经营风险越大。且只有当固定成本等于 0 时,经营杠杆系数等于 1。在其他因素一定的情况下,产销量与经营杠杆系数呈反方向变化。产销量越大,经营杠杆系数越小,经营风险越小。

了解以上原理,对企业控制经营风险有很大的作用。如企业想要降低经营风险,可以通过降低固定成本比重、增加销售量（额）等措施使经营杠杆系数下降,从而降低经营风险;如企业想要获得经营效益,可以通过提高固定成本比重、降低销售量（额）等措施使经营杠杆系数上升,从而提高经营效益。

二、财务杠杆利益分析

(一) 财务风险

1. 财务风险的概念。财务风险是指由于举债而给企业财务成果带来的不确定性。也就是说举债导致企业不能实现预期财务目标的可能性。财务风险是企业利用财务杠杆引起的风险,对一个没有负债,全部由自有资金经营的企业来说,只有经营风险而没有财务风险。财务风险客观存在于企业财务管理工作的各个环节，无疑会对企业生产经营产生重大影响。以财务决策为例，企业的财务决策几乎都是在风险和不确定性的情况下做出的，离开了风险，就无法正确评价企业报酬的高低。因此，对财务风险成因及其防范进行研究，以期降低风险、提高效益，具有十分重要的意义。

2. 财务风险产生的原因。

（1）外部宏观环境复杂多变，企业理财系统不能适应复杂多变的宏观环境。财务管理的宏观环境包括经济环境、法律环境、市场环境、社会文化环境、资源环境等因素。企业财务管理的宏观环境复杂多变是企业产生财务风险的外部原因。这些因素存在于企业之外，但对企业财务管理产生重大的影响。宏观环境的变化对企业来说，是难以准确预见和无法改变的。宏观环境的不利变化必然给企业带来财务风险。例如市场利率的增加导致企业财务费用增加，减少了利润，无法实现预期的财务收益。

（2）对财务风险的客观性认识不足。财务风险是客观存在的，只要有财务活动，就必然存在着财务风险。而现实工作中，许多企业财务人员缺乏风险意识，认为只要管好用好资金，就不会产生财务风险，风险意识的淡薄是财务风险产生的重要原因之一。

（3）财务决策缺乏科学性导致决策失误。避免财务决策失误的前提是财务决策的科学化。我国企业的财务决策普遍存在着经验决策及主观决策现象，由此导致的决策失误经常发生，从而产生财务风险。

（4）内部财务关系混乱。企业与内部各部门之间及企业与上级企业之间，在资金管理及使用、利益分配等方面存在权责不明和管理混乱的现象，造成资金使用效率低下，资金流失严重，资金的安全性、完整性无法得到保证。

（二）财务杠杆效益

1. 财务杠杆效益的概念。财务杠杆效益是指利用债务筹资而给企业带来的额外收益。无论企业营业利润多少，债务利息率和优先股的股利率都是固定不变的。当息税前利润增大时，每一元盈余所负担的固定财务费用就会相对减少，这能给普通股股东带来更多的盈余。这种债务对投资者收益的影响，称为财务杠杆效益。要注意的是，财务杠杆影响的是企业的税后利润而不是息税前利润。严格来说，财务杠杆效益有两种形态：一种是指负债比率不变，而息税前利润变动下的杠杆效益；另一种正好相反，即息税前利润不变，而负债比率变动下的杠杆效益。

2. 息税前利润变动下的财务杠杆效益。在公司资本结构一定的情况下，利用债务筹资可给企业带来额外的收益。这种关系可通过财务杠杆系数来描述。所谓财务杠杆系数（DFL）是指普通股每股收益（指税后收益）的变动率相当于息税前利润变动率的倍数。对于非股份制企业，可通过税后净资产收益率来代替普通股每股税后利润。与经营杠杆系数所不同的是：经营杠杆系数所影响的是息税前利润，而财务杠杆系数影响的是税后净利或每股盈余。财务杠杆系数可用来表示负债、收益、风险三者的关系，反映财务杠杆的作用程度，估计财务杠杆利益的大小，评价财务风险的高低。财务杠杆系数可用下列公式表示：

公式一：$DFL = \dfrac{\text{普通股每股利润变动率}}{\text{息税前利润变动率}} = \dfrac{\Delta EPS/EPS}{\Delta EBIT/EBIT}$

式中：DFL 为财务杠杆系数；ΔEPS 为普通股每股利润变动额或普通股每股变动额；EPS 为基期每股利润或基期普通股利润；$\Delta EBIT$ 为息税前利润变动额；$EBIT$ 为基期息税前利润。该公式可用于计算财务杠杆系数，也可用于对财务杠杆系数的理论说明。

[例4] A、B两公司的资金结构及每股利润计算资料如表5-2所示，试根据资料计算两公司的财务杠杆系数并加以说明。

表5-2　　　　　　　　　资金结构及每股利润资料　　　　　　　　　单位：元

项　目	A公司	B公司
股本（面值：100）	4 000 000	2 000 000
发行在外普通股股数（股）	40 000	20 000
债务（利息率为8%）	0	2 000 000
资金总额	4 000 000	4 000 000
息税前利润（利润率10%）	400 000	400 000
利息	0	160 000
税前利润	400 000	240 000
所得税（税率50%）	200 000	120 000
净利润	200 000	120 000
每股利润	200 000/40 000 = 5	120 000/20 000 = 6
息税前利润增长率（%）	30	30
增长后的息税前利润	520 000	520 000
债务利息	0	160 000
税前利润	520 000	360 000
所得税（税率50%）	260 000	180 000
净利润	260 000	180 000
每股利润	260 000/40 000 = 6.5	180 000/20 000 = 9
每股利润增加额	6.5 - 5 = 1.5	9 - 6 = 3
普通股利润增长率	1.5/5 × 100% = 30%	3/6 × 100% = 50%

$$DFL_A = \frac{1.5/5}{120\ 000/400\ 000} = 1$$

$$DFL_B = \frac{3/6}{120\ 000/400\ 000} = 1.67$$

说明：A、B两个公司的资金总额相等，息税前利润相等，息税前利润的增长率也相同，所不同的只是资金结构。A公司全部资金都是普通股，而B公司的资金中普通股和负债各占一半。在息税前利润增长30%的情况下，A公司每股利润增长30%，而B公司却增长了50%，这就是财务杠杆的作用。

如将公式一变形，可得到：

普通股每股利润变动率 = DFL × 息税前利润变动率

该公式的含义：息税前利润如升降一倍，则每股利润（资本利润率）将以 DFL 的比例成倍升降。说明：DFL 越大，对每股利润的影响也就越大，即相应的负债筹资的杠杆效益也越大，筹资风险也越大。换言之，由于 B 公司采用负债经营的方式，利用了财务杠杆，由于财务杠杆系数的放大作用，在息税前利润增长的同时，普通股每股利润以财务杠杆系数的倍数成倍增长，从而使公司获得了杠杆效益，但同时到期不能偿债的财务风险也增大了。而 A 公司由于没有借债，因此不会有任何的财务风险。

财务杠杆系数的计算公式，还可进一步简化为以下形式：

公式二：$DFL = \dfrac{息税前利润}{税前利润} = \dfrac{息税前利润}{息税前利润 - 利息} = \dfrac{EBIT}{EBIT - I}$

如果有优先股，则需要在分母上再减去优先股股息，但由于优先股股息是在税后支付的，而 EBIT 和利息都是息前的，为了口径一致，需要把优先股股息换算成税前的，因此优先股股息还需除以 $(1-T)$。由此，公式二演变为如下形式：

公式三：$DFL = \dfrac{息税前利润}{息税前利润 - 利息 - \dfrac{优先股股利}{1 - 所得税税率}} = \dfrac{EBIT}{EBIT - I - \dfrac{d}{1 - T}}$

由于我国目前没有优先股，所以，我们经常用的是公式二。

[例5] 某公司全部资本为 200 万元，负债比率为 40%，负债利息率为 12%，每年支付优先股股利 1.44 万元，所得税税率为 40%，当息税前利润为 32 万元时，其财务杠杆系数为多少？

$$DFL = \dfrac{EBIT}{EBIT - I - \dfrac{d}{1-T}} = \dfrac{32}{32 - 200 \times 40\% \times 12\% - \dfrac{1.44}{1 - 40\%}} = 1.6$$

由于优先股股息是税后固定支付的，要还原成相当于税前支付了多少的形式，所以还要除以 $(1-40\%)$；如果该公司没有优先股，则只要在分母上减去利息费用即可。

[例6] 某公司资产总额为 100 万元，负债与资本的比例为 6∶4，借款年利率为 10%，公司基期息税前利润为 10 万元。公司计划期的息税前利润由 10 万元增长到 30 万元，即息税前利润增长率为 200%。假定公司所得税税率为 40%，问净资产收益率将增长多少？

表 5-3　　　　　　　　税后净资产收益率计算　　　　　　　　单位：万元

项目	基期	计划期
息税前利润	10.0	10×(1+200%)=30
利息	6.0	6.0
税前利润	4.0	24.0
税额（税率40%）	1.6	9.6
税后利润	2.4	14.4
资本	40.0	40.0
税后净资产收益率	2.4/40×100%=6%	14.4/40×100%=36%

净资产收益率增长率 = $\dfrac{36\% - 6\%}{6\%}$ = 5.0

本题也可用财务杠杆系数简单计算：

$DFL = \dfrac{EBIT}{EBIT - I} = \dfrac{100 \times 10\%}{100 \times 10\% - 60 \times 10\%} = 2.5$

净资产收益率增长率 = $DFL \times$ 息税前利润增长率 = $2.5 \times 200\%$ = 5.0

从以上计算可知：财务杠杆对每股收益或净资产收益率的作用是固定利息存在的结果；财务杠杆系数越大，则筹资风险也越大，其负债筹资的杠杆效益也越大。

3. 负债比率变动下的财务杠杆效益。在筹资和投资分析中，我们经常可以看到"财务杠杆"这个字眼，但却有很多人不是很了解，事实上它在整个筹资、投资活动中，占有相当重要的地位。简单地说，"财务杠杆操作"是借别人的钱来帮自己赚钱的一种方式。我们可以举个最简单的例子来说明：

[例7]（1）为生产A产品，投入资金20万元（全是自有资金），息税前投资收益率（资产利润率）20%。则：

利润 = $20 \times 20\%$ = 4（万元）

自有资金利润率 = $\dfrac{利润}{自有资本} \times 100\%$ = $\dfrac{4}{20} \times 100\%$ = 20%

（2）若资金总额不变，但其中有10万元是负债，10万元是自有资金，息税前投资收益率（资产利润率）20%，负债利息率10%（注意：资金利润率＞负债利息率）。则：

利润 = $20 \times 20\% - 10 \times 10\%$ = 4 - 1 = 3（万元）

自有资金利润率 = $\dfrac{利润}{自有资本} \times 100\%$ = $\dfrac{3}{10} \times 100\%$ = 30%

由本例可知，在投入资金相同的情况下，似乎自有资金愈少，自有资金利润率愈高，财务杠杆效益也愈高。也就是说，利用负债经营可以提高（税前）资本利润率，这就是由负债融资而产生的杠杆作用。应该说，从理论上看，企业负债经营会引起两方面的结果：一方面，企业运用全部资产创造息税前利润，当息税前资金利润率高于借入资金的利息率时，使用借入资金给企业带来的收益大于为借入资金支付的利息，这样，使用借入资金就提高了自有资金利润率。另一方面，当企业经营后产生的息税前利润率低于负债利息率，使用借入资金获得的利润还不够支付利息，就要用自有资金获得的一部分利润来支付利息，这样，使用借入资金就会降低自有资金利润率。

也就是说，虽然利用财务杠杆操作，看起来获利很不错，但必须"操作得当"，如果判断错误，投资报酬率（息税前资金利润率）没有预期的高，再加上需要负担的借贷利息，反而损失惨重。因此，保持合理的资金结构，维持适当的债务水平是资金风险管理的关键，公司理财人员既要充分利用举债经营这一手段获取财务杠杆收益，提高自有资金盈利能力，同时又要防止过度举债而引起的财务风险的增大。由于上述原因，利用财务杠杆效益的操作方法，虽然在投资上常被利用，但仍是一种较高风险的投资策略，投资人若个性保守，或不能承担亏损的后果,就尽量少利用为好。

关于上例,还可以用公式直接计算出自有资金收益率。公式如下:

$$税前净资产收益率 = 税前总资产报酬率 + \frac{负债资本}{股权资本} \times (总资产报酬率 - 平均负债利率)$$

$$税后净资产收益率 = \left[税前总资产报酬率 + \frac{负债资本}{股权资本} \times (总资产报酬率 - 平均负债利率)\right] \times (1 - 所得税税率)$$

上例第一种情况自有资金利润率(税前净资产收益率) $= 20\% + \frac{0}{1} \times (20\% - 0) = 20\%$。

上例第二种情况自有资金利润率(税前净资产收益率) $= 20\% + \frac{1}{1} \times (20\% - 10\%) = 30\%$。

[例8] 甲公司总资产为500万元,负债利率为10%,所得税税率为50%,总资产利润率为20%,则不同的结构(负债:资本),其税后净资产收益率计算如表5-4所示。

表5-4 不同结构下的税后净资产收益率计算 单位:万元

结构 项目	(1) 0:100	(2) 20:80	(3) 50:50	(4) 80:20
息税前利润	100	100	100	100
利率	10%	10%	10%	10%
利息	0	10	25	40
税前利润	100	90	75	60
纳税额	50	45	37.5	30
税后利润	50	45	37.5	30
税后净资产收益率	50/500×100% =10%	45/400×100% =11.25%	37.5/250×100% =15%	30/100×100% =30%

由计算可知:在总资产报酬率相同(大于负债利息率)的情况下,从结构(1)到结构(4),随着负债比率的提高,负债利息也逐步增加,因为利息在税前支付,因而具有节税作用,导致纳税额呈递减趋势,即由50万元逐步递减为45万元、37.5万元、30万元,最终使税后净资产收益率递增。

利用公式计算也可得到同样的结果,以结构(4)为例:

$$税后净资产收益率 = \left[20\% + \frac{80}{20} \times (20\% - 10\%)\right] \times (1 - 50\%) = 30\%$$

负债比率的提高对净资产收益率提高的加速作用是以总资产报酬率大于利息率为前提的。这时,调高负债比率将使净资产收益率递增,调低负债比率将产生净资产收益率的机会损失。反之,当总资产报酬率小于利息率时,则调高负债比率将加速净资产收益率的下降,调低负债比率将使净资产收益率下降的速度降低。

4. 财务杠杆与财务风险的关系。财务风险是指企业为取得财务杠杆利益而利用负债资金,从而增大了破产机会或普通股每股利润大幅度变动的机会所带来的风险。财务杠杆会加大财务风险，企业举债比重越大，财务杠杆效用越强，财务风险越大。财务杠杆与财务风险的关系可通过计算分析不同资金结构下普通股每股利润及其标准离差和标准离差率来进行测试。

负债比率是可以控制的。企业可以通过合理安排资本结构，适度负债，使财务杠杆利益抵消风险增大所带来的不利影响。

三、复合杠杆（总杠杆）利益分析

（一）复合杠杆

1. 复合杠杆的概念。复合杠杆是固定成本的存在产生经营杠杆作用，举债经营中（运用固定资金成本筹资方式）利息费用的存在又会产生财务杠杆作用；经营杠杆系数的变化会引起息税前利润的更大变动，而财务杠杆系数的变化会引起每股利润的更大变动。因此，若两种杠杆共同作用，即如果企业经常采用较高的经营杠杆程度和较高的财务杠杆程度，则销售额的较小变化最终会引起税后净收益的大幅度变化。这两种杠杆的连锁作用，通常称为复合杠杆（也称为总杠杆、联合杠杆、合并杠杆、综合杠杆）。

2. 复合杠杆的意义。复合杠杆中能够估计出销售额变动对每股盈余造成的影响，可以分析经营杠杆与财务杠杆之间的相互关系，即为了达到某一总杠杆系数，经营杠杆和财务杠杆可以有很多不同的组合。

（二）复合杠杆系数的计量

对复合杠杆进行计量的常用指标是——复合杠杆系数（DTL），它表示总杠杆的作用程度，是经营杠杆系数和财务杠杆系数的乘积，即：

复合杠杆系数 = 经营杠杆系数 × 财务杠杆系数

计算公式推导如下：

因为 $DOL = \dfrac{\text{息税前利润变动率}}{\text{销售量（额）变动率}}$，$DFL = \dfrac{\text{普通股每股利润变动率}}{\text{息税前利润变动率}}$，则有：

公式一：$DTL = DOL \times DFL = \dfrac{\text{普通股每股利润变动率}}{\text{销售量（额）变动率}}$

另外，DTL 也可表示为：

公式二：$DTL = DOL \times DFL = \dfrac{S - VC}{S - VC - F - I} = \dfrac{EBIT + F}{EBIT - I}$

根据公式一可知：复合杠杆系数实际上即每股利润变动率相当于销售量（额）变动率的倍数，说明了销售变动最终影响每股利润变动的程度。

复合杠杆系数公式的意义在于：企业应该善于利用杠杆的作用，根据具体的情况，分别运用不同的经营杠杆和财务杠杆，以达到最佳的总杠杆效益，使企业获得理想的每股收益。

[例9] 某企业全部资本为400万元,负债比率为40%,负债利率为10%,当销售额为500万元时,息税前利润为80万元,变动成本率为60%时,计算该公司财务杠杆系数、经营杠杆系数、复合杠杆系数。

$$DFL = \frac{EBIT}{EBIT - I} = \frac{80}{80 - 400 \times 40\% \times 10\%} = 5$$

$$DOL = \frac{TCM}{EBIT} = \frac{500 \times (1 - 60\%)}{80} = 2.5$$

$$DTL = DFL \times DOL = 12.5$$

本题计算结果说明:总杠杆系数为5,表明只要产销量增减1%,每股利润就会增减5%,它是两种杠杆的联合作用。

(三) 复合杠杆与企业风险

由于复合杠杆作用而使普通股每股利润大幅度波动而造成的风险,称为复合风险。复合风险直接反映企业的整体风险。在其他因素不变的情况下,复合杠杆系数越大,复合风险越大;复合杠杆系数越小,复合风险越小。通过计算分析复合杠杆系数及普通股每股利润的标准离差和标准离差率可以揭示复合杠杆同复合风险的内在联系。

防范和降低风险的方法:

1. 分散法。这是最常用的防范财务风险的方法。即通过企业之间联营、多种经营及对外投资多元化等,多方筹资、外汇资产多元比、吸引多方供应商、争取多方客户等分散风险。对于风险较大的投资项目,企业可以与其他企业共同投资,以实现收益共享,风险共担,从而分散投资风险,避免因企业独家承担投资而产生财务风险。由于市场需求具有不确定性、易变性,企业为分散风险应采用多种经营方式,即同时经营多种产品。在多种经营方式下,某些产品因滞销而产生的损失,可能会被其他产品带来的收益所抵销,从而可以避免经营单一而产生的无法实现预期收益的风险。对外投资多元化是指企业对外投资时,应将资金投资于不同的投资品种,以达到分散投资风险的目的。对于外汇资产,企业可以采用外汇资产多元化、减少外汇头寸、期货套期保值、远期外汇业务等措施减少风险。一般来说,长期投资的风险大于短期投资的风险,股权投资的风险大于债权投资的风险,证券组合投资可以分散有价证券投资的非系统性风险,其投资风险低于单项证券投资的风险。对外投资多元化可以在分散投资风险的情况下,尽可能多地实现预期的投资收益。

2. 回避法。即企业在选择理财方案时,应综合评价各种方案可能产生的财务风险,在保证财务管理目标实现的前提下,选择风险较小的方案,以达到回避财务风险的目的。凡风险所造成的损失不能由该项目可能获得利润予以抵销时,避免风险是最可行的简单方法。例如,不进行某项投资,是避免该项投资所带来的风险最直截了当的办法;企业实现预期的投资收益明确时,如果债权性投资实现预期的投资收益,企业在选择投资方式时,应尽可能采用债权性投资,因为债权性投资风险大大低于股权投资的风险。尽管股权投资可能带来更多的投资收益,但从回避风险的角度考虑,企业还是应当谨慎从事股权投资。当然,采用回避法并不是说企业不能进行风险性投资,企业为达到影响、甚至控制被投资企业的目的,只能采用股权投资的方式,在这种情况下,承担适当的投资风险是必要的。

3. 转移法。即企业通过某种手段将部分或全部财务风险转移给他人承担。转移风险的方式很多,企业应根据不同的风险采用不同的风险转移方式。如企业可以通过购买财产保险的方式将财产损失的风险转移给保险公司承担。在对外投资时,企业可以采用联营投资方式,将投资风险部分转移给参与投资的其他企业。在投资建造固定资产时,企业可以采用出包方式建造,将建造过程中存在的风险转移给承包方。采用发行股票方式筹集资金的企业,选择包销方式发行,可以把发行失败的风险转移给承销商。采用举债方式筹集资金的企业,可以与其他单位达成相互担保协议,将部分债务风险转移给担保方。赊销比重较大的企业,对大宗赊销及时与债务人达成还款协议,可以转移坏账带来的财务风险。对企业闲置的资产,采用出租或立即售出的处理方式,可以将资产损失的风险转移给承租方或购买方。采用转移风险的方式将财务风险部分或全部转移给他人承担,可以大大降低企业的财务风险。

4. 降低法。即企业面对客观存在的财务风险,努力采取措施降低财务风险。例如企业可以在保证资金需要的前提下,适当降低负债资金占全部资金的比重,以达到降低债务风险的目的。当市场不可测因素增多,股票价格出现剧烈波动时,企业应及时降低股票投资在全部对外投资中所占的比重,从而降低投资风险。在生产经营活动中,企业可以通过提高产品质量、改进产品设计、努力开发新产品及开拓新市场等手段,提高产品的竞争力,降低因产品滞销、市场占有率下降而产生的不能实现预期收益的财务风险。另外,企业也可以通过付出一定代价的方式来降低产生风险损失的可能性。例如建立风险控制系统,配备专门人员对财务风险进行预测、分析、监控,以便及时发现及化解风险。企业也可建立风险基金,如对长期负债建立专项偿债基金,以此降低风险损失对企业正常生产经营活动的影响。

第二节 企业最佳资本结构确定

一、资本结构的概念

在企业筹资过程中,到底应该以什么样的方式来筹措长期资金以满足生产经营的需要?即如何确定长期负债与权益资金的适当比例?这就是最佳资本结构问题。要了解什么是最佳资本结构,首先要了解资本结构的含义。

资本结构是指企业各种资本的构成及其比例关系。在实务中,资本结构有广义和狭义之分。广义的资本结构是指企业全部资本的构成,它不仅包括长期资本,还包括短期资本,其中主要是短期债务资本。狭义的资本结构是指长期资本结构,在这种情况下,短期债务资本一般列入运营资本来管理。

企业的资本结构是由企业采用各种筹资方式筹集资本而形成的。资本结构合理与否,直接关系到企业的报酬率和风险。良好的资本结构可以促进企业价值的增长,不当的资本结构则是造成公司破产的一个重要因素。各种筹资方式的不同组合类型决定着企业的资本结构及其变化。通常情况下,企业都采用债务筹资和权益筹资的组合,由此形成的资本结构称为"杠杆资本结构"。其杠杆比率表示资本结构中债务资本和权益资本的比例关系。因此,可以说资本结构问题总的来说是债务资本比率问题,即债务资本应在资本结构安排中占有多大的比例。

在资本结构决策中,合理地利用债务筹资,安排债务资本的比率,对企业具有重要的影响。

首先,使用债务资本可以降低企业资金成本。由于债务利息率通常低于股票股利率,而且债务利息税前支付,企业可减少所得税,从而,债务资本的成本明显低于权益资本的成本。因此,在一定的限度内合理提高债务资本的比率,就可降低企业的综合资金成本。

其次,利用债务筹资可以获取财务杠杆利益。由于债务利息通常都是固定不变的,当息税前利润增大时,每1元利润所负担的固定利息就会相应减少,从而可分配给企业所有者的税后利润也会相应增加。因此,利用债务筹资可以发挥财务杠杆的作用,给企业所有者带来财务杠杆利益。

二、影响资本结构的因素

在现实中,制约资本结构决策的因素,除了资金成本、财务风险以外,还有如下一些重要因素:

1. 企业的获利能力。企业的息税前利润最低应满足债务利息的要求,否则不可能运用财务杠杆。在实际工作中,获利水平相当高的企业往往并不使用大量的债务资本,因为其可以利用较多的留用利润来满足增资需要。

2. 企业的现金流量状况。债务利息和本金通常都必须以现金支付,这就要涉及企业现金流量问题。企业现金流入量越大,举债筹资能力就越强。因此,企业产生现金的能力,对提高全部资本结构中债务资本比率有着重要的作用。

3. 企业的增长率。在其他因素相同的条件下,企业的发展速度低,则可能只通过留用利润来补充资本;而发展较快的企业会在很大程度上依赖于外部筹资。相比而言,增长率高的企业会使用更多的债务资本。

4. 税收因素。债务的利息是可以减税的,而股票的股利不能减税,因此,企业所得税税率越高,借款举债的好处就越大。由此可见,税收实际上对负债资本的安排会产生一种刺激作用。

还有一些因素也会对企业资本结构产生重要的影响,比如企业所有者和管理人员的态度,贷款银行和信用机构的态度等。尤其值得注意的是,不同行业以及同一行业的不同企业,在运用债务筹资的策略和方法上大不相同,从而也会使资本结构产生差别。在资本结构决策中,应掌握本企业所处行业资本结构的一般水准,作为确定本企业资本结构的参照,分析本企业与同行业其他企业的差别,以便决定本企业的资本结构。

三、最佳资本结构的含义

筹资管理最核心的问题是资本结构。资本结构理论始于20世纪50年代初期。美国财务管理学家杜兰特(David Durand)针对财务杠杆的作用对于公司价值的影响,提出了两种极端的观点,即净收入法和净营业收入法。随后在50年代末期与60年代,美国另外两名著名财务管理学家莫迪利亚尼(Franco Modigliani)与米勒(Mertor Miller)发表了一系列经典著作，创建了 MM 理论，更强化了资本结构理论的内涵。由于 MM 理论只考虑负债带来的纳税利益，忽略了负债带来的风险和额外费用，于是在其基础上又产生了权衡理论。资本结构权衡理论认为，企业在追求负债税收收益的同时也增加了预期的破产成本、清算成本、财务危机成本及代理成本，这些因素的权衡决定了企业的最佳资本结构。尽管这些理论各有不同，我们也无从了解公司最佳资本结构的具体数额，但一定存在最佳资本结构是可以肯定的。

最佳资本结构是指在一定条件下使企业加权平均资金成本最低、企业价值最大的资本结构。它应被企业作为目标资本结构来对待。

一般情况下，资产总量和负债比例不变时，资本利润率随负债比例上升而提高，是一种线性关系。如图 5-1 所示。

而现实生活中，如资产总量发生变动（如追加筹资额），或随着企业负债结构比例加大，由于偿债风险的加剧因而引起利率水平提高、破产成本加大等，都会使利润率随筹资结构变动而呈线性变动的关系不甚明显，并在利润达到某一点后开始下降。如图 5-2 所示，利润率在这个最高点时所对应的资本结构即最佳（优）资本结构。

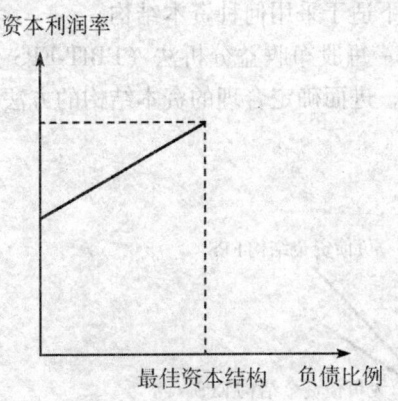 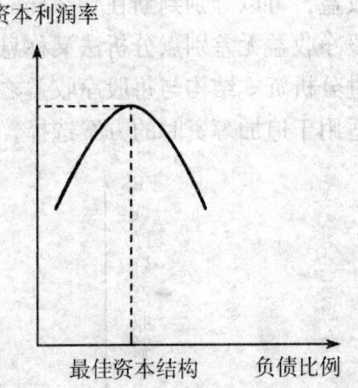

图 5-1　假设负债增加与风险　　图 5-2　负债增加与风险有关的
　　　　无关的最佳资本结构　　　　　　　最佳资本结构

最佳资本结构的判断标准有三个：（1）有利于最大限度地增加所有者财富，能使企业价值最大化；（2）企业加权平均资金成本最低；（3）资产保持适宜的流动性，并使资本结构具有弹性。其中加权平均资金成本最低是其主要标准。

四、最佳资本结构的确定方法

确定最佳资本结构的常用方法有每股净收益无差别点法、比较资金成本法和公司价值比较法。以下着重介绍前两种方法。

（一）每股净收益无差别点法确定最佳资本结构

企业的资本结构决策，一般有初始筹资和追加筹资两种情况，前者可称为初始资本结构决策，后者可称为追加资本结构决策。

企业在持续的生产经营过程中,由于扩大业务或对外投资的需要,有时会增加筹集新资,即所谓追加筹资。因追加筹资以及筹资环境的变化,企业原有的资本结构就会发生变化,从而原定的最佳资本结构就未必仍然是最优的。因此,企业应在资本结构的不断变化中寻求最佳结构,保持资本结构的最优化。

投资者往往将股东财富最大化作为自己的投资目标,并要求企业经营者努力实现这一目标。因此,企业的最佳资本结构一般以股东财富最大化为衡量标准。凡是能使股东权益最大化的资本结构就是最佳资本结构,否则就不是。判断追加筹资时的资本结构是否合理,其一般方法是以分析每股净收益(非股份制企业表现为税后净资产收益率)的变化来衡量的。即:能提高每股净收益的资本结构是合理的,反之则是不合理的。每股净收益变化的分析是利用每股净收益的无差别点进行的。

所谓每股净收益无差别点,是指每股净收益无差别点不受融资方式影响的销售水平。或者说,无论采用负债还是所有权资本筹资方式,其计算出来的每股净收益(税后净资产收益率)相等,而使其相等时的息税前利润点,即称为息税前利润平衡点或无差别点。根据每股净收益,可以分别判断在什么样的销售水平下适于采用何种资本结构。

每股净收益无差别点分析法又称息税前利润-每股净收益分析法(EBIT-EPS 分析法),是指通过分析资本结构与每股净收益之间的关系,进而确定合理的资本结构的方法。一般而言,它适用于追加筹资时的方案选择,见图 5 – 3。

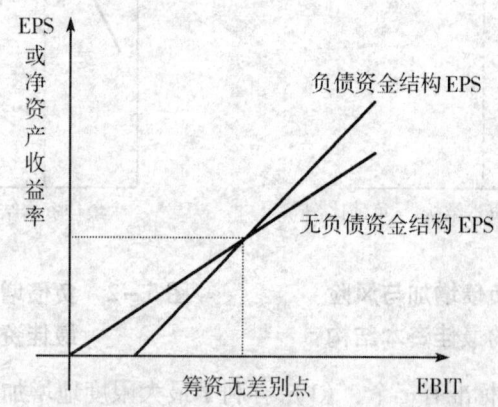

图 5 – 3　每股净收益无差别点筹资

每股净收益无差别点法的计算公式为:

$$\frac{(EBIT - I_1) \times (1 - T) - D_1}{N_1} = \frac{(EBIT - I_2) \times (1 - T) - D_2}{N_2}$$

式中:$EBIT$ 为每股利润无差别点时的息税前利润;I_1、I_2 为两种筹资方式下的年利息;D_1、D_2 为两种筹资方式下的优先股股利;N_1、N_2 为两种筹资方式下的流通在外的普通股股数。

如公司没有发行优先股,上式可简化为:

$$\frac{(EBIT - I_1) \times (1 - T)}{N_1} = \frac{(EBIT - I_2) \times (1 - T)}{N_2}$$

[例10] 某公司目前的资本总额是700万元，其结构为：负债200万元（负债利率为12%），普通股500万元（发行普通股10万股，每股面值50元）。由于扩大业务，现准备追加筹资300万元，有两种筹资方案：

A方案：全部发行普通股，增发6万股，每股面值50元；

B方案：全部筹措长期债务，负债利率仍为12%。

已知：公司增资后的息税前利润率为20%，所得税税率33%。试通过计算每股净收益比较并选择两种方案。

根据题意，可以有两种解法：

1. 分别计算两方案的每股净收益并选择每股净收益大的方案。下面列表5-5计算。

表5-5　　　　　　　　　预计增资后每股净收益计算　　　　　　　　　单位：万元

项　目	增加普通股（A）	增加负债（B）
资产总额	1 000	1 000
其中：普通股	500 + 300 = 800	500
负债	200	200 + 300 = 500
息税前利润	1 000 × 20% = 200	1 000 × 20% = 200
减：利息	200 × 12% = 24	500 × 12% = 60
税前利润	176	140
减：所得税	58.08	46.2
税后净利	117.92	93.8
普通股股数（万股）	16	10
每股净收益（元）	7.37	9.38

由表5-5可知：当息税前利润率为20%时，追加负债筹资的每股净收益较高（为9.38元），也即息税前利润达到200万元时，采用负债筹资比追加普通股筹资更为可行。

2. 以上结果是在 EBIT（200万元，或20%）已知的前提下产生的，即息税前利润等于200万元时的情况，这时选择追加所有权资本或选择追加负债两种方法有差异。那么，息税前利润为多少的时候，这两种追加筹资方法无差异呢？这可直接代入上面所介绍的公式计算得知：

$$\frac{(EBIT - 24) \times (1 - 33\%)}{16} = \frac{(EBIT - 60) \times (1 - 33\%)}{10}$$

得：$EBIT = 120$（万元）

即 $EBIT = 120$ 万元时的这个点即无差别点。它表明：

（1）当息税前利润等于120万元时，选择追加普通股筹资或选择追加负债筹资都是一样的。

（2）当息税前利润预计大于120万元时，则追加负债筹资更为可行。

(3) 当息税前利润预计小于 120 万元时,则追加普通股筹资更为可行。

注：股份公司新增股份的价格与原股份价格不一致时,计算无差别点时,宜采用股本金额,而不采用发行在外的普通股股数。

(二) 比较资金成本法确定最佳资本结构

在实际操作中,企业对拟定的筹资总额,可以采用多种筹资方式来筹集,同时每种出资方式的筹资数额也可有不同安排,由此形成若干个资本结构（或称筹资方案）可供选择。对应这种类型的资本结构决策,采用比较资金成本法确定最佳资本结构是一种简单而实用的方法。

比较资金成本法就是先计算各方案加权平均的资金成本,并通过比较各方案加权平均资金成本的高低来确定最佳资本结构的方法。这时的最佳资本结构亦即加权平均资金成本最低的资本结构。现举例说明。

[例 11] 某公司初创时计划筹资 500 万元,有两种筹资方案。资料如表 5-6 所示。试确定最佳筹资方案。

表 5-6　　　　　　　　　　比较不同方案筹资资料　　　　　　　　　　单位：万元

筹资方式	甲		乙	
	筹资额	资金成本（%）	筹资额	资金成本（%）
长期借款	40	6	50	6.5
债券	100	7	150	8
优先股	60	12	100	12
普通股	300	15	200	15
合计	500	—	500	—

$$K_{甲} = 6\% \times \frac{40}{500} + 7\% \times \frac{100}{500} + 12\% \times \frac{60}{500} + 15\% \times \frac{300}{500} = 12.32\%$$

$$K_{乙} = 6.5\% \times \frac{50}{500} + 8\% \times \frac{150}{500} + 12\% \times \frac{100}{500} + 15\% \times \frac{200}{500} = 11.45\%$$

因为乙方案加权平均资金成本低于甲方案,故乙方案的资本结构为最佳资本结构,应选择乙方案作为最佳筹资方案。

比较资金成本法也可以用来确定追加筹资时的最佳资本结构。具体来说有两种方法：一种方法是直接测算比较各备选追加筹资方案的边际成本,从中选择最优筹资方案;另一种方法是将被选追加筹资方案与原有最佳资本结构汇总,测算各追加筹资条件下汇总资本结构的综合资金成本,比较确定最优追加筹资方案。在用第二种方法计算时应注意：第一,必须将追加筹资融入原资金之中,并重新计算各种筹资的比重;第二,相同筹资方式如果资金成本不同,则应视为不同的筹资方式分别计算筹资比重和资金成本,不能简单平均计算;第三,由于普通股贯彻同股同权、同股同利的原则,新、老普通股应一视同仁,均按最新市价计算资金成本。其计算原理与上例类同,在此不再赘述。

上面介绍的两种方法,虽然集中地考虑了资金成本与财务杠杆效益,但没有考虑资本结构弹性、财务风险大小及其相关成本等因素,因此在使用时仍有一定的局限性。如无差别点分析法只考虑了资本结构对每股利润的影响,其最佳资本结构亦即每股利润最大时的资本结构,并需要在假定每股利润最大、股票价格也最高的前提下才能成立。因此,具体操作时还应结合其他方法灵活使用。

除了上述两种方法以外,还有一种公司价值分析法,它是通过计算和比较各种资本结构下公司的市场总价值来确定最佳资本结构的方法。这种方法下的最佳资本结构亦即公司市场价值最大的资本结构。其原理和计算公式简单介绍如下:

公司的市场总价值 = 股票的总价值 + 债券的价值

为简化起见,假定债券的市场价值等于其面值。股票市场价值的计算公式如下:

$$股票市场价值 = (息税前利润 - 利息) \times \frac{1 - 所得税税率}{权益资金的成本}$$

应用以上各种方法,企业在追加筹资后,虽然改变了资本结构,但只要经过科学的测算,做出正确的筹资决策,企业仍可保持其资本结构的最优化。

【习题】

一、关键概念

1. 经营杠杆   2. 财务杠杆   3. 复合杠杆   4. 最优资本结构

二、简答题

1. 简述影响经营风险的主要因素。
2. 简述财务风险的主要特征和降低风险的方法。
3. 简述最佳资本结构的概念和影响企业资本结构的因素。

第6章

长期筹资

【学习要点】本章介绍了长期负债筹资方式的分类、筹资的条件、限制措施、筹资程序和筹资的优缺点；阐述了企业资本金的概念、种类、筹集和管理，股票的概念、种类及不同股票权利的区分，股票发行的条件和程序，股票上市。

长期负债是指企业筹集的偿还期限超过一年的负债。筹措长期负债资金，可以解决长期资金的不足，满足发展长期性资产的需要；由于长期负债的归还期长、举债金额大，债务人需对债务的归还做长期安排，还债压力或风险相对较大。长期负债的利率一般会高于短期负债利率，负债的限制较多。债权人经常会向债务人提出一些限制性的条件以保证其能够及时、足额偿还本金和支付利息，从而形成对债务人的约束。目前在我国，长期负债融资主要有长期借款、债券和融资租赁三种方式。

第一节 长期借款筹资

长期借款指企业从银行或其他非银行金融机构借入的使用期超过一年以上的借款，主要用于购建固定资产和满足长期流动资金占用的需要。

一、长期借款条件

根据《中华人民共和国贷款通则》规定：借款人应当是经工商行政管理机关核准登记的法人、其他经济组织、个体工商户或具有中华人民共和国国籍的具有完全民事行为能力的自然人。

我国借款人与贷款人的借贷活动应当遵循平等、自愿、公平和诚实信用的原则。企业申请贷款一般应具备的条件是：

（1）独立核算、自负盈亏，有工商行政管理部门核准登记、年检合格的法人资格；
（2）经营方向和业务范围符合国家产业政策，借款用途属于银行贷款办法规定的范围；

(3) 借款企业具有一定的物资和财产保证，有必要的组织机构，有固定经营场所，担保单位具有相应的经济实力；

(4) 借款企业的资产负债率符合贷款方的要求；

(5) 借款企业接受贷款方对其使用信贷资金情况和有关生产经营、财务活动的监督；

(6) 借款企业按借款合同约定用途使用贷款并具有偿还贷款的能力，无不良信用记录；

(7) 财务管理和经济核算制度齐全，资金使用效益及企业效益良好；

(8) 借款企业将债务全部或部分转让给第三人，必须取得贷款方的同意；

(9) 在银行设有账户，办理结算。

具备上述条件的企业欲取得借款，先要向银行提出申请，陈述借款的原因与金额、用款时间与计划、还款期限与计划。银行根据企业的借款申请，针对企业的财务状况、信用状况、盈利的稳定性、发展前景、借款投资项目的可行性等进行审查。银行审批同意贷款后，再与借款企业进一步协商贷款的具体条件，明确贷款的种类、用途、金额、利率、期限、还款的资金来源及方式、保护性条件、违约责任等，并以借款合同的形式将其法律化。借款合同生效后，企业便可取得贷款。

二、长期借款的保护性条款

由于长期借款的期限长、风险大，因此在签订长期借款合同时，除了应具备借款合同的一些基本条款外，按照国际惯例，银行通常对借款企业又规定一些限制性条款，也称保护性条款，以避免风险。保护性条款大致有三类：

（一）一般性保护条款

一般性保护条款应用于大多数长期借款合同，但根据具体情况会有不同内容，主要包括：（1）对借款企业流动资金保持量的规定，其目的在于保持借款企业资金的流动性和偿债能力；（2）对支付现金股利和再购股票的限制，其目的在于限制现金外流；（3）对资本支出规模的限制，其目的在于减少企业日后不得不变卖固定资产以偿还贷款的可能性，仍着眼于保持借款企业资金的流动性；（4）限制其他长期债务，其目的在于防止其他贷款人取得对企业资产的优先求偿权。

（二）例行性保护条款

例行性保护条款作为例行常规，在大多数借款合同中都会出现，主要包括：（1）借款企业定期向银行提交财务报表，其目的在于及时掌握企业财务状况；（2）不准在正常情况下出售较多的资产，以保持企业正常的生产经营能力；（3）如期清偿缴纳税金和其他到期债务，以防罚款而造成现金流失；（4）不准以任何资产作为其他承诺的担保或抵押，以避免企业过重的负担；（5）不准贴现应收票据或出售应收账款，以避免或有负债；（6）限制租赁固定资产的规模，其目的在于防止企业负担巨额租金以致削弱其偿债能力，还在于防止企业以租赁固定资产的办法摆脱对其资本支出和负债的约束。

（三）特殊性保护条款

特殊性保护条款是针对某些特殊情况而出现在部分借款合同中，主要包括：（1）贷款专款专用；（2）不准企业投资于短期内不能收回资金的项目；（3）限制企业高级职员的薪金和奖金总额，以防止企业支付过多的报酬而影响企业的利润；（4）要求企业主要领导人在合同有效期间担任领导职务；（5）要求企业主要领导人购买人身保险等。

三、长期借款偿付计划

长期借款的利息率通常高于短期借款，但信誉好、抵押品流动性强的借款企业，仍然可以争取到较低的长期借款利率。长期借款利率有固定和浮动两种，浮动利率通常有最高、最低限额，并在借款合同中明确。对于借款企业来说，若预测市场利率将上升，应与银行签订固定利率合同；反之，则应签订浮动利率合同。在借款利率确定的情况下，长期借款的利息受利息不同计算方法和借款偿还方式不同的影响。长期借款利息计算有单利和复利两种，长期借款归还可以分为到期一次还本付息和分期还本付息两种方式。

（一）到期一次还本付息方式

对于到期一次还本付息的长期借款，企业应于每个会计年度期末预计本会计期间的利息费用。

1. 按单利到期一次还本付息方式。

[例1] 某企业向银行借入五年期的长期借款 100 000 元，年利率 10%。则在到期一次还本付息的情况下，按单利计算的利息、本利和为：

年利息 = 100 000 × 10% = 10 000（元）

到期一次偿还本息和 = 100 000 × (1 + 10% × 5) = 150 000（元）

2. 按复利到期一次还本付息方式。

[例2] 某企业向银行借入五年期的长期借款 100 000 元，年利率 10%。则在到期一次还本付息的情况下，按复利计算的利息、本利和为：

到期偿还本利和 = 100 000 × (1 + 10%)^5 = 100 000 × 1.61051 = 161 051（元）

利息 = 161 051 - 100 000 = 61 051（元）

（二）分期还本付息方式

分期还本付息方式具体又分为分期等额还本及分期等额还本息和两种计算方式。

1. 分期等额还本偿还。对于还本付息的长期借款，各企业应于各期还本付息时计算各期应还利息和本金。其计算公式如下：

年应付利息 = 年初未还本金 × 年利率

年应还本金 = 本金 ÷ 还款次数

年应还本息 = 年应付利息 + 年应还本金

[例3] 某企业向银行借入五年期的长期借款100 000元，年利率10%。分五年等额还本，其他条件不变，则每年还本付息额按单利计算的利息如表6-1所示。

表6-1　　　　　　　长期借款还本付息计算（单利）　　　　　　　单位：元

年　数	应付利息 (1)=(4)×10%	应还本金 (2)=本金/还款次数	应还本息 (3)=(1)+(2)	未还本金 (4)=(4)-(2)
				100 000
第1年末	10 000	20 000	30 000	80 000
第2年末	8 000	20 000	28 000	60 000
第3年末	6 000	20 000	26 000	40 000
第4年末	4 000	20 000	24 000	20 000
第5年末	2 000	20 000	22 000	0
合　计	30 000	100 000	130 000	

2. 分期等额还本息和偿还。分期还本付息通常是要求每期期末偿还等额的本息和。其计算公式如下：

$$每期期末还本付息额 = 借款金额 \div \left[\frac{1-(1+i)^{-n}}{i}\right]$$

式中：n 为复利期数，$\left[\frac{1-(1+i)^{-n}}{i}\right]$ 为年金现值系数。

每期应还利息 = 期初未还本金 × 年利率

每期应还本金 = 每期还本付息额 - 每期应还利息

[例4] 某企业向银行借入五年期的长期借款100 000元，年利率10%。分五年等额归还本利，其他条件不变，则每年还本付息额按复利计算的利息如表6-2所示。

表6-2　　　　　　　长期借款还本付息计算（复利）　　　　　　　单位：元

年　数	应付本息 (1)	应还利息 (2)=(4)×10%	应还本金 (3)=(1)-(2)	未还本金 (4)=(4)-(3)
				100 000
第1年末	26 380	10 000	16 380	83 620
第2年末	26 380	8 362	18 018	65 602
第3年末	26 380	6 560	19 820	45 782
第4年末	26 380	4 579	21 801	23 981
第5年末	26 380	2 399	23 981	0
合　计	131 900	31 900	100 000	

$$每年末的还本付息额 = 100\ 000 \div \left[\frac{1-(1+i)^{-n}}{i}\right] = 100\ 000 \div 3.7908 \approx 26\ 380（元）$$

从上述计算结果可知，采用不同的计息方法和不同的借款偿还方式，企业负担的利息费用有较大的差异。因此，企业应根据自身资金的使用情况，合理选择还款方式。

四、长期借款筹资方式评价

（一）长期借款融资的优点

1. 筹资速度快。银行借款筹资是借贷双方的权利义务关系，一般不涉及广大投资公众。因此，这种筹资活动只要借贷双方通过协商达成一致，签订借款合同后企业即可筹到所需资金，不需要像发行证券那样通过审批、承销发行等一系列程序，故筹资速度较快。

2. 借款弹性较大。借款时企业与银行直接交涉，有关条件可以谈判确定；用款期间发生变动，也可与银行再协商，具有较大的灵活性。债券融资所面对的是社会广大投资者，协商改善融资条件的可能性很小。

3. 借款成本较低。长期借款的利率一般低于债券利率，而且借款的利息可以在税前支付，可减少企业的实际利息负担，因此其成本也远低于股票筹资。另外，银行借款不需要支付大量的发行费用。

（二）长期借款融资的缺点

1. 限制条件多。长期借款的限制性条款比较多，如定期报送报表、不准改变借款用途、限制租赁固定资产的规模等。在一定情况下约束了企业生产经营和借款的作用发挥。

2. 财务风险大。与权益筹资相比，借款需要按期还本付息，如果企业因经营不善或资金周转困难而不能按期还本付息，企业将面临破产的可能。

3. 筹资数量有限。银行一般不愿借出巨额的长期借款，因此利用银行借款筹资有一定的上限。

第二节 债券筹资

债券是指企业向社会公众筹集资金而向出资者出具的债务凭证。持有者有权在约定的期限内要求发行者还本付息。债券的还本期限根据企业对资金的使用需要，时间有长有短，有的几个月，有的是几十年。通常将还本期限在一年以上的称为长期债券。

一、长期债券的种类

对债券可以从各种不同的角度进行分类，并且随着人们对融资需要的多元化，不断会有各种新债券形式产生。目前，债券主要可以分为以下不同的类型：

（一）按发行主体分类

根据发行主体的不同，可将债券分为政府债券、金融债券和企业债券。

1. 政府债券。政府债券是指由各国中央政府或地方政府发行的债券。中央政府债券又称国债或国库券,是中央政府为了弥补国家财政赤字和为大型工程项目筹集资金而发行的债券。地方政府债券是指各地方政府,如省、市政府为地方建设筹集资金而发行的债券。政府债券的风险小、流动性强,是最受投资者欢迎的债券之一。

2. 金融债券。金融债券是银行或其他金融机构发行的债券。金融机构一般都有雄厚的实力,信用程度较高。因此,金融债券的风险不大,流动性较好,报酬也较高。

3. 企业债券。企业债券也称公司债券,是指由股份公司等各类企业所发行的债券。与政府债券相比,企业债券的风险较大,因而利率一般也比较高。本章所论述的债券筹资问题,就是企业债券的筹资问题。

(二)按是否记名分类

债券按是否记名可以分为记名债券和无记名债券。

1. 记名债券。记名债券是指在券面上注明债权人姓名或名称,同时在发行企业的债权人名册上进行登记的债券。转让记名债券时,除要交付债券外,还要在债券上背书转让和在企业债权人名册上更换债权人姓名或名称。债券持有者需持债券和有关证件才能领取本息。这种债券的优点是比较安全,缺点是转让时手续复杂。

2. 无记名债券。无记名债券是指在债券票面上未注明债权人姓名或名称,也不用在债权人名册上登记债权人姓名或名称的债券。这种债券可以随意转让,还本付息以债券为凭证。相对来讲,无记名债券安全性较差,但转让比较方便。

(三)按有无抵押担保分类

按有无抵押担保可将债券分为信用债券、抵押债券和担保债券。

1. 信用债券。信用债券是指仅凭债券发行者的信用发行的,没有抵押品作抵押或担保人作担保的债券。政府债券一般均属于信用债券,一个信誉良好的企业也可发行信用债券。企业发行信用债券往往有许多限制条件,这些限制条件中最重要的称为反抵押条款,即禁止企业将其财产抵押给其他债权人。由于这种债券没有具体财产作抵押,因此,只有历史悠久、信誉良好的公司才能发行这种债券。

2. 抵押债券。抵押债券是指以一定的抵押品作抵押而发行的债券。当企业没有足够的资金偿还债券时,债权人可将抵押品拍卖以获取资金。抵押债券按抵押品的不同,又可分为不动产抵押债券、设备抵押债券和证券抵押债券。

3. 担保债券。担保债券是指由一定的保证人作担保而发行的债券。当企业没有足够的资金偿还债券时,债权人可要求保证人偿还。我国《企业债券发行与转让管理办法》规定,保证人应是符合《担保法》的企业法人,且应同时具备以下条件:(1)净资产不低于被保证人拟发行债券的本息;(2)近三年连续盈利,且有良好的业绩前景;(3)不涉及改组、解散等事宜或重大诉讼案件;(4)中国人民银行规定的其他条件。

（四）按是否可以转换为股票分类

债券按是否可转换为股票划分，可以分为可转换债券和不可转换债券。

1. 可转换债券。可转换债券是指持有人可将其兑换成同一发行公司普通股股票的公司债券。公司在发行这种债券时便做出规定，持券人可以根据自己与债券发行企业的约定，按一定比率将其兑换成公司的普通股股票。

2. 不可转换债券。不可转换债券是指不能转换成股票的公司债券。

（五）按利率的不同分类

债券按利率的不同可以分为固定利率债券和浮动利率债券。

1. 固定利率债券。固定利率债券是指在发行时便规定了利率固定不变的债券。该种债券将利率明确记载在债券票面上，以后按这一固定利率向债权人支付利息。固定利率不会随今后市场利率的变化而变化。一般的企业债券都采用固定利率。

2. 浮动利率债券。浮动利率债券是指利率可随市场利率作相应变动的债券。即在有效期内债券利率不予固定，而是定期或不定期地根据市场利率加以调整。

（六）按利息支付方式分类

债券按利息的支付方式不同可以分为有息票债券和无息票债券。

1. 有息票债券。有息票债券又叫附息票债券，是指附有各种息票的债券，息票是附印于各种债券券面上的利息票券，到付息日期时，凭息票领取利息。息票多用于中、长期债券。

2. 无息票债券。无息票债券是指在债券券面上不附息票，期满后一次还本付息的债券。我国目前发行的债券大都是无息票债券。

除上述介绍的种类外，债券还有各种其他分类。按还本付息方式划分，债券可以分为一次还本付息债券、分期付息一次还本债券、等额归还本息、分次付息等额还本债券；按是否参与公司盈余划分，债券可分为参与公司债券和不参与公司债券；按能否上市划分，债券可以分为上市债券和非上市债券等。

二、长期债券的发行

长期债券发行是发行人以借贷资金为目的，还本期限在一年以上的，依照法律规定的程序向投资人发行代表一定债权和兑付条件的债券的法律行为。发行债券的企业必须具备国家法律、法规所规定的条件，必须按照法定的程序和方式进行债券的发行。

（一）债券发行的资格与条件

1. 债券发行的资格。根据我国《公司法》规定，股份有限公司、国有独资公司和两个以上的国有企业或者其他两个以上的国有投资主体投资设立的有限责任公司，具有发行公司债券的资格。这些公司一般具有雄厚的资本、较高的生产经营管理水平和良好的信誉，能够独立承担经营风险和经济责任，可以切实保障债权人的利益。

2. 债券发行的条件。按照国际惯例，发行债券要符合规定的条件。一般包括发行债券最高限额、发行企业自有资本最低限额、企业获利能力、债券利率水平等。根据《企业债券管理条例》规定，企业发行债券必须符合下列条件：

（1）企业规模达到国家规定的要求；
（2）企业财务会计制度符合国家规定；
（3）具有偿债能力；
（4）企业经济效益良好，发行债券前连续三年盈利；
（5）企业发行债券的总面额不得大于该企业的自有资产净值；
（6）所筹资金的使用符合国家产业政策；
（7）企业债券的利率不得高于银行相同期限居民储蓄存款利率的40%。

《公司法》也对发行债券的条件作了严格的规定：

（1）股份有限公司的净资产额不低于3 000万元，有限责任公司的净资产额不低于6 000万元；
（2）累计债券总额不超过公司净资产额的40%；
（3）最近三年平均可分配利润足以支付公司债券一年的利息；
（4）筹集的资金投向符合国家产业政策；
（5）债券的利率不得超过国务院限定的利率水平；
（6）国务院规定的其他条件。

此外，发行债券所筹集的资金，必须用于审批机关批准的用途，不得用于弥补亏损和非生产性支出。

同时，我国《公司法》还规定，发行公司有下列情形之一的，不得再次发行债券。

（1）前一次发行的债券尚未募足的；
（2）已发行的公司债券或者其债务有违约或延迟支付本息的事实，且仍处于继续状态的。

发行可转换股票的公司债券还应当符合股票的发行条件。

（二）债券的发行方式

债券的发行方式按不同的标准，可以划分为三类。根据发行对象不同，分为公募发行和私募发行；根据是否有证券发行中介机构参与，分为直接发行和间接发行；根据发行条件及其投资者的决定方式，分为招标发行与非招标发行。

1. 公募发行与私募发行。

（1）公募发行。公募发行是指以非特定的多数投资者作为募集对象所进行的债券发行。公募发行涉及众多的投资者，其社会责任和影响都很大，为了保证投资者的利益，国家对公募发行的条件作了严格的规定。

公募发行的优点是：因为向众多投资者发行债券，所以能筹集较多的资金；可以提高发行者的证券市场的知名度，扩大社会影响；与私募发行相比，债券的利息率较低，公募发行的债券一般都可公开上市交易，有比较好的流动性，很受投资者欢迎。但公募发行也有其缺点，主要是公募发行费用较高，发行所需时间较长。

（2）私募发行。私募发行是指以特定的少数投资者为募集对象所进行的债券发行。特定的投资者一般可分为两类：一类是个人投资者，如企业职工；另一类是机构投资者，如大的金融机构。

私募发行的优点主要有：节约发行费用；发行时间短；发行的限制条件少。私募发行的缺点主要有：需要向投资者提供高于公募债券的利率；私募发行的债券一般不能公开上市交易，缺乏流动性；债券集中于少数债权人，发行者的经营管理容易受到干预。

2. 直接发行与间接发行。

（1）直接发行。直接发行是指发行者不通过证券发行中介机构，完全由自己组织和完成债券发行工作，并直接向投资者销售债券的发行方式。直接发行可以降低发行成本，但直接发行由于所筹资金有限，涉及事务烦琐，如果发行债券数量很大，级别不是很高，加之缺乏必要的技术和经验，很容易导致发行失败。只有那些信誉特别高的大企业和网点分布很广的金融机构才会采用直接发行方式来发行债券。

（2）间接发行。间接发行是指发行者通过证券发行中介机构，由证券中介机构向投资者销售债券的发行方式。证券中介机构拥有较高的资金实力、广布的机构网点和可靠的信息情报与专业人才，由其代理发行债券更迅速更可靠。现今的债券大多数采用间接发行方式。

按承担的风险及手续费的高低，间接发行又可分为代销、余额包销和全额包销三种方式。

第一，代销发行。代销发行是指发行人委托承销商代其向社会销售债券，承销商不负责认购未售出部分，由发行者承担债券发行风险的发行方式。采用代销方式，如果发行期内实际发行的数量没有达到预定的数额，承销商将剩余部分退还给发行者。发行者按实际发行额向承销商支付一定比例的手续费。

第二，余额包销发行。余额包销发行是指由承销商按规定的发行额和发行条件，在约定期限内向社会推销债券，当实际发行额达不到预定数额时，剩余部分由承销商负责认购的发行方式。余额包销实际上是先代理发行，后承购包销，是代销与包销的结合。它的特点是既能保证债券发行总额的完成，又能减轻发行者的费用和中介机构的风险的压力。

余额包销方式按其承销商的不同，又可分为协议包销、俱乐部包销和银团包销三种。协议包销是指由一个承销商包销发行人待发行的全部债券，发行风险由该承销商独立承担，转卖债券的差价也全部归该承销商；俱乐部包销是指由若干承销商包销债券，包销的份额、承担的风险、所获得的转卖债券的差价都平均分摊；银团包销是指由一个承销商牵头，若干承销商参与包销活动，以竞争的形式确定各自的包销额，并且按照其包销额来承担发行风险，分取转卖债券的差价。

第三，全额包销发行。全额包销发行是指由承销商将企业拟发行的债券全部买进，然后按市场价格出售给投资者的发行方式。采用全额包销发行，承销商取得的不是发行者支付的手续费，而是转卖债券的差价。

3. 招标发行与非招标发行。

（1）招标发行。招标发行是指债券发行者通过招标的方式来决定债券的投资者和债券的发行条件的发行方式。由于招标发行是公开进行的，属于公募性质，因而也称为"公募招标"。公募招标有时通过证券发行中介机构办理，有时由发行者自行办理。

（2）非招标发行。非招标发行是指债券发行者与承销商直接协商发行条件的发行方式。采用非招标发行，便于适合发行者的需要和现行市场状况。

（三）债券的发行价格

债券的发行价格是指发行企业或其承销机构发行债券时所采用的价格，也就是债券原始投资者购入债券时应支付的市场价格。发行价格与债券的面值可能一致，也可能不一致。企业在发行债券之前，必须依据有关因素，运用一定的方法，确定债券的发行价格。

1. 债券发行价格的影响因素。企业债券发行价格的高低，取决于下列几个因素：

（1）债券票面金额。债券票面金额是决定债券发行价格的基本因素。一般来说，债券面额越大，发行价格越高。债券发行价格的高低，从根本上取决于债券面额的大小，但二者不一定相等。

（2）票面利率。即债券票面上事前确定的名义利率。

（3）市场利率。市场利率是指债券发行时资金市场上的实际利率。一般来说，债券票面利率越接近于市场利率，则债券发行价格越接近于债券面额；债券的票面利率越大于市场利率，则债券的发行价格越大于债券面额；债券的票面利率越小于市场利率，则债券的发行价格亦越小于债券面额。

（4）债券期限。债券期限越长，债权人的风险越大，要求的利息报酬就越高，其发行价格就可能越低；反之，可能较高。

2. 债券发行价格的确定方法。债券的发行价格通常有三种：等价、溢价和折价。等价是指以债券的票面金额作为发行价格。多数企业债券采用等价发行。溢价是指以高于债券面额的价格发行债券。折价是指以低于债券面额的价格发行债券。溢价或折价发行债券，主要是由于债券的票面利率与市场利率不一致所造成的。债券的票面利率在债券发行前即已参照市场利率确定下来，并标明于债券票面，无法改变，而市场利率经常发生变动。在债券发售时，如果票面利率与市场利率不一致，就需要调整发行价格，以调整债券购销双方的利益。

债券发行价格一般是由债券的面值和所要支付的利息按发行当时的市场利率折算成现值来确定的。其基本计算公式为：

$$债券发行价格 = \frac{债券面值}{(1+市场利率)^n} + \sum_{t=1}^{n} \frac{债券面值 \times 票面利率}{(1+市场利率)^t}$$

式中：n 为债券期限；t 为付息期数。市场利率是指债券发行时的市场利率。

一般而言，若市场利率与票面利率一致，就按等价发行；若市场利率大于票面利率，就按折价发行；若市场利率小于票面利率，就按溢价发行。

［例5］ 某企业发行面值为1 000元、票面利率为10%、期限为10年的债券，每年末付息一次。债券正式发行时，要考虑当时的市场利率，来确定债券的发行价格。其发行价格

可分下述三种情况来分析计算：

(1) 若当时的市场利率为10%，就等价发行。

其发行价格可计算如下：

$$债券发行价格 = \frac{1\,000}{(1+10\%)^{10}} + \sum_{t=1}^{10}\frac{1\,000 \times 10\%}{(1+10\%)^t} = 385.54 + 614.46 = 1\,000（元）$$

(2) 市场利率高于票面利率，就折价发行。

若债券出售时，市场利率上升到12%，高于债券票面利率，则其发行价格可计算如下：

$$债券发行价格 = \frac{1\,000}{(1+12\%)^{10}} + \sum_{t=1}^{n}\frac{1\,000 \times 10\%}{(1+12\%)^t} = 321.97 + 565.02 = 886.99（元）$$

(3) 市场利率低于票面利率，就溢价发行。

若债券出售时，市场利率下降到8%，低于债券票面利率，则其发行价格可计算如下：

$$债券发行价格 = \frac{1\,000}{(1+8\%)^{10}} + \sum_{t=1}^{10}\frac{1\,000 \times 10\%}{(1+8\%)^t} = 463.19 + 671.01 = 1\,134.20（元）$$

当然，并不是一定要按上述公式计算出来的价格作为债券实际的发行价格，但可以作为确定债券发行价格的基础。在实际工作中，确定债券的发行价格，通常还要考虑其他多种因素，如债券发行企业自身的信用情况、资金的急需程度和对市场利率变动的发展趋势的预测等各项情况，合理地来确定合适的债券发行价格。

(四) 债券的发行程序

1. 做出发行债券决议。在我国有资格发行债券的主体有三类：股份有限公司、国有独资公司和两个以上国有主体设立的有限责任公司。股份有限公司和国有有限责任公司发行公司债券，由董事会制订方案，股东大会做出决议；国有独资公司发行公司债券，由国家授权投资的机构或者国家授权的机构做出决定。可见，发行债券的决议和决定，是由公司最高机构做出的。

2. 企业提出发行债券申请。国务院证券管理部门根据《公司法》的规定和国务院确定的发行规模审批。不予批准的，应作出说明。

3. 公告债券募集办法。发行公司债券经批准后，企业制定好募集办法后，应按当时、当地通常合理的办法向社会公告。募集公告发布后，应在公告所定的期间内募集借款。

4. 委托证券机构销售。一般公司债券的发行方式有公司直接向社会发行（私募发行）和由证券经营机构承销发行（公募发行）两种，我国只有后者。

5. 收缴债券款。企业交付债券，收缴债券款，登记债券存根簿。

三、债券的收回与偿还

债券的收回是指发行债券的企业根据事先在债券契约中的规定，在一定日期按特定价格回购债券的行为。债券的偿还是指债券到期由发行企业偿还债务。

(一) 收回条款

如果企业发行债券的契约中规定有收回条款，企业可按特定的价格在到期日之前收回债券。债券的收回价格一般比面值要高,并随到期日的接近而逐渐降低。有收回条款的债券可使企业融资有较大的弹性。当企业资金有结余时,可收回债券;当预测利率将下降时,也可收回债券,而后以较低的利率来发行新的债券,但这会给投资者带来不利影响。

(二)偿债基金

偿债基金是一种帮助企业有条理地偿还所发行的债券的准备金。如果发行债券的契约中规定有偿债基金,则要求企业每年都提取偿债基金以便顺利偿还债券。提取的偿债基金有的每年金额固定,有的根据每年销售额或盈利计算确定。

(三)债券的调换

发行新的债券,调换以前一次或多次发行的旧债券称为债券的调换。企业之所以要进行债券的调换,一般有以下几个原因:(1)原有债券的限制性条款较多,不利于企业的发展;(2)把多次发行尚未彻底偿清的债券进行合并,以便简化管理,减少管理费用;(3)有的债券到期,但企业现金不足。

(四)转换成普通股

如果企业发行的是可转换债券,那么,可通过转换成普通股来收回债券。

(五)偿还方式

债券的偿还方式很多,但主要有分批偿还和到期一次偿还两种。一个企业在发行同一种债券的当时就订有不同的到期日,这种债券为分批偿还债券。由于各批的到期日不同,因而发行价格和规定的利率也不尽相同,这种债券便于投资人挑选最合适的到期日,因而便于发行。到期一次偿还是指到期一次以现金方式偿还的债券,我国发行的债券目前多数采用此种方式。

四、长期债券筹资方式评价

发行债券筹集资金,对发行企业既有利又有弊,企业应根据自身的情况扬长避短,认真分析进行选择。

(一)债券筹资的优点

1. 发行债券筹资成本低于普通股和优先股。因为债券的发行费用较发行股票的费用低,而且债券的利息可以在所得税前扣除,所以企业实际负担的债券成本一般低于股票成本。

2. 保障股东控制权。债权人不直接参与公司的经营管理,一般情况下不分享公司股东对企业的控制权。

3. 债券的利息可列入税前支出,可为企业带来税收屏蔽方面的好处。由于债券利息的支付是固定的,企业的收益越多,可供分配给股东的财富就越多,通过发行债券的负债形式,可以发挥企业的财务杠杆作用。

4. 便于调整企业资本结构。如企业通过发行可转换债券，或在发行债券时规定可提前赎回债券，有利于企业主动地合理地调整资本结构，确定负债与资本的有效比例。

（二）债券筹资的缺点

1. 债券必须按时还本付息，若企业因一时资金周转不畅而不按时还本付息，企业将陷入财务危机，甚至会导致企业破产。
2. 发行债券提高了企业的财务风险，债券使企业为其所有者（股东）提供更高的投资报酬率，加大了企业经营者工作难度。
3. 长期债券的偿还期限很长，未来的种种不确定性使企业面临着较大的偿还风险。
4. 严格的债券合同将在一定程度上限制企业的经营决策。发行债券的限制条件一般比长期借款、租赁筹资的限制条件多且严，限制了企业债券资金的使用，甚至会影响企业以后的筹资能力及经营的决策。

第三节 股票筹资

一、企业资本金制度

设立企业必须有法定的资本金，资本金是企业长期稳定拥有的资金。资本金制度是国家对有关资本的筹集、管理以及企业所有者的责权利等所做的法律规范。实行企业资本金制度，有利于理顺产权关系，使所有者权益从制度上得到保证，吸引更多的资金用于经济建设。资本金是企业真正实现自负盈亏的前提条件，建立企业资本金制度，有利于企业健全自主经营、自负盈亏、自我发展和自我约束的经营机制。实行企业资本金制度，有利于资本金的安全完整，维护投资人的权益。

（一）企业资本金的概念和种类

1. 企业资本金的概念。企业资本金是指企业在工商行政管理部门登记的注册资金，是各种投资者为了企业生产经营而投入的资金。资本金的性质是自有资金。与借入资金不同，资本金是投资者最初投入或追加投入的资金；资本金具有盈利性，企业是将本求利的经济组织，投资者投入资金的目的就是为了使资金增值；资本金必须是在工商行政管理部门登记的自有资金，一经登记，不得随意变更，如果追加或减少，必须办理变更登记手续。
2. 企业资本金的种类。按照《企业财务通则》的规定，资本金按投资主体的不同，可分为国家资本金、法人资本金、个人资本金和外商资本金。国家资本金是指有权代表国家投资的政府部门或者机构以国有资产投入企业形成的资本金。这是国有企业最主要的资本金来源。法人资本金是指其他法人单位以其依法可以支配的资产投入企业形成的资本金。由于其他法人单位也可能包含国家、个人、外商等的投资，所以法人资本金从其原始构成来看又分属于不同的投资主体。个人资本金是指社会个人或者本企业内部职工以个人合法财产投入企业形成的资本金。在股份有限公司中，一般表现为社会公众或职工持有公司发行的股票；在有限责任公司中，一般表现为个人出资的部分。外商资本金是指外国投资者以及我国香港、澳门和台湾地区投资者以其资金投入企业形成的资本金。从国外来看，投入的资本一般不按投资的所有权性质进行分类，而是按其本身所具有的权利不同进行分类。

（二）企业资本金的筹集与管理

1. 企业资本金的筹集。资本金的筹集是资本金制度中的一项重要内容，主要包括以下几个方面：

（1）筹集资金的方式。企业筹集资本金的方式可以多种多样，既可以吸收货币资金的投资，也可以吸收实物、无形资产等形式的投资，还可以发行股票筹集资本金，也就是说企业可以吸收投资者依法投资的任何财产来筹集资本金。但企业无论采取什么方式筹集资本金，都必须符合国家法律、法规的规定。例如通过发行股票筹集资本金，必须按照国家关于股份制企业的实施范围、审批程序等规定依法进行。

（2）资本金筹集的数量要求。按照《企业财务通则》的规定，企业设立时必须有法定的资本金。所谓法定的资本金，又叫法定最低资本金，是指国家规定的开办企业必须筹集的最低资本金数额，即企业设立时必须要有最低限额的本钱，否则不得批准设立。目前我国有关法规关于企业资本金的最低限额的规定如下：

我国《企业法人登记管理条例》及施行细则明确规定，企业申请开业，必须具备符合国家规定并与其生产经营和服务规模相适应的资本数额。对各类企业注册资本最低限额的规定是：生产性公司的注册资本不得少于30万元；以批发业务为主的商业性公司的注册资本不得少于50万元；以零售业务为主的商业性公司的注册资本不得少于30万元；咨询服务性公司的注册资本不得少于10万元；其他企业法人的注册资本不得少于3万元。如果国家对企业注册资本数额有专项规定的，则应按规定执行。我国《公司法》规定，股份有限公司注册资本的最低限额为1 000万元。有限责任公司的注册资本不得少于下列最低限额：以生产经营为主的公司为50万元；以商品批发为主的公司为50万元；以商业零售为主的公司为30万元；科技开发、咨询、服务性公司为10万元。民族自治地区和国务院确定的贫困地区，经国家工商行政管理机关批准，注册资本最低限额可降低50%。公司注册资本最低限额需高于所定限额的，由法律、行政法规另行规定。国家工商行政管理局《关于中外合资经营企业注册资本与投资总额比例的暂行规定》要求外商投资企业的注册资本与生产经营的规模、范围相适应，并明确规定了注册资本占投资总额的最低比例或最低限额。投资总额在300万美元（含300万美元）以下的，注册资本至少应占投资总额的7/10；投资总额在300万~1 000万美元（含1 000万美元）的，注册资本至少应占投资总额的1/2，但最低额不低于210万美元；投资总额在1 000万~3 000万美元（含3 000万美元）的，注册资本至少应占投资总额的2/5，但最低额不低于500万美元；投资总额在3 000万美元以上的，注册资本至少应占投资总额的1/3，但最低额不低于1 200万美元。同时，国家对中外合资企业还规定了外国合营者的出资比例一般不低于注册资本的25%。

（3）企业资本金的筹集期限。企业应当按照有关规定及时筹集资本金。关于资本金筹集期限的规定，一般有三种类型：

一是实收资本制。即企业成立时，确定资本金总额，一次筹足，实收资本与注册资本数额一致，否则企业不能成立。二是授权资本制。即企业成立时，确定资本金总额，但是否一次筹足与企业成立无关，只要缴纳了第一期出资，公司即可以成立，没有缴纳部分委托董事会在公司成立后进行筹集，企业成立时的实收资本与注册资本可以不一致。三是折衷资本制。即企业成立时，确定资本金总额，不一定一次筹足，但规定了首期出资的数额或比例以及最后一期缴清资本的期限。资本金可以一次或分期筹集。企业资本金是一次筹集还是分期筹集，应根据国家有关法律法规以及合同、章程的规定来确定。例如有限责任公司的股本总额由股东一次认足，外商投资企业的资本金则可以一次或分期筹集。如果采用一次筹集的，应当在营业执照签发之日起6个月内筹足；分期筹集的，最长期限不得超过3年，即最后一期出资应当在营业执照签发之日起3年内缴清，其中一次投资的出资比例不得低于15%，并且第一次投资的出资应当在营业执照签发之日起3个月内缴清。

（4）企业资本金的验证。企业筹集的资本金，是否符合国家法律、法规的规定，作价是否公平合理，国际上通行的做法是聘请具有公证性的注册会计师验资，签署验资报告。我国有关法律制度规定，我国企业筹集的资本金必须聘请中国注册会计师验资，出具验资报告，由企业据以发给投资者出资证明书。需要注意的是，只有在我国注册的注册会计师才有出具验资报告的资格，而在我国注册的注册会计师无论是来自会计师事务所，还是审计事务所或者其他机构，也不管是中国公民，还是外籍人士，均具有出具验资报告的资格。

（5）投资者在出资中违约及其责任。企业筹集资本金的方式、投资者出资期限等均要在投资合同和协议中约定，并在公司章程中做出规定，以确保企业能够及时、足额筹集资本金。如果投资者未按合同、协议和公司章程的约定按时足额出资，即为投资者违约，企业和其他投资者可以依法追究其违约责任。国家有关部门还应按照国家有关规定对企业和其他违约者进行处罚。投资者在出资中的违约责任主要分为两大类：一是投资一方违约，企业和投资者可以按照合同、协议和章程的规定，依据法律程序要求违约方支付迟延出资的利息，赔偿经济损失；二是投资各方均违约或外资企业不按规定出资，则由工商行政管理部门进行处罚。

2. 企业资本金管理。企业筹集的资本金在管理上有许多方面的要求，而且企业组织形式不同在管理上的要求也不一样。一般而言，企业资本金的管理包括资本金保全以及投资者对其出资所拥有的权利和承担的义务两个方面。

（1）资本金的保全。企业筹集到资本金后，在企业生产经营期间内，投资者除依法转让外，一般不得抽回投资，就是依法转让，也有相应的条件和程序，这是国际上通行的做法。对于中外合作经营企业，如果在合作企业合同中约定合作期满时将其全部固定资产归中国合作者所有，可以在合同中约定外国合作者在合同期限内先行收回投资，但须按照法律规定和合同约定承担债务责任。如果外方合作者在缴纳所得税前收回投资的，必须报经相关部门批准。

（2）权利与义务。从投资者对其出资所拥有的权利和承担的责任看，投资者按照出资比例或者合同章程的规定，分享企业利润和分担风险。需要注意的是，现代企业的组织形式一般为有限责任公司，投资者分配利润既可以按出资比例分配，也可按合同、章程的约定分配，但分担风险和亏损一般以投资者的出资额为限，即承担有限责任。

二、股票的种类

按照不同的标准，可以对股票进行不同的分类。

（一）按股东权利和义务划分

按照股东的权利和义务划分，股票可分为普通股票和优先股票。

1. 普通股票。普通股票简称普通股，是股份有限公司依法发行的具有管理权、股利不固定的股票。普通股是股份有限公司发行的最基本、最重要的股票形式，它构成股份有限公司股本的基础。普通股也是风险最大的一种股票。持有普通股的股东是公司的基本股东，他们一般享有如下权利：

（1）经营管理权。持普通股的股东一般有权出席股东大会，有选举权、被选举权、表决权、动议提出权，从而间接地参加了公司的经营管理。

（2）盈利分配权。公司的盈利在弥补了亏损、提取了各种公积金和支付了债务及优先股股东的固定股息后，剩余部分全部分配给普通股股东。有无股利及股利的多少完全取决于公司的经营状况。如果公司经营状况很好，股东可以获得较多的股利；如果公司经营亏损，则股东根本得不到股利。

（3）财产分配权。普通股股东是公司财产的最后分配者，当公司由于经营不善等原因破产或者解散清算时，有权在公司的财产满足了其他债权人的债务请求权之后，参与分配公司的剩余财产。

（4）优先认股权。现有普通股股东在公司增发新的普通股时，有权优先按原来的持股比例认购新股，以保持其对公司资本的现有比例。如果股东认为新发行的普通股无利可图，他可以在市场上出售其优先认股权或者放弃这种权利。

（5）股份转让权。普通股股东有权在其认为适当的时机转让其所持股票，以取得现金。

2. 优先股票。优先股票简称优先股，是股份有限公司依法发行的具有一定优先权的股票。优先股的优先权主要表现在两个方面：一是优先股都有固定的股息率，且优先股的股息支付在普通股之前。当然这是指在公司有盈利时的情况。如果公司经营亏损，优先股也可能少分派或者不分派股息。二是当公司解散清算时，对公司清偿债务后的剩余财产有优先分配权。剩余财产只有在满足了优先股股东的分配要求后，才能分配给普通股股东。

但优先股与普通股相比，也有一些不利之处，主要表现在：一是优先股没有对公司业务的经营控制权和投票权，只有在公司研究涉及优先股股东利益的问题时，才有权过问。二是不能享受公司利润增长的利益。当公司经营状况良好时，优先股股东只能获得固定的股息，而普通股股东则可以获得高额股息及红利。

根据优先股具体所包含的权利的不同，优先股又有各种不同的分类：

（1）按股息是否可以累积划分，分为累积优先股和非累积优先股。累积优先股是指在任何营业年度内未支付的股利可累积起来，由以后营业年度的盈利一起支付的优先股股票。

当公司营业状况不好、无力支付固定股利时，可将应付股利累积下来，到公司营业状况好转，盈余增多，再补发这些股利。一般来说，一个公司只有把所欠的优先股股利全部支付后，才能支付普通股股利。非累积优先股是指仅按当年利润分配股利，而不予以累积补付的优先股股票。如果本年度的盈利不足以支付全部优先股股利，对所欠部分，公司不予累积计算，优先股股东也不能要求公司在以后年度中予以补付。可见，对投资者来说，累积优先股比非累积优先股具有更大的吸引力。

(2) 按优先股是否可以超过设定股息率分派股息划分，分为参加优先股和不参加优先股。参加优先股是指不仅能取得固定股利，还有权与普通股一起参加公司剩余利润分配的优先股。根据参与利润分配的方式不同，又可分为全部参加分配的优先股和部分参加分配的优先股。前者表现为优先股股东有权与普通股股东共同等额分享本期剩余利润，而后者则表现为优先股股东有权按规定额度与普通股股东共同参与本期剩余利润分配，超过规定额度部分，归普通股所有。不参加优先股是指不能参加剩余利润分配，只能取得固定股利的优先股。

(3) 按优先股是否可转换为普通股划分，分为可转换优先股和不可转换优先股。可转换优先股是指股东可在一定的条件下把优先股转换成普通股的股票。对这类股票一般都规定了转换的条件和转换的比例。转换比例应预先根据优先股和普通股的现行价格而确定。持有这类股票的股东可以根据公司的经营状态和股市市情自行决定是否将其转换为普通股。不可转换优先股是指不能转换为普通股的优先股，不可转换优先股只能获得固定股利报酬，而不能获得转换收益。

(4) 按优先股是否可以被予发行公司赎回划分，分为可赎回优先股和不可赎回优先股。可赎回优先股是指股份有限公司发行的附有可赎回条款、允许公司在一定时期按约定条款赎回的优先股。其赎回价格在条款中即已规定，一般略高于优先股的面值。公司发行这类股票的目的主要是为了减轻固定股息负担。至于是否收回，在什么时候收回，则由发行股票的公司来决定。不可赎回优先股是指股票发行公司无权从持股人手中赎回优先股。由于优先股都有固定股利，不可赎回优先股一经发行，便会成为一项永久性的财务负担。因此，在实际工作中，股份公司一般很少发行不可赎回优先股。

(5) 按股息率是否可以调整划分，分为可调整优先股和不可调整优先股。可调整优先股是指股息率可以随其他证券价格或市场利率的变化而进行调整的优先股。公司发行这类股票的目的在于保护股东权益以便扩大股票发行规模。不可调整优先股是指股息率不能调整的优先股。常见的优先股股票一般都是不可调整优先股。

（二）按股票票面是否记名划分

按照股票票面是否记名划分，股票可分为记名股票和无记名股票。

1. 记名股票。记名股票是指将股东姓名或名称记载在股票票面和股东名册上的股票。记名股票要同时附有股权手册，只有同时具备股票和股票手册，才能领取股息和红利。我国《公司法》规定，公司向发起人、国家授权投资的机构、法人发行的股票，应为记名股票；向社会公众发行的股票，可为记名股票，也可为无记名股票。记名股票的转让、继承都必须办理过户手续。

2. 无记名股票。无记名股票是指在股票上不记载股东姓名或名称的股票。凡是持有无记名股票的人，即成为公司的股东。无记名股票的转让、继承无须办理过户手续，只要将股票交给受让人，就可发生转让效力，移交股权。

（三）按股票票面有无金额划分

按照股票票面有无金额划分，股票可分为面值股票和无面值股票。

1. 面值股票。面值股票是指在股票的票面上记载每股金额的股票。股票面值的主要功能是确定每股股票在公司所占有的份额；同时，还表明在股份有限公司中股东对每股股票所负有限责任的最高限额。我国《公司法》规定，股票应当标明票面面值。

2. 无面值股票。无面值股票是指在股票的票面上不记载每股金额的股票。无面值股票仅表示每一股在公司全部股本中所占有的比例，其价值随公司财产价值的增减而增减。在公司经营过程中，股份的实际价值与股票发行时的价值往往不一致，应根据股票股权来确定股份的实际价值。

（四）按股票的投资主体划分

按照股票的投资主体划分，股票可分为国家股、法人股、个人股和外资股。

1. 国家股。国家股是指有权代表国家投资的政府部门和机构以国有资产投入股份有限公司所获得的股票。国家股由国务院授权的部门和机构，或根据国务院的规定由地方人民政府授权的部门或机构持有，并委派股权代表。国家股这部分资金形成公司的国家资本金。目前国家股基本上是普通股，参与企业的经营管理。

2. 法人股。法人股又称企业股，是指法人单位以其依法可支配的资产投入股份有限公司所获得的股票。法人股这部分资金形成公司的法人资本金。从目前的法人股形成的方式看，它可以分为发起人法人股和社会法人股两种。发起法人股是指股份公司的发起人依法定比例所认购的股份，这是公司的原始股份，在一定的时间里是不能转让的；社会法人股是由社会法人在一级市场上认购的公司公开发行的法人股，它也是一种普通股，但在规定的时间里不能流通。

3. 个人股。个人股是指社会个人或公司内部职工以个人合法财产投入股份有限公司所获得的股票，主要包括社会公众股和内部职工股。我国对个人股做了许多具体规定，如一个自然人所持股份（不含外国和我国香港、澳门、台湾地区投资者所持外资股）不得超过公司股份总额的5‰。定向募集公司内部职工认购的股份，不得超过公司股份总额的20%。社会募集公司的本公司内部职工认购的股份，不得超过公司向社会公众发行部分的10%。由定向募集公司转为社会募集公司者，超过此限时不得再向内部职工配售股份。社会募集公司向社会公众发行的股份，不少于公司股份总数的25%。国家另有规定的除外。

4. 外资股。外资股是指外国投资者及我国香港、澳门、台湾地区投资者投资于股份有限公司所获得的股票。外资股是指上述境外投资者以外汇进行买卖的股票，包括人民币特种股票B股、在香港上市的H股和在美国纽约上市的N股。

B股,即境内人民币特种股票,是一种以人民币标明股票面值,原是仅供境外投资者以外汇买卖的股票,现在也允许境内的法人和个人买卖B股,但买卖必须用合法现汇资金。目前我国上海证券交易所的B股以美元为交易工具,深圳证券交易所的B股以港元为交易工具。H股,指内地的企业发行在香港联交所上市流通的股票,它专供境外投资者买卖交易。除了H股外,还有在纽约上市的N股和在新加坡上市的S股,它们都是以上市地的英文第一个字母命名的。

除了以上几种基本的股票分类方法外,股票还有一些其他的分类方法,如按照股票发行时间的先后划分,股票可分为始发股和新股。始发股是公司设立时发行的股票,新股是公司增资时发行的股票。始发股和新股的具体发行条件、目的、价格不尽相同,但股东的权利、义务是一致的。目前我国还按照股票发行对象和上市地区,将股票分为A种股票、B种股票、H种股票、N种股票,简称A股、B股、H股、N股。

三、股票发行

股票的发行是指股份有限公司为设立公司或筹集资本,依照法律规定发售股份并收取股款的行为。

(一) 股票发行的目的

股份有限公司发行股票的目的是公司决定股票发行方式、发行程序、发行条件的前提。公司发行股票的目的主要有以下两个方面:

1. 为筹集资金而发行股票。为筹集资金而发行股票是最基本、最主要的目的。具体来说主要有:

(1) 设立新的股份公司。股份有限公司成立时,通常以发行股票的方式来筹集资金,满足经营的需要。股份有限公司通过发行股票,吸引投资者购买股票,使其成为公司的股东,以获得长期稳定的经营资金,从而达到预定的资本规模,加强公司的实力。

(2) 扩大经营规模。股份有限公司成立以后,会因为不断扩大生产经营范围和规模、提高公司竞争力而新建项目或购置先进设备,因而需要筹集资金,这时,也可以通过发行股票来达到目的。通常人们把这类股票发行称为增资发行。公司新发行的股票就先由目前的股东按一定的比例优先认购,其余部分再向社会公众发售。

2. 为其他目的而发行股票。

(1) 扩大公司的影响。发行股票必须经过严格审查,遵循一定的原则,公司的有关重大情况都必须公之于众,这无疑能有效地宣传公司的产品,有力地证明公司的实力,极大地提高公司的信誉,扩大公司的影响力,公司的知名度也会大大地提高。这样发行股票既筹集了资金,又扩大了公司的影响。

(2) 分散公司的经营风险。随着股份有限公司的发展,一般需要不断地扩大经营规模,但原投资者的财力往往有限,而且继续出资往往意味着风险过于集中。在这种情况下,可能通过发行股票,既能满足扩大资本规模的要求,又能吸引更多的资本,从而把经营风险分散给其他股东。

(3) 股票的分割。股票的分割是指股份有限公司将某一特定的新股按一定的比例交换一定数额流通在外的股份的行为，也称为折股。当公司经营成功，股份迅速上涨时，股票分割可以降低股票的价格。从股份有限公司的角度出发，股票价格高，不利于股票交易活动，只有价格降至一个合适的水平，才便于人们购买和转让，才可以吸引更多的大众投资者，进而提高股票的价值，有利于公司价值的极大化。

此外，发行股票的其他目的还有：(1) 发放股票股利时的股票发行；(2) 交换公司发行的可转换证券转为股票；(3) 将公司资产重估的增值部分转化为资本金；(4) 无偿配股时的股票发行等。

(二) 股票发行的条件

股票的发行必须遵循一定的法律和规定。股份有限公司发行股票必须具备一定的发行条件，取得发行资格，并在办理必要的手续后才能发行。

1. 发行股票的一般条件。

(1) 股份有限公司无论出于何种目的，采取何种发行方式，在发行股票之前都必须向有关部门呈交申请文件，以取得发行资格，这些文件包括：

公司章程。股份有限公司章程的主要内容应包括：公司名称、地址、经营范围、设立方式、股份总数、注册资本和每股金额、股东权利和义务、公司组织管理体制、利润分配办法、公司解散事宜与清算办法等。

发行股票申请书。股份有限公司发行股票一般都应事先向证券主管机构等有关部门提出申请。发行股票申请书除了应有公司章程基本内容以外，还应包括：拟发行股票的名称、种类、股份总额、每股金额和总额、发行对象及其范围、发行股票目的及所筹集资金的用途、经营估算、分配方式等。

招股说明书。股份有限公司发行股票，必须订立招股说明书，向社会公开募集股份时必须公告招股说明书。招股说明书除附有公司章程外，还应载明下列事项：发起人认购的股份数、每股票面金额和发行价格、无记名股票的发行总数、认购人的权利和义务、股票发售的起止时间等。

股票承销协议。股份有限公司向社会公开发行股票，应当和依法设立的证券经营机构承销，签订承销协议。承销协议的主要内容包括：股票承销商的名称、地址、法定代表人、承销金额、承销机构及组织系统、承销方式及当事人的权利和义务、承销费用、承销起止日期、承销剩余部分的处理办法等。

此外，还有会计师事务所审计的财务会计报告、资产评估机构出具的资产评估报告书及资产评估确认机构关于资产评估的确认报告等。

(2) 股份有限公司发行股票，分为设立发行和增资发行两种。根据我国《公司法》的规定，不论是设立发行还是增资发行，都必须遵循下列要求：

股份有限公司的资本划分为股份，每股金额相等；公司的股份采取股票的形式；股票的发行实行公开、公平、公正的原则，必须同股同权、同股同利；同次发行的股票，每股的发行条件和价格相同，任何单位或者个人所认购的股份，每股应当支付相同金额；股票发行价格可以按票面金额，也可以超过票面金额，但不低于票面金额；溢价发行股票，须经国务院证券管理部门批准，所得溢价款列入公司资本公积金。

2. 设立发行股票的特殊条件。设立发行股票是指在股份有限公司设立或经改组、变更而成立股份有限公司时，为募集资本而进行的股票发行，即为公司首次发行股票。公司首次发行股票，一般应满足一定的要求。

（1）新设立股份有限公司首次发行股票，需具备的特殊条件有：发起人认购和社会公开募集的股本须达到法定资本最低限额；发起设立必须由发起人认购公司应发行的全部股份；募集设立的，发起人认购的股份不得少于公司股本总额的35%，其余部分向社会公开募集；发起人须有5人以上，其中必须有过半数者在中国境内有住所；发起人以工业产权、非专利技术作价出资的金额不得超过公司注册资本的20%。

（2）原国有企业改组为股份有限公司时，发起人可以少于5人，但应当采取募集设立方式发行股票。

（3）有限责任公司变更为股份有限公司时，折合的股本总额应等于公司净资产额；原有限责任公司的债权、债务由变更后的股份有限公司承担；变更后的股份有限公司若为了增加资本，首次向社会公开募集股份，需具备向社会公开募集股份的有关条件。

3. 增资发行股票的特殊条件。增资发行股票是指股份有限公司成立后因增加资本而进行的股票发行。按照我国《公司法》的规定，增资发行股票必须具备下列条件：

（1）前一次发行的股份已募足，且间隔在1年以上；

（2）公司在最近3年内连续盈利，并可向股东支付股利，但从当年利润中分派新股不受此限；

（3）公司在最近3年内财务会计文件无虚假记载；

（4）公司预测利润率可达同期银行存款利率。

（三）股票发行的程序

国家对股票的发行程序有严格的法律规定，未经法定程序发行的股票无效。设立发行和增资发行在程序上有所不同。

1. 设立发行股票的程序。股份有限公司设立时发行股票的基本程序如下：

（1）发起人认足股份，交付出资。股份有限公司的设立，可以采取发起设立或募集设立两种方式。若采用发起设立方式，须由发起人认购公司应发的全部股份；若采用募集设立方式，须由发起人至少认购公司应发行股份的法定比例（不少于35%），其余部分向社会公开募集。

在发起设立方式下，发起人以书面形式认购公司章程规定应认购的股份后，应立即缴纳全部股款。以实物、工业产权、非专利技术或土地使用权抵作股款的，应依法办理其财产权的转移手续。发起人交付全部出资后，应选举董事会和监事会，由董事会办理设立登记事项。在募集设立方式下，发起人认购其应认购的股份并交付出资后，其余股份向社会公开募集。

（2）提出募集股份申请。发起人向社会公开募集股份时，必须向国务院证券管理部门递交募股申请报告，并报送批准设立公司的文件、公司章程、经营估算书、发起人姓名或名称、发起人认购股份情况、验资证明、招股说明书等书面文件。

证券管理部门审查募股申请后，认为符合《公司法》规定条件的，予以批准；否则，不予批准。已做出批准后若发现不符合《公司法》规定的，将被依法撤销。尚未募集股份的，停止募集；已经募集的，认股人有权按照所缴股款加计银行同期存款利息，要求发起人返还和补偿。

（3）公告招股说明书，制作认股书，签订承销协议。在获准公开募股之前，任何人不得以任何方式泄露招股的具体情况。募股申请获得批准之后，发起人应在规定期限内公告招股说明书，并制作认股书。招股说明书应附有发起人制定的公司章程，载明发起人认购的股份数、每股的票面金额和发行价、无记名股票的发行总数、认股人的权利和义务、本次募股的起止期限、逾期未募足时认股人可撤回所认股份的说明等事项。认股书应当载明招股说明书的所列事项，由认股人填写所认股数、金额及认股人住所，并签名、盖章。

发起人向社会公开发行股票，应委托依法设立的证券承销机构承销，并签订承销协议；此外，还应同银行签订代收股款协议。

（4）招认股份，缴纳股款。发行股票的发起人或其股票承销机构，通常以广告或书面通知的方式招募股份。认购者认股时，需在由发起人制作的认股书上填写认购股数、金额及认购人住所，并签名、盖章。认购者一旦填写、确认了认股书，就要承担认股书中约定缴纳股款的义务。如果认购者所认购总股数超过发起人拟招募总股数时，可以采取抽签方式决定。认股人应在规定的期限内向代收股款的银行缴纳股款，同时交付认股书。收款银行应向缴纳股款的认股人出具须由发起人签名、盖章的股数缴纳收据，并负责向有关部门出具收缴股款的证明。股款缴足后，发起人应委托法定机构验资，出具验资证明。

（5）召开创立大会，选举董事会、监事会。发行股份的股款募足后，发起人必须在规定期限内（法定为30天）主持召开创立大会。创立大会由认股人组成，应有代表股份总数半数以上的认股人出席方可举行。创立大会通过公司章程，选举董事会和监事会的成员，并可以对公司的设立费用进行审核，对发起人用作抵充股款的财产的作价进行审核。

（6）办理公司设立登记，交割股票。经创立大会选举产生的董事会，应在创立大会结束后30天内，办理公司设立登记事宜。股份有限公司登记成立后，即向股东正式交付股票。公司登记成立前不得向股东交割股票。

按照《公司法》的规定，股票采用纸面形式或由国务院证券管理部门规定的其他形式。股票应当载明下列主要事项：公司名称、公司登记成立的日期、股票种类、票面金额、股份数、股票的编号。发起人的股票还应标明发起人股票字样。股票需由董事会签名，公司盖章。

2. 增资发行股票的程序。股份有限公司成立后，在其存续期内为增加资本，可以多次发行新股。增资发行新股的基本程序如下：

（1）做出发行新股的决议。公司应根据企业生产经营情况，在认真分析和研究的基础上，提出发行新股的计划，提交董事会或股东大会讨论表决。根据资本授权制度，在授权限额内，股票的发行可由董事会决定，但超过授权限额，应由股东大会表决。决议的内容主要包括：新股种类及数额、新股发行价格、新股发行的起止日期、向原有股东发行新股的种类及数额等事项。公司发行新股的种类、数额及发行价格，需根据公司股票市场上的推销前景、公司筹资的需要、公司盈利和财产增值情况，并考虑发行成本予以确定。

（2）提出发行新股的申请。公司做出发行新股的决议后，董事会必须向国务院授权的部门或省级人民政府申请批准。属于向社会公开募集的新股，须经国务院证券管理部门批准。

（3）公告招股说明书，制作认股书，签订承销协议。公司经批准向社会公开发行新股时，必须公告新股招股说明书和财务会计报表及附表，并制作认股书，还需和依法设立的证券经营机构签订承销协议。

（4）招认股份，缴纳股款，交割股票。这一程序与设立发行股票相同。

（5）改选董事、监事，办理变更登记。公司发行新股募足股款后，应立即召开股东大会，改选董事、监事。然后必须向登记机关办理变更登记并向社会公告，以履行公司对社会公众所负的信息披露义务。

四、股票上市

（一）股票上市的意义

股票上市是指股份有限公司公开发行的股票符合规定的条件，经批准在证券交易市场作为交易对象进行交易。经批准在证券交易所上市交易的股票，称为上市股票，有发行上市股票的公司称为上市公司。

股票上市作为一种有效的筹资方式，对公司的成长起着重要的作用。股份有限公司申请股票上市，基本目的是为了增强本公司股票的吸引力，形成较为稳定的资本来源，能在更大范围内筹措增量资本，能迅速改善公司财务状况；股票上市能提高公司所发行股票的流动性和变现性，便于投资者认购、交易；股票上市也能促进公司股权的社会化，防止股权过于集中；股票上市还能提高公司的知名度，给公司带来良好的声誉，从而吸引更多的顾客，扩大公司的销售；股票上市能有助于确定公司增发新股的发行价格；利用股市行情，还能对公司的财务状况和经营成果进行客观评价，促使公司不断改进经营管理，有利于促进公司实现财富最大化目标。因此，不少公司都积极创造条件，争取其股票上市。

但是，股票上市对公司而言，也有一些不利因素，主要包括：国家证券管理机构要求上市公司将关键的经营情况向社会公众公开，使公司失去了"隐私权"，公司的商业秘密可能暴露；股票上市可能会分散公司的控制权；股票上市需要很高的费用，如资产评估费用、股票承销费用、律师费用、注册会计师费用、材料印刷费用、登记费用等；股票上市后股市的人为波动可能会歪曲公司的实际状况，损害公司的声誉。因此，在做出股票上市的决定前，公司应该非常慎重地考虑，并且应该尽可能向有关专家进行咨询，以便做出的决策能够达到预期目的。

1. 股票上市的条件。股票上市必须具备一定的条件。我国《证券法》规定，我国股份公司上市必须符合下列条件：

(1) 股票经国务院证券管理部门批准已向社会公开发行。

(2) 股本总额不少于人民币 5 000 万元。

(3) 开业时间在三年以上,最近三年连续盈利。

(4) 持有股票面值达人民币 1 000 元以上的股东人数不少于 1 000 人,向社会公开发行的股份达公司股份总额的 25% 以上;公司股本总额超过人民币 4 亿元的,其向社会公开发行股份的比例为 15% 以上。

(5) 公司在最近三年内无重大违法行为,财务会计报告无虚假记载。

(6) 国务院规定的其他条件。

2. 股票上市的暂停与终止。根据《公司法》规定,上市公司有下列情形之一的,由国务院证券管理部门决定暂停其股票上市。

(1) 公司股本总额、股权分布等发生变化不再具备上市条件(在限期内未能消除的终止其股票上市);

(2) 公司不按规定公开其财务状况,或者对财务会计报告作虚假记载(后果严重的终止其股票上市);

(3) 公司有重大违法行为(后果严重的终止其股票上市);

(4) 公司最近三年连续亏损(在限期内未能消除的终止其股票上市)。

此外,公司决议解散、被行政主管部门依法责令关闭或者被宣告破产的,由国务院证券管理部门决定终止其股票上市。

五、股票筹资方式评价

(一) 普通股筹措资金的优点

1. 发行普通股筹措资金具有永久性、无到期日、不需归还的优点。这对保证公司对资金的最低需要,维持公司长期稳定发展极为有益。

2. 发行普通股筹资没有固定的股利负担,股利的支付与否和支付多少,视公司有无盈利和经营需要而定,经营波动给公司带来的财务负担相对较小。由于普通股筹资没有固定的到期还本付息的压力,所以筹资风险较小。

3. 发行普通股筹集的资金是股份公司最基本的资金来源,它反映了公司的实力,可作为其他方式筹资的基础,尤其可为债权人提供保障,增强公司的举债能力。

4. 由于普通股的预期收益较高并可一定程度地抵消通货膨胀的影响,因此普通股筹资容易吸收资金。

(二) 普通股融资的缺点

1. 普通股的资本成本较高,此外,普通股的发行费用一般也高于其他证券。

2. 以普通股筹资会增加新股东,这可能会分散公司的控制权。此外,新股东分享公司未发行新股前积累的盈余,会降低普通股的每股净收益,从而可能引发股价的下跌。

第四节 租赁筹资

一、租赁种类

现代租赁的种类很多，按不同的标准可以划分为不同的类别。

（一）按租赁的性质分类

租赁按性质划分，可分为经营租赁和融资租赁。

1. 经营租赁。经营租赁也称营运租赁或服务租赁，是以满足承租人临时使用资产的需要为目的而发生的租赁业务。经营租赁通常为短期租赁。

承租企业采用经营租赁的目的，主要不是融通资金，而是为了获得设备的短期使用以及出租人提供的专门技术服务。当然从承租企业无须先筹资再购买设备即可享有设备使用权的角度看，经营租赁也有短期筹资的功效。

经营租赁的特点主要有：（1）承租企业可随时向出租人提出租赁资产要求；（2）租赁期短，不涉及长期而固定的义务；（3）租赁合同比较灵活，在合理限制条件范围内，可以解除租赁契约；（4）租赁期满，租赁资产一般归还给出租者；（5）出租人提供专门服务，如设备的保养、维修、保险等。

2. 融资租赁。融资租赁也称财务租赁或筹资租赁，是由出租者按照承租企业的要求融资购买设备，并在契约或合同规定的较长期限内提供给承租企业使用的信用性业务。它是现代租赁的主要形式，通常为长期租赁。

融资租赁的特点主要有：（1）一般由承租人向出租人提出正式申请，由出租人融通资金引进用户所需设备，然后再租给用户使用；（2）租期较长，融资租赁的租期一般为租赁财产寿命的一半以上；（3）租赁合同比较稳定，在融资租赁期内，承租人必须连续支付租金，非经双方同意，中途不得退租，这既能保证承租人长期使用资产，又能保证出租人在基本租期内收回投资并获得一定的利润；（4）在租赁期间内，出租人一般不提供维修和保养设备等方面的服务；（5）租赁期满后，可选择设备作价转让给承租人或由出租人收回或延长租期续租的办法处理租赁财产。

（二）按融资租赁的形式分类

融资租赁按形式划分，可以分为直接租赁、售后租回和杠杆租赁。

1. 直接租赁。直接租赁是指承租人直接向出租人租入所需要的资产，并付租金。直接租赁的出租人主要是制造商、租赁公司。除制造商外，其他出租人都是从制造商处购买资产出租给承租人的。直接租赁是融资租赁的典型租赁形式。

2. 售后租回。售后租回又称返租赁，是指承租人将拥有的设备先按账面价或市场价出售给租赁公司，然后再从该租赁公司原封不动地租回，按租赁合同规定分期支付租金。售后租回有点类似于抵押贷款。通过售后租回，承租人既可以将长期资金转化为流动资金，增强了资金的流动性，又可以继续使用原有设备，有利于企业提高资金的使用效率。

3. 杠杆租赁。杠杆租赁是指出租人对较大金额的项目只提供一部分投资，其余部分通过以出租的设备为抵押，向银行等金融机构借款支付，然后出租人将设备使用权出租给承租人使用的一种租赁方式。

杠杆租赁要涉及承租人、出租人和资金出借者三方当事人。从承租人的角度看，这种租赁与其他租赁形式并无区别。但对出租人却不同，出租人只出购买所需的部分资金（约30%）作为自己的投资；另外以该资产作为担保向资金出借者借入其余资金（约70%）。因此，它既是出租人又是借款人，同时拥有对资产的所有权，既收取租金又要偿付债务。如果出租人不能按期偿还借款，那么资产的所有权就要转归资金出借者。

此外，租赁还可按期限的长短分为短期租赁和长期租赁，按业务区域分为国际租赁和国内租赁等类别。

二、租赁的程序

不同的租赁业务，具体的租赁程序也不完全相同。现以融资租赁为例介绍其程序。

（一）选择租赁公司

企业决定采用租赁方式筹取某项设备时，首先需了解各个租赁公司的经营范围、业务能力以及与其他金融机构的关系和资信情况，取得租赁公司的融资条件和租赁费率等资料，并加以比较，从而择优选定。我国现行财务制度规定，企业通过融资方式租入设备，应向国家批准成立的租赁公司办理。

（二）办理租赁委托

企业选定租赁公司后，便可向其提出申请，办理委托。这时，承租企业必须填写"租赁申请书"，说明对所需设备的具体要求，同时还要提供企业的财务状况文件，包括资产负债表、损益表和现金流量表等财务资料，以便租赁公司了解企业的情况，估算其出租的风险程序。

（三）选择设备

设备的选择有几种方法可供使用：(1) 由企业委托租赁公司选择设备，商定价格；(2) 由企业先同设备供应商签订购买合同，然后将合同转给租赁公司，由租赁公司付款；(3) 经租赁公司指定，由企业代其订购设备，代其付款，并由租赁公司偿付货款；(4) 由租赁公司和承租企业协商洽购设备等。

（四）签订购货协议

由承租企业和租赁公司中的一方或双方，与选定的设备供应厂商进行购买设备的技术与商务谈判，在此基础上签订购货协议。

（五）签订租赁合同

租赁合同系由承租企业与租赁公司签订的，它是租赁业务的重要法律文件。融资租赁合同的内容可分为一般条款和特殊条款两部分。

1. 一般条款。融资租赁合同一般条款主要包括以下内容：
（1）合同说明。主要明确合同的性质、当事人身份、合同签订的日期等。
（2）名词解释。解释合同中重要的名词，以避免歧义。
（3）租赁设备条款。详细列明租赁设备名称、规格型号、数量、技术性能、交货地点及使用地点等。
（4）租赁设备交货、验收条款，以及税务、使用条款。
（5）租期和起租日条款。
（6）租金支付条款。规定租金的构成、支付方式和货币名称，这些内容通常以附表形式列为合同附件。

2. 特殊条款。融资租赁合同特殊条款主要包括以下内容：
（1）购货合同与租赁合同的关系；
（2）租赁设备的所有权；
（3）租期中不得退租；
（4）对出租人和承租人的保障；
（5）承租人违约和对出租人的补救；
（6）设备的使用和保管、维修和保养；
（7）保险条款；
（8）租赁保证金和担保条款；
（9）租赁期满对设备的处理条款等。

（六）办理验货与投保

承租企业收到租赁设备，要进行验收。验收合格，签发交货及验收证书并提交给租赁公司，租赁公司据以向厂商支付设备价款。同时承租企业向保险公司办理投保事宜。

（七）支付租金

承租企业按规定的租金数额、支付方式，向租赁公司分期缴纳租金。

（八）租赁期满处理设备

融资租赁合同期满时，承租企业应按照租赁合同的规定，实行退租、续租或留购。在融资租赁中，租赁期满的设备一般以低价卖给承租企业或无偿转给承租企业。

三、租金的计算

在融资租赁的筹资方式下，承租企业要按合同规定向租赁公司支付租金。租金的数额和支付方式对承租企业的未来财务状况具有直接的影响，也是租赁筹资决策的重要依据。

（一）决定租金的因素

融资租赁每期支付租金的多少，主要取决于以下几项因素：

1. 租赁设备的购置成本。租赁设备的购置成本包括设备的买价、运杂费和途中保险费等。根据我国的实际情况，有相当一部分租赁项目的运输费是由承租企业直接支付的，在计算租金时运输费不应包括在租赁设备的购置成本中。同样，租赁设备的安装调试费若由承租企业直接支付，在计算租金时安装调试费也不应包括在租赁设备的购置成本中。若上述两项费用均由出租人支付，则在计算租金时均应包括在租赁设备的购置成本中。

2. 租赁设备的预计残值。租赁设备的预计残值是指设备租赁期满时预计可变现的净值。

3. 利息。利息是指租赁公司为购买租赁设备所筹资金的成本，即设备租赁期间的利息。利息是影响租金的重要因素。利息的高低取决于租赁设备的购置成本、利率、租期、租金支付方式等因素。租赁设备购置成本高，利息费越大；反之，则越小。利率越高利息费越大，利率越低利息费越小。

4. 租赁手续费。租赁手续费包括租赁公司承办租赁设备的营业费用以及一定的盈利。租赁手续费的高低一般没有固定标准，通常由承租企业与租赁公司协商确定。一般是按租赁设备购置成本的一定比例计算的。

5. 租赁期限。一般而言，租赁期限的长短既影响租金总额，也影响到每期租金的数额。租赁期越长，承租人占用出租人资金的时间也越长，承租人每期支付的租金额就越小，租金总额就越大，承租人承受的利息就越大。

6. 租金的支付方式。租金的支付方式也影响到租金的计算。支付租金的方式一般有以下几类：

（1）按支付时间长短，可以分为年付、半年付、季付和月付等方式。

（2）按支付时间的先后，可以分为先付租金和后付租金。先付租金是指在期初支付；后付租金是指在期末支付。

（3）按每期支付金额，可以分为等额支付和不等额支付两种。

租金的支付方式影响每期租金的多少。一般而言，租金支付次数越多，每次支付的金额就越小。在实务中，承租企业与租赁公司商定的租金支付方式，大多为年末支付等额年金。

（二）租金的计算方法

租金的计算方法很多，目前比较流行的计算方法主要有直线法、等额年金法、附加率法、浮动利率法。在我国融资租赁实务中，大多采用直线法和等额年金法。

1. 直线法。直线法也称平均期限法，先以商定的利率和手续费率计算出租期间的利息和手续费，再加上设备购置成本，按支付次数确定每期应支付租金的方法。这种方法没有充分考虑货币时间价值因素。直线法每次应付租金的计算公式如下：

$$R = [(C - S) + I + F] \div N$$

式中：R 为每次支付租金；C 为租赁设备购置成本；S 为租赁设备预计残值；I 为租赁期间利息；F 为租赁期间手续费；N 为租赁期限。

[例6] 某企业于本年1月1日从租赁公司租入一套设备，价值100万元，租期10年，预计租赁期满时的残值为5万元，归租赁公司，年利率按10%计算，租赁手续费为设备价值的2%，租金每年末支付一次。则该套设备租赁每次支付的租金可计算为：

$I = 100 \times (1 + 10\%)^{10} - 100 = 159$（万元）
$F = 100 \times 2\% = 2$（万元）
$R = [(100 - 5) + 159 + 2]/10 = 25.69$（万元）

2. 等额年金法。等额年金法是将一项租赁资产在未来各租赁期内的租金金额按一定的贴现系数予以折现，使其现值总额恰好等于租赁资产的购置成本。在这种方法下，通常要将综合利率和手续费率确定一个租赁费率，作为贴现率。因租金有先付租金和后付租金两种方式，因此，等额年金法又可分为等额年金后付法和等额年金先付法两种。

（1）等额年金后付法。承租企业与租赁公司商定的租金支付方式，大多为后付等额租金，即普通年金。等额年金后付法的计算公式如下：

$R = C/(C/R, i, n)$

式中：R 为每次支付租金；C 为租赁资产购置成本；$(C/R, i, n)$ 为 n 期后付年金现值系数；n 为支付租金次数；i 为租赁费率，即贴现率。

[例7] 某企业于年初从租赁公司租入一套设备，价值100万元，租期为10年，租赁期满时的残值归承租企业，年利率为10%，手续费为设备价值的2%。租金每年年末支付一次。则该套设备每次支付的租金可计算如下：

首先，确定租赁费率 i。假定根据年利率10%加上手续费率2%来确定，则租赁费率定为12%；其次，计算每次支付的租金金额：

$R = C/(C/R, i, n)$
$\quad = 100/(C/R, 12\%, 10)$
$\quad = 100/5.6502$
$\quad = 17.7$（万元）

等额年金后付法的特点是：1）每期所付租金是等额的，对承租人来说，负担均衡便于合理安排资金；2）每期租金中所含利息呈递减趋势；3）每期租金中所含本金呈递增趋势。由于等额年金后付法具有以上特点，且计算较为方便，因此，它是国内外普遍采用的方法之一。

（2）等额年金先付法。承租企业有时可能会与租赁公司商定，采取先付等额租金的方法支付租金。等额年金先付法的计算公式如下：

$R = C/[(C/R, i, n-1) + 1]$

仍以上例的资料为例，其每次支付的租金可以计算为：

$$R = 100/[(C/R, 12\%, 9) + 1]$$
$$= 100/(5.3283 + 1)$$
$$= 15.8 （万元）$$

等额年金先付法的特点是：1）每期所付租金等额，承租人租金负担是均衡的。2）由于第一期租金是在租赁开始时支付，因此，第一期租金不含利息，即100%的本金收回。基于这个缘故，有的租赁公司甚至将第一期租金视为变相的定金，这样，先付计算的利息总额比后付计算的利息总额要低。3）从第二期起租金中所含利息呈递减趋势，所含本金呈递增趋势。

3. 附加率法。附加率法是指在租赁资产购置成本的基础上，再加上一项特定的比率来计算租金的方式。附加率法的计算公式为：

$$R = [C(1 + n \times i) \div n] + C \times r$$

式中：R 为每次支付租金；C 为租赁资产购置成本；n 为支付租金次数；i 为利率；r 为附加率。

[例8] 某企业于本年1月1日从租赁公司租入一套设备，价值100万元，租期10年，租金每年年末支付一次。年利率为10%，附加率为3%。则该套设备每年支付的租金可计算为：

$$R = 100 \times (1 + 10 \times 10\%)/10 + 100 \times 3\% = 23 （万元）$$

附加率法的特点是：（1）每期期末等额支付租金；（2）公式中的分子部分是按单利计息 n 期后本息和的计算公式，每期租金是由 n 期后的本息和分成的 n 等份再加上按附加利率计算的利息所构成。由于对分期偿还的租金在整个租赁期内照常收取利息，所以在成本、利率、租期相同的条件下用附加率计算的租金总额比前面介绍的等额年金法要多。

四、租赁筹资方式评价

通过租赁资产筹集资金，对承租企业既有利也有弊，应认真分析进行选择。

（一）租赁筹资的优点

与其他筹资方式相比，租赁筹资有以下优点：

1. 筹资速度快。租赁设备往往比借款购置设备更迅速、更灵活。因为租赁是筹资与设备购置同时进行的，可以缩短设备的购进、安装时间，使企业尽快形成生产能力，有利于企业尽快占领市场，打开销路。

2. 限制条件少。企业运用股票、债券、长期借款等方式筹资，都有相当多的制约条件，而租赁筹资则没有太多的限制。

3. 减少设备陈旧过时遭淘汰风险。随着科学技术的不断进步，设备陈旧过时的风险很高，利用租赁筹资，企业可以减少这一风险。因为经营租赁期限较短，过期把设备归还出租人，这种风险完全由出租人承担；融资租赁的期限一般为资产使用年限的75%，也不会像自己购买设备那样整个期间都承担风险；多数租赁协议都规定由出租人承担设备陈旧过时的风险。

4. 租金在整个租期内分摊，可适当减轻到期还本负担。租金在整个租期内分摊，不用到期归还大量本金。许多借款都在到期日一次偿还本金，这会给财务基础较弱的企业造成相当大的困难，有时会造成不能偿付的风险。而租赁则把这种风险在整个租期内分摊，可适当减少不能偿付的风险。

5. 保存企业的借款能力。利用租赁筹资并不增加企业负债，不会改变企业的资本结构，不会直接影响承租企业的借款能力。有些企业，由于种种原因，负债比率过高，不能向外界筹措大量资金。在这种情况下，采用租赁的形式就可使企业在资金不足而又急需设备时，不付出大量资金就能及时得到所需设备。有些企业可能会发现，当它们的信用额度已全部用完，贷款协议又限制它们去进一步举债时，租赁筹集便成为最佳的选择。

6. 税收负担轻。租金费用可在税前扣除，具有抵免所得税的效用，使承租企业能享受税收上的优惠。

（二）租赁筹资的缺点

通过租赁资产筹集资金，虽有前述的一些优点，但也有其明显的不足。

1. 筹资成本高。筹资成本高是租赁筹资的主要缺点，租金总额占设备价值的比例一般要高于同期银行贷款的利率。在承租企业经济不景气、财务困难时期，固定的租金也会构成企业一项较为沉重的财务负担。

2. 丧失资产残值。租赁期满，若承租企业不能享有设备的残值，也可视为承租企业的一种机会损失。如若企业购买资产，就可享有资产残值。

3. 改良资产难。由于租赁资产的所有权一般归出租人所有，因此承租企业未经出租人同意，往往不能擅自对租赁资产加以改良，以满足企业生产经营的需要。

【习题】

一、关键概念

1. 资本金　　　2. 股票　　　3. 债券　　　4. 融资租赁
5. 经营租赁　　6. 信用债券　7. 可转换债券　8. 杠杆租赁
9. 法人股　　　10. 普通股票　11. 股票上市

二、简答题

1. 股票有哪些分类？各有哪些特点？
2. 试述优先股相对于普通股的特点。
3. 股票的设立发行与增资发行有何区别？
4. 长期借款筹资利息怎样计算？借款的偿还方式有哪几种？
5. 长期债券发行价格受哪些因素影响？发行价格是如何确定的？
6. 评价长期债券筹资方式的优缺点。
7. 融资租赁的特点是什么？融资租赁的租金怎样计算？

项目投资评价方法

【学习要点】 本章介绍了项目投资现金流量估计原则和具体运用，不同投资方案现金流量估计的区别，折旧和利息因素在现金流量估计中的运用规则；系统分析了项目投资时不考虑风险因素的投资回收期法、会计收益率法、净现值法、内部收益率法、获利指数法和动态投资回收期法等评价方法的运用和优缺点，总结了贴现的投资评价方法出现矛盾时的应用情况；说明了风险调整贴现率法、肯定当量法、敏感性分析法和决策树分析法等项目投资风险评价方法的运用。

第一节 项目投资现金流量分析

一、项目投资现金流量估计原则

一个投资项目从筹建、投资完成、交付使用到终结报废要经历相当长的时间，因此，进行长期投资决策必须认真考虑资金的时间价值，科学、客观地评价投资方案的优劣。用投资项目的利润和现金两指标评价项目投资方案，现金流的主观成分少，更能够正确、客观地反映项目的财务状况，因而，进行投资分析应该以现金的流动为基础。

长期投资决策的方法有两类：一类是不考虑货币时间价值的静态投资决策方法，它不考虑投资时间长短对时间价值的影响，方法简便直观；另一类是考虑了货币时间价值的动态（贴现）投资决策方法，它考虑投资活动引起的，不同时间的现金流出量和流入量，判断该投资活动是否经济合理，采用了贴现的方法，将其不同时点的资金价值平衡起来，以便使不同方案在同样的立足点上进行比较分析。估计投资现金流量是投资决策中最重要的，也是最基本和难以处理的。在估计现金流量时通常坚持三个原则。

（一）实际现金流量原则

现金流量是指一定时期内，投资项目实际收到或付出的现金数。凡是由于该项投资而增加的现金收入额或现金支出节约额称为现金流入量。凡是由于该项投资引起的现金支出额或现金收入减少额称为现金流出量。一定时期内现金流入量减去现金流出量的差额称为现金净流量。任何一个投资项目的现金流量都包含三个要素：现金流量的时间域；发生在各个时刻的现金流量，即指时刻的现金收入或支出；以及平衡不同时点现金流量的资金成本（利率、贴现率）。这三个要素缺一不可。

投资项目现金净流量与投资项目会计净收益（税后利润）是不相等的，投资项目现金净流量按收付实现制计算，会计净收益是按权责发生制计算的。这两者的主要区别表现在折旧费用的处理上，会计净收益将折旧作为费用从收入中扣除，抵减了当期利润，但这种折旧费并没有实际发生现金支出；从现金流量分析折旧费没有减少现金，因而，应加回到税后利润中。除折旧外，其他非付现费用，如无形资产的摊销也属于这种情况。因此，在项目投资决策中，根据投资方案的现金净流量而不是根据会计利润判断项目的取舍的。

（二）增量现金流量原则

衡量一个项目投资方案是否成功的直接指标就是看它能为企业带来多少收益，而投资方案对收益计算的准确与否关键在于对增量现金流量的分析。虽然我们对现金的流入、流出量进行了定性的概括，但在具体决策当中，要想准确地计算出所有现金流量，必须建立在增量或边际的概念基础上。只有增量现金流量才是与项目相关的现金流量。所谓增量现金流量是根据"有无"的原则，确认有这项投资与没有这项投资现金流量之间的差额。判断增量现金流量，决策者会面临以下四个问题：

1. 附加效应。在估计项目现金流量时，要以项目投资对公司所有经营活动产生的整体效果为基础进行分析，而不是孤立地考察某一项目。如某公司决定开发一种新型机床，预计该机床上市后，销售收入为 2 000 万元，但会冲击原来的普通型机床，使其销售收入减少 400 万元。因此，在投资分析时，新型机床增量现金流入量应为 1 600 万元，而不是 2 000 万元。

需要注意的是，这种销售减少必须是由本公司生产新型机床引起的。如果由于其他竞争对手生产和销售这种新型机床而引起，占了（替代）该公司普通机床的市场份额，不应从该公司生产和销售新型机床的现金流量中扣除。因为无论公司是否生产和销售新型机床，这些损失都会发生，它们属于与项目决策无关的成本。

与此相反，某些新项目可能有助于其他项目的发展。例如，某旅行社准备投资 A、B 两旅游景点，假设 A、B 两旅游景点形成后，能使该公司原在 C、D 两旅游景点的旅客增加，从而使 C、D 增加收益，这种增加的效益，对 A、B 线的投资来说是一种间接效益。在评价 A、B 线投资收益（计算 A、B 线现金流量）时，应考虑这种附加效应。

2. 沉没成本。沉没成本是指过去已经发生，无法由现在或将来的任何决策所能改变的成本。在投资决策中，沉没成本属于决策无关成本。例如，某投资项目前期工程投资 30 万元，要使工程全部完工，需追加 30 万元。如果工程完工后的收益现值为 50 万元，则应追加投资，完成这一项目。因为公司面临的不是投资 60 万元收回 50 万元的问题，而是投资 30 万元收回 50 万元的问题。企业不追加投资 30 万元，就没有 50 万元收益。此时，工程前期发生的 30 万元投资是属于决策无关的沉没成本。但如果将此投资项目变现收入为 20 万元，那么该项目前期投资与决策相关成本为20万元。如果决策者将沉没成本纳入投资成本总额中，则会使一个有利的项目变得无利可图，从而造成决策失误。一般来说，大多数沉没成本是与研究开发及投资决策前进行市场调查有关的成本。

3. 机会成本。机会成本是指在投资决策中，从多种方案中选取最优方案而放弃次优方案所丧失的收益。例如，某公司一投资项目需用房屋一幢，该公司刚好有一幢房屋，如果将其出租，可得净收入10万元；如果将这幢房屋用于项目投资，公司将损失10万元出租收入。这部分丧失的收入即为投资的机会成本，虽然机会成本并未发生现金实体的交割或转让行为，但作为一种潜在的成本，必须加以认真对待，以便为既定资源寻求最佳使用途径。

机会成本与投资选择的多样性和资源的稀缺性相联系，当存在多种投资机会，而可供使用的资源又是有限的时候，机会成本就一定存在。当考虑机会成本时，往往会使某些看上去有利可图的投资实际上无利可图甚至是亏本的投资。

4. 制造费用。在确定项目现金流量时，对于制造费用，要做进一步分析，只有那些确因本投资项目的发生而引起的费用（如增加的管理人员、租金和动力支出等），才能计入投资的现金流量；与公司投资进行与否无关的费用，则不应计入投资现金流量中。

[例1] 某公司现有一库房闲置未用，该库房的账面原值是50万元，估计现值为20万元。两年前曾实施一利用该库房的方案，为此投入设计等费用3万元，后由于某种原因，未完成。现有两个方案可以选择：一是出租，每年可得租金4万元；二是改造成车间，生产一种新产品，需购置设备等，预计支出50万元，每年可使企业增加销售收入100万元，每年付现的生产成本为70万元。投资决策成本分析见表7-1。

表7-1　　　　　　　　　　投资决策成本分析

方案		出租	改造车间
非相关成本	历史成本 沉没成本	500 000元 30 000元	500 000元 30 000元
相关成本	机会成本 （放弃变现） 付现成本	300 000元/年 200 000元	40 000元/年 200 000元 700 000元/年 500 000元

（三）税后原则

企业应该向政府纳税，在评价投资项目时所使用的现金流量应当是税后的现金流量，因为只有税后的现金流量才能与投资者的利益相关。

二、项目投资现金流量测算

投资项目现金流量，一般分为初始现金流量、经营现金流量和终结现金流量三部分。

（一）初始现金流量

初始现金流量即投资开始时（主要指项目建设过程中）发生的现金流量，一般包括以下部分：

1. 固定资产投资支出，包括厂房、建筑物的造价、设备的买价、运费、设备基础设施及安装费等。

2. 流动资产投资，即为配合固定资产投资的正常运转而投放于原材料、在产品、产成品和现金等流动资产上的资金。它一般在项目投产前后分次或一次投放于流动资产上的资金增加额。其基本计算公式为：

某年流动资金投资增加额 = 本年流动资金需用额 - 上年流动资金

其中：本年流动资金需用额 = 该年流动资产需用额 - 该年流动负债需用额。

3. 其他费用，指不属于以上各项的投资费用，如与投资项目决策有关的筹建费、职工培训费、谈判费、注册费等。

4. 原有固定资产的变价收入，指固定资产重置项目中旧设备出售收入。

5. 所得税效应，指固定资产重置项目变价收入的税负损益。

初始现金流量中重置型项目所得税效应的税负损益是估计的难点，按规定，出售资产（如旧设备）时的资本利得（出售价高于原价或账面价值的部分）应缴纳资本利得税；出售资产时发生的损失（出售价低于账面价值）可以抵减当年所得税支出。由投资引起的税负变化，应在计算投资现金流量时加以考虑。出售旧设备的现金流量与公司税的关系主要表现在以下四个方面（假设所得税税率为34%）：

（1）旧设备出售价等于其账面价值。某公司甲设备原始购价为80 000元，设备重置时的账面价值和出售价均为30 000元，由于出售旧设备损益为零，所得税效应为零，出售旧设备的现金净流量为30 000元。

（2）旧设备出售价小于其账面价值。上例中，旧设备出售价为20 000元，出售损失10 000元，税负节余3 400元（10 000×34%）。这减少的3 400元税收支出可看作是公司的现金流入量。因此出售旧设备的现金净流量为23 400元（20 000+3 400）。

（3）旧设备出售价大于其账面价值但小于其原始购价。假设上例旧设备出售价为45 000元，按规定，高于账面价值15 000元应作为收入缴纳所得税5 100元（15 000×34%）。此时，出售旧设备的现金净流量为39 900元（45 000-5 100）。

（4）旧设备出售价大于其原始购价。假设上例中，旧设备出售价为85 000元，超过原始购价的5 000元为公司资本利得，应上缴资本利得税（假设税率为40%），超过账面价值的50 000元也应作为收入缴纳公司税，这两项税收合计为19 000元（5 000×40% + 50 000×34%）。此时，出售旧设备的现金净流量为66 000元（85 000-19 000）。

（二）经营现金流量

经营现金流量是指项目建成后，在其使用寿命周期内由于生产经营所带来的现金流入和现金流出的数量，这种现金流量一般是按年计算的。经营现金流量主要包括：

1. 增量税后现金流入量，是指投资项目投产后增加的税后现金收入（或成本费用节约额）。

2. 增量税后现金流出量，是指与投资项目有关的以现金支付的各种税后成本费用（即不包括固定资产折旧费以及无形资产摊销费等）以及各种税金支出。

经营现金流量的确认可根据有关损益表的资料分析得出。其基本计算公式为:

经营现金净流量 = 收现销售收入 − 付现成本费用 − 所得税

$$= \left(收现销售收入 - 付现成本费用\right) - \left(收现销售收入 - 付现成本费用 - 折旧\right) \times 所得税税率$$

$$= \left(收现销售收入 - 付现成本费用\right) \times (1 - 所得税税率) + 折旧 \times 所得税税率$$

$$= 税后利润 + 折旧$$

式中,"折旧×所得税税率"称为税负节余,是由于折旧计入成本、冲减利润而少缴的所得税额,这部分少缴的税额形成了投资项目的现金流入量。一般情况下,销售收入都视为已收现。

(三) 终结现金流量

终结现金流量是指项目经济寿命终了时发生的现金流量,主要包括:

1. 固定资产残值变价收入以及出售时的税负损益。固定资产残值出售时税负损益的确定方法与初始投资时出售旧设备发生的税负损益相同。如果固定资产报废时残值收入大于税法规定的数额,就应上缴所得税,形成一项现金流出量,反之则可抵减所得税,形成现金流入量。

2. 垫支流动资金的收回。

3. 停止使用的土地的变价收入等。

不过,在实际决策分析中,终结现金流量往往并不单列,而是将其视为最后一年的营业现金净流量。

三、项目投资现金流量测算应注意的问题

(一) 投资方案的类型

投资方案种类不同,分析方法也不相同,对投资方案进行恰如其分的分类,是进行正确长期投资决策分析评价的前提和必要条件。常见的分类有:

1. 根据各种投资方案相互之间的从属关系可分为独立投资方案和相互排斥投资方案。

(1) 独立投资方案是指不同的投资方案各自独立存在,不受其他任何投资决策方案的影响。对于不同投资方案,其中某一方案的接受与否,既不影响其他投资方案的接受,也不受其他投资方案接受与否的影响。对于独立投资方案的经济效益评价,主要是判断该方案是否达到经济可行的最低(基准)标准,它不涉及方案之间的选优问题。

(2) 相互排斥投资方案是指多种投资方案不能同时选取,选取其中一个投资方案必须以放弃其他投资方案的选取为条件的投资方案。相互排斥投资方案的经济评价,既要分析替代方案的经济合理性,也要比较各种方案经济效益的高低,解决方案的选优问题。

2. 根据投资方案的现金流动模式可分为常规投资方案与非常规投资方案。

(1) 常规投资方案是指在建设和生产经营年限内随开始年份出现现金流出量之后,以后各年均为现金流入量的投资方案。其现金流动模式为"− + +……"或"− − +……"。

(2) 非常规投资方案是指在建设和生产经营年限内，各年净现金流量的正、负值交错出现，且正、负符号变换在一次以上的投资方案。其现金流动模式为"- + + - +……"。

（二）折旧模式与现金流量的关系

所得税是公司的一种现金流出，其大小取决于利润的大小和税率的高低，而利润的大小受折旧方法的影响。因此讨论所得税对现金流量的影响，必然涉及折旧问题。

1. 税后成本和税后收入。凡是可以减免税负的项目，其实际支付的数额并不是真实成本，而应将减少的所得税考虑进去。这种扣除了所得税影响以后的费用净额，称为税后成本。其一般公式为：

税后成本 = 实际支付 ×（1 - 税率）

式中的"实际支付"是指按税法规定可以抵免税负的成本费用，不包括购置固定资产支付的价款。

与税后成本相对应的是税后收入，由于所得税的作用，公司的营业收入并不是全部都归公司所有，有一部分要作为所得税支付而流出，这样公司实际得到的现金流入只是纳税以后的收益，即税后收入。其计算公式为：

税后收入 = 应税收入 ×（1 - 税率）

式中的"应税收入"是指根据税法规定需要纳税的收入，不包括项目结束时收回的垫支流动资金等现金流入量。

2. 折旧的抵税作用。公司计提折旧会加大成本，减少利润，从而使所得税减少，因此折旧具有抵减税负的作用。折旧对税负的影响可按下式计算：

税负减少 = 折旧额 × 税率

[例2] A、B两公司都投资10万元进行产品生产，项目有效期5年，项目投产后每年销售收入8万元，每年付现成本3万元，两项目报废后均无残值，A公司直线法折旧，B公司年数总和法折旧，分析两公司的净利润和现金流量。假设所得税税率为40%。投资项目现金流量分析见表7-2。

表7-2　　　　投资项目的现金流量和利润计算　　　　单位：万元

项目		年份	1	2	3	4	5
A公司	销售收入（1）		8	8	8	8	8
	付现成本（2）		3	3	3	3	3
	直线法折旧（3）		2	2	2	2	2
	税前净利润（4）=（1）-（2）-（3）		3	3	3	3	3
	所得税(5)=（4）×40%		1.2	1.2	1.2	1.2	1.2
	税后净利润（6）=（4）-（5）		1.8	1.8	1.8	1.8	1.8
	现金流量（7）=（3）+（6）		3.8	3.8	3.8	3.8	3.8

续表

项目	年份	1	2	3	4	5
B 公 司	销售收入（1）	8	8	8	8	8
	付现成本（2）	3	3	3	3	3
	年数总和法折旧（3）	3.33	2.67	2	1.33	0.67
	税前净利润(4)=(1)-(2)-(3)	1.67	2.33	3.00	3.67	4.33
	所得税(5)=(4)×40%	0.67	0.93	1.2	1.47	1.73
	税后净利润(6)=(4)-(5)	1	1.4	1.8	2.2	2.60
	现金流量(7)=(3)+(6)	4.33	4.07	3.8	3.53	3.27

在本例的第一年中，由于折旧方法不同，采用直线法折旧费为 20 000 元，采用年数总和法折旧费为 33 333.33 元，直线法所得税费用支出 12 000 元，年数总和法所得税费用支出 6 666.67 元，两者相差 5 333.33 元，恰恰是两者的现金流量之差额，表示增加折旧可以抵税，从而增加企业的现金流量，折旧方法的变更会引起所得税费用的变化，从而使企业的现金流量发生变化。

（三）利息问题

在投资项目评估中，对于举债筹资的利息费用、利息减税和本金偿还方式对投资项目将产生主要影响。利息对投资决策的影响有两种分析模式：一是将这些影响因素视为费用支出，从投资现金流量中扣除；另一种是将筹资的影响因素归于现金流量的贴现率中。在项目投资评估实务中一般采用后一种方法，因为，在给定的资本结构的情况下，可以随时根据不同的负债水平和风险情况调整项目的贴现率。如果从投资的现金流量中扣除利息费用，然后再按此贴现率进行贴现，就重复考虑了融资费用的影响。

[例3] 假设某投资项目初始投资 10 000 元，一年后产生现金流量 11 000 元。该项目的投资额全部是借入资本，年利率为 6%，项目期限 1 年，与投资和筹资相关的现金流量及净现值分析见表 7-3。

表 7-3　　　　　　　　投资和筹资相关的现金流量分析　　　　　　　　单位：元

现金流量	初始现金流量	终结现金流量	净现值（P/F，6%，1）
与投资相关的现金流量（与项目有关）	-10 000	+11 000	+380
与筹资相关的现金流量（与银行等有关）	+10 000	-10 600	0
合　计	0	+400	+380

企业与银行之间的关系是，企业从银行借入 10 000 元，一年后归还银行 10 600 元，资金借入后企业用于各种投资项目，在企业所用的投资项目中企业一年后所获利的收益是 11 000元，企业一年后实际获利 400 元，如果从项目的现金流入 11 000 元中减去利息 600 元，然后再按6%的资金成本率进行贴现，出现了重复计算问题，企业净现值为 -188.68 元 [(11 000 -600)/(1 +6%) -10 000]。

（四）通货膨胀因素对投资现金流量的影响

通货膨胀是影响当今社会的一个十分重要的因素，在投资项目评估中，通货膨胀会同时影响项目的现金流量和投资必要收益率（贴现率），从而使项目的净现值出现变化。估计通货膨胀率对项目的影响应遵循一致的原则：如果在现金流量序列中包括了通货膨胀的影响，则贴现率中也应考虑这一因素的影响。计算通货膨胀对现金流量的影响是不相同的，如销售价格、原材料成本、工资等费用都受通货膨胀率的影响，一般地说工资增长率快于通货膨胀增长率，因此不能简单以一个通货膨胀率来修正所有的现金流量。由于折旧计提的基础是原始成本，折旧额并不随通货膨胀的变化而变化，导致了纳税额的增长速度高于通货膨胀的增长速度，从而降低了投资的实际收益率，影响了投资决策的正确性。

四、投资项目现金流量分析运用

[例4] 某公司是生产移动存储器厂家，目前研究开发了一种更为安全小巧的移动存储器，其销售市场前景看好。为了了解移动存储器的潜在市场，公司支付了 70 000 元市场调查咨询费用，调查咨询结果表明，有 15% ~30% 的移动存储器市场有待开发，公司决定对生产移动存储器进行相关分析，有关预测资料如下：

(1) 市场调研和咨询费 70 000 元。

(2) 生产移动存储器可用公司原有厂房，如出售该厂房目前市场价值为 80 000 元。

(3) 生产移动存储器的设备购置费（原始价值加运费、安装费等）为 120 000 元，使用年限 5 年，税法规定设备残值 6 000 元，按直线法计算折旧，每年折旧为 22 800 元；5 年后不再生产该款移动存储器将设备出售，其售价为 20 000 元。

(4) 预计移动存储器的各年销售量依次为 800、1 000、1 100、1 300、900 台；移动存储器的市场销售价格第一年为 300 元，由于竞争和技术革新原因，售价每年将以 3% 的幅度下降；移动存储器的单位付现成本第一年为 160 元，前三年单位成本基本保持不变，后两年预计成本将每年增长 5%。

(5) 生产移动存储器所需要的营运资金，第一年末投资为 19 000 元，以后随生产经营需要不断调整，假设年末按销售收入 10% 估算营运资金的需要量。

(6) 公司所得税税率为 34%。

销售收入与销售成本计算见表 7-4，现金流量计算见表 7-5。

表7-4　　　　　　　　　　　　销售收入与销售成本预测　　　　　　　　　　　　单位：元

年份	销售量（台）	单价	销售收入	付现单位成本	付现成本总额
1	800	300	240 000	160	128 000
2	1 000	291	291 000	160	160 000
3	1 100	282	310 200	160	176 000
4	1 300	274	356 200	168	218 400
5	900	265	238 500	176	158 400

表7-5　　　　　　　　　　　　　现金流量预测　　　　　　　　　　　　　　单位：元

项目＼年份	0	1	2	3	4	5
投资：						
设备投资（1）	-120 000					15 240*
累计折旧（2）		22 800	45 600	68 400	91 200	114 000
年末设备折余价值（3）		97 200	74 400	51 600	28 800	6 000
机会成本（厂房）（4）	-80 000					
年末垫支流动资金（5）	19 000**	19 000	29 100	31 020	35 620	0
垫支流动资金变动（6）	-19 000		-10 100	-1 920	-4 600	35 620
投资现金流量合计（7）	-219 000		-10 100	-1 920	-4 600	50 860
损益：						
销售收入（8）		240 000	291 000	310 200	356 200	238 500
付现成本（9）		128 000	160 000	176 000	218 400	158 400
折旧（10）		22 800	22 800	22 800	22 800	22 800
税前利润（11）		89 200	108 200	111 400	115 000	57 300
所得税（34%）（12）		30 328	36 788	37 876	39 100	19 482
税后利润（13）		58 872	71 412	73 524	75 900	37 818
经营净现金流量（14）=（13）+（10）		81 672	94 212	96 324	98 700	60 618
净现金流量（15）=（7）+（14）	-219 000	81 672	84 112	94 404	94 100	111 478

注：市场调研和咨询费70 000元为与本项目投资决策无关的沉没成本。

* 设备出售收入20 000元，出售收入与折旧余额差额应缴纳所得税4 760元[（20 000-6 000）×34%]，净现金流量为15 240元（20 000-4 760）。

** 流动资金需要量期初数直接按19 000元计算，它为项目启动所需要资金，并假设到第一年末不变。

[例5]　某公司为了降低每年的生产成本，准备用一台新设备代替旧设备。旧设备为10 000元，已提折旧为5 000元，估计还可使用5年，5年后的残值为零。如果现在出售可得价款4 000元。新设备的买价、运费和安装费共11 000元，可用5年，年折旧额为2 000元，第5年末税法规定与残值出售价均为1 000元。用新设备时每年可节约付现成本3 000

元（新设备付现成本为 5 000 元，旧设备付现成本为 8 000 元）。假设销售收入不变，所得税税率为 40%，新旧设备均按直线法计提折旧。采用新设备现金流量分析见表 7-6。

表 7-6　　　　　　　　　　　增量现金流量估计　　　　　　　　　　单位：元

项　目	0 年	1~4 年	5 年
1. 初始投资 Δ	-6 600		
2. 经营现金流量 Δ		+2 200	+2 200
销售收入 Δ（1）		0	0
经营成本节约额 Δ（2）		+3 000	+3 000
折旧费 Δ（3）		-1 000	-1 000
税前利润 Δ（4）		+2 000	+2 000
所得税 Δ（5）		-800	-800
税后利润 Δ（6）		+1 200	+1 200
3. 终结现金流量 Δ			+1 000
4. 现金流量 Δ	-6 600	+2 200	+3 200

注：初始投资 = 新设备投资额 - 旧设备变价净现金流入 = 11 000 - (4 000 + 1 000 × 40%) = 6 600（元）。

第二节　项目投资评价方法

在项目投资评价方法中，主要有三类：一是既不考虑货币时间价值也不考虑投资风险价值的静态评价方法；二是只考虑货币时间价值但不考虑投资风险价值的动态评价方法；三是既考虑货币时间价值又考虑投资风险价值的风险评价方法。

一、投资回收期法

投资回收期简称（PP）是以项目的净现金流量抵偿全部投资（包括固定资产和流动资产）所需的时间，一般以年为单位，它是反映投资回收能力的重要指标。

1. 投资回收期的计算。根据现金流量的特点分年净现金流量相等与年净现金流量不相等两种情况。

（1）年净现金流量相等的投资回收期。

$$投资回收期 = \frac{项目原始投资支出}{年净现金流量}$$

（2）年净现金流量不相等的投资回收期。

$$投资回收期 = 累计净现金流量开始出现正值的年份 \pm \frac{上年累计净现金流量的绝对值}{当年净现金流量}$$

按投资回收期法进行计算，回收的资金是现金，如果采用净利润则应加上各年的折旧。

2. 投资回收期法决策规则：运用投资回收期法进行互斥方案选择投资决策时，应选择投资回收期短的方案；若进行选择与否投资决策时，则必须设置基准投资回收期，只要方案的投资回收期小于基准的投资回收期，则投资项目都可以接受。

3. 投资回收期法的特点：（1）容易理解和计算；（2）完全忽视了回收期以后的现金流量，可能导致错误的投资决策；（3）没有考虑现金流量的取得时间。

二、会计收益率法

会计收益率（ARR）也称投资收益率，是指投资项目的年平均净收益与该项目平均投资额的比率。

1. 会计收益率的计算。其计算公式为：

会计收益率 = 年平均净收益/初始投资额 × 100%

式中，"年平均净收益"是按项目投产后各年净收益（税后利润）总和的简单算术平均计算的；"初始投资额"是指项目初始投资的金额。

[例6] 根据生产移动存储器某公司的分析，有关净收益和投资数据见表7-7。

表7-7　　　　　　　　　　净收益和投资额　　　　　　　　　　　单位：元

年　份	0	1	2	3	4	5
设备投资	120 000					
税后利润		58 872	71 412	73 524	75 900	37 818

$$会计收益率 = \frac{(58\ 872 + 71\ 412 + 73\ 524 + 75\ 900 + 37\ 818) \div 5}{120\ 000} \times 100\%$$

$$= 52.921\%$$

有建议认为应采用年平均投资额来计算会计收益率，年平均投资额是指固定资产投资账面价值的算术平均值，加上营运资本投资额的平均值。这一计算结果会使会计收益率增加1倍左右，但不会影响决策的结论。

2. 会计收益率法决策规则：运用会计收益率法进行互斥方案选择投资决策时，应选择会计收益率高的投资方案；运用会计收益率法进行选择与否投资决策时，应事先确定基准会计收益率，只要投资项目的会计收益率大于基准会计收益率，投资项目就可以投资。

3. 会计收益率法的特点：（1）简明易懂，容易计算，它所需要的资料是项目的净利润和初始投资额；（2）未考虑资金的时间价值，把最后一年的现金流量与其他年份的现金流量看成具有相同价值，这容易导致决策错误。

三、净现值法

净现值（NPV）是指投资项目未来现金净流量，按企业预定贴现率折算成为现值，减去企业投资额的现值（各投资额按预定贴现率折算）后的余额。

1. 净现值的计算。其计算公式为：

$$NPV = \frac{(CI-CO)_1}{1+i} + \frac{(CI-CO)_2}{(1+i)^2} + \cdots + \frac{(CI-CO)_n}{(1+i)^n}$$

$$= \sum_{t=1}^{n} \frac{(CI-CO)_t}{(1+i)^t}$$

式中：CI 为第 t 年的现金流入量；t 为项目预计年限；i 为贴现率（企业资本成本或必要报酬率），一般假设各年不变；CO 为初始投资额，或各投资额的现值。

[例7] 根据移动存储器生产项目的现金流量分析，假设贴现率为10%，求各年净现值和项目净现值，见表7-8。

表7-8　　　　　　　　　移动存储器项目净现值　　　　　　　　　单位：元

年 份	0	1	2	3	4	5
现金净流量	-219 000	81 672	84 112	94 404	94 100	111 478
贴现系数（10%）	1	0.9091	0.8264	0.7513	0.6830	0.6209
现金净流量现值	-219 000	74 248	69 510	70 926	64 270	69 217

移动存储器项目净现值 = -219 000 + 74 248 + 69 510 + 70 926 + 64 270 + 69 217
　　　　　　　　　　= 129 171（元）

如果某一投资项目投入使用后的各年现金净流入量相等，可利用年金现值系数进行计算净现值。

影响项目净现值大小的因素主要有两个：项目的现金流量、资本成本或投资最低收益率。现金流量的大小与净现值大小呈同方向变化，资本成本或投资最低收益率与净现值呈反方向变化。

2. 净现值法决策规则。利用净现值指标进行项目投资决策，只要在规定的资本成本或投资报酬率情况下，投资项目净现值大于零，说明投资项目的回报符合了企业要求。如果在规定的资本成本或投资报酬率情况下，投资项目净现值小于零，则说明企业应放弃该投资项目。运用净现值法进行互斥方案选择投资决策时，应选择净现值大的方案。

3. 净现值法的特点：（1）它充分考虑了货币时间价值，不仅估算各期现金流量的数额，而且还考虑了现金流量的时间；（2）它能反映投资项目在整个经济年限内的总效益；（3）它可根据资金供求和市场风险等因素改变贴现率，对于长期投资项目而言，贴现率变动的可能性是较大的。

四、内部收益率法

内部收益率（IRR）是能使投资项目未来现金净流量的现值等于各期投资现值的贴现率。

1. 内部收益率的计算。其计算公式为：

$$NPV(IRR) = \frac{(CI-CO)_1}{1+IRR} + \frac{(CI-CO)_2}{(1+IRR)^2} + \cdots + \frac{(CI-CO)_n}{(1+IRR)^n} = 0$$

$$NPV(IRR) = \sum_{t=1}^{n} \frac{(CI-CO)_t}{(1+IRR)^t} = 0$$

式中：IRR 为内部收益率。

2. 内部收益率法决策规则。运用内部收益率法进行互斥方案选择决策时，应选择内部收益率高的方案；运用内部收益率进行选择与否投资决策时，应设置基准的贴现率 i_c，若 $IRR \geq i_c$，则方案可行，若 $IRR < i_c$，则方案不可行。

内部收益率的计算是一个求解高次方程的过程，不容易直接求解。一般采用"逐次测试法"进行，在有条件的情况下，也可使用计算机进行计算，在采用 Excel 计算时，注意其语句规则，就能够比较方便实现。内部收益率的计算一般步骤如下：

（1）分别选择较低的 i_1 和较高的 i_2 作为贴现率，使得 i_1 对应的净现值（NPV_1）大于 0，使得 i_2 对应的净现值（NPV_2）小于 0。

（2）分别计算与 i_1、i_2（$i_1 < i_2$）对应的净现值 NPV_1 和 NPV_2，$NPV_1 > 0$，$NPV_2 < 0$，见图 7-1 和表 7-9。

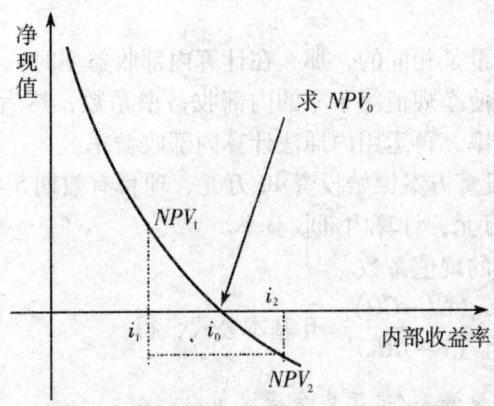

图 7-1 净现值与内部收益率的关系

表 7-9 　　　　内插法计算，净现值与内部收益率的关系

内部收益率（IRR）	对应的净现值	年金系数
i_1	$NPV_1 > 0$	$NPV_1 > 0$ 时的年金系数
i_0	$NPV_0 = 0$	$NPV_0 = 0$ 时的年金系数
i_2	$NPV_2 < 0$	$NPV_2 < 0$ 时的年金系数

（3）用线性插入法计算 IRR 的近似值。其公式如下：

$$IRR = i_1 + \frac{NPV_1}{NPV_1 + |NPV_2|} \times (i_2 - i_1)$$

由于上式 IRR 的计算误差与 $i_2 - i_1$ 的大小有关，且 i_2 与 i_1 相差越大，误差也越大，为了控制误差，i_2 与 i_1 之差（$i_2 - i_1$）一般不应超过 5%，最好不超过 2%。因此，可以在上述一至三步计算出来的 IRR 上下范围 2.5% 内分别取 i_2 和 i_1，以求得误差在合理范围内的 IRR。

[例8] 根据移动存储器生产项目的现金流量分析,求内部收益率,见表7-10。

表7-10　　　　　　　　移动存储器项目内部收益率　　　　　　　　单位:元

年　　份	0	1	2	3	4	5
现金净流量	-219 000	81 672	84 112	94 404	94 100	111 478
贴现系数 $i_2=30\%$	1	0.76923	0.59172	0.45517	0.35013	0.26933
累计净现值 NPV_2	-219 000	-156 175	-106 404	-63 434	-30 487	-463
贴现系数 $i_1=28\%$	1	0.78125	0.61035	0.47684	0.37253	0.29104
累计净现值 NPV_1	-219 000	-151 827	-100 489	-55 473	-20 418	11 998

$$IRR = 28\% + \frac{11\ 998}{11\ 998 + 463} \times (30\% - 28\%)$$
$$= 29.93\%$$

如果每年的现金流入量是相同的,那么在计算内部收益率时,不必逐次测算,而是采用年金计算方法,先计算出使净现值等于零的内部收益率系数,然后通过查找系数表的方法,找出与该系数相近的贴现率,再运用内插法计算内部收益率。

[例9] 某公司一投资方案原始投资40万元,项目有效期5年,项目投入生产经营后每年的净现金流量为16万元,计算内部收益率。

首先计算净现值为零的现值系数。

根据 $NPV(IRR) = \sum_{t=1}^{n} \frac{(CI-CO)_t}{(1+IRR)^t} = 0$ 基本公式,得:

年金现值系数 = 初始投资额/每年现金净流量

$(P/A, IRR, 5) = 40/16 = 2.5$

然后查年金现值系数表,在 $n=5$ 年找到与2.5最接近的两贴现系数和对应的贴现率,即28%和30%的贴现系数分别是2.53201和2.43557,然后用内插法计算 IRR。

$$IRR = 28\% + \frac{2.53201 - 2.5}{2.53201 - 2.43557} \times (30\% - 28\%)$$
$$= 28.66\%$$

3. 内部收益率法的特点:(1)它充分考虑了资金的时间价值,能够反映项目投资的真实收益率;(2)内部收益率的概念易于理解,容易被人接受;(3)计算过程比较复杂,通常需要一次或多次测算,才能求得内部收益率。

五、获利指数法

获利指数(PI)同时也称现值指数,是指投资项目未来现金流入量的现值与现金流出量的比率。其计算公式是:

$$PI = \frac{\sum_{t=1}^{n} CI_t \times (1+i)^{-t}}{CO_t \times (1+i)^{-t}}$$

获利指数法决策规则：接受获利指数大于1的项目，放弃获利指数小于1的项目。在对互斥方案进行评价时，应充分与净现值、内部收益率等方法对照比较分析。

六、动态投资回收期法

动态投资回收期是通过计算一个项目所产生的已贴现的现金流量足以抵消初始投资现值所需年限，用项目的回收速度来衡量项目投资方案的评价方法。它表明了从项目投建之日起，用项目各年的已贴现现金流量将全部投资收回所需的时间。

1. 动态投资回收期的计算。其计算公式为：

$$\sum_{t=0}^{P'_t}\left[(CI-CO)_t\times(1+i_c)^{-t}\right]=0$$

式中：P'_t 为动态投资回收期（年）。

$$P'_t = 累计贴现值出现正值的年份 - 1 + \frac{上年累计贴现值的绝对值}{当年净现金流量的贴现值}$$

2. 动态投资回收期法决策规则：运用动态投资回收期法进行互斥方案决策时，应选择动态投资回收期短的方案；运用动态投资回收期法进行选择与否投资决策时，应设置基准动态投资回收期，当动态投资回收期小于动态投资回收期的基准回收期时，方案可以执行。

[例10] 根据移动存储器生产项目的现金流量分析，假设贴现率为30%，求动态投资回收期，见表7-11。

表7-11　　　　　　移动存储器项目动态投资回收期　　　　　　单位：元

年　份	0	1	2	3	4	5
现金净流量	-219 000	81 672	84 112	94 404	94 100	111 478
贴现系数 $i_1=28\%$	1	0.78125	0.61035	0.47684	0.37253	0.29104
累计净现值 NPV_1	-219 000	-151 827	-100 489	-55 473	-20 418	11 998

$$P'_t = 5 - 1 + \frac{20\ 418}{32\ 445} = 4.63\ （年）$$

3. 动态投资回收期法的特点：考虑了投资回收的现金流量的贴现，容易理解和计算；忽视了投资回收期以后的现金流量，也可能导致错误。

七、NPV 与 IRR 和 PI 评价标准的比较及选择

对互斥方案项目比较分析时，运用 NPV、IRR 和 PI 进行项目排序，有时会出现矛盾，产生这一矛盾的原因主要是：项目投资规模不同和项目现金流量发生的时间不一致。

（一）项目投资规模不同

[例11] 现假设有 A、B 两投资项目，有关资料如表7-12所示。企业资金成本率

10%，净现值按12%进行计算。

表7-12　　　　　　　净现值和内部收益率矛盾的项目资料　　　　　　　单位：元

项目	CO	CI_1	CI_2	CI_3	CI_4	IRR	NPV（12%）	PI
A	-26 900	10 000	10 000	10 000	10 000	18%	3 470	1.13
B	-55 960	20 000	20 000	20 000	20 000	16%	4 780	1.09

上述A、B两投资项目的内部收益率均大于资金成本率（10%），超过资金成本率计算的净现值（按12%计算）也大于零。如果两个方案只能选择一个，按内部收益率只能选择A，按净现值应选择B，这两个结论是矛盾的，见图7-2。

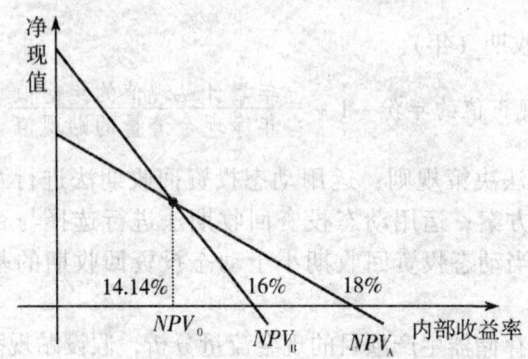

图7-2　净现值和内部收益率的矛盾

从图7-2可以看出，项目A和项目B的净现值在$i=14.14\%$处相交，如果i小于14.14%，项目B优于项目A，如果i大于14.14%，项目A优于项目B。

如果按两种标准排序出现了矛盾，可进一步考虑用增量现金流量的方法，如项目（B-A），用表7-13表示。

表7-13　　　　　　　　　增量现金流量分析　　　　　　　　　单位：元

项目	CO	CI_1	CI_2	CI_3	CI_4	IRR	NPV（12%）
B-A	-29 060	10 000	10 000	10 000	10 000	14.14%	1 310

项目（B-A）相当于追加投资，其IRR为14.14%，大于资金成本率（10%），也高于企业净现值指标计算要求的大于零，在考虑追加投资情况下，NPV和IRR的结论趋于一致，应选择B方案。因此用内部收益率对追加投资项目进行分析，当（B-A）项目的IRR大于资金成本率和要求进行计算净现值时的贴现率时，应选择投资规模大的投资项目。

（二）项目现金流量发生的时间不一致

在互斥方案进行投资时，当两个项目投资金额相同，但现金流量发生的时间不同，也会出现运用NPV、IRR和PI对项目排序的不一致性。

[例12]　某公司有两投资项目C、D，资金成本率为8%，要求用8%测算净现值，有关现金流量见表7-14。

表7-14　　　　　　　　　项目投资现金流量分析　　　　　　　　　单位：元

项目	CO	CI_1	CI_2	CI_3	IRR	NPV（8%）
C	-10 000	8 000	4 000	960	20%	1 598
D	-10 000	1 000	4 544	9 676	18%	2 502

从表7-14中的资料可以看出，根据内部收益率的标准应选择C项目，按净现值标准应选择D项目。造成这一差异的原因是两个投资项目的现金流量发生的时间不同，项目C的现金流量总体小于项目D的现金流量，但发生时间早，当投资贴现率较高时，远期的现金流量现值低，影响小，投资收益主要取决于近期现金流量的高低，这时C项目有一定的优势；当投资贴现率较低时，远期的现金流量现值增大，这时项目D具有一定的优势。如图7-3，当贴现率达到15.5%时；项目C的净现值和项目D的净现值相等；当贴现率小于15.5%时，项目D的净现值大于项目C的净现值；当贴现率大于15.5%时，项目C的净现值大于项目D的净现值。在本例中项目C有较高的内部收益率，但净现值较低，如果按内部收益率选择C，对企业不利。

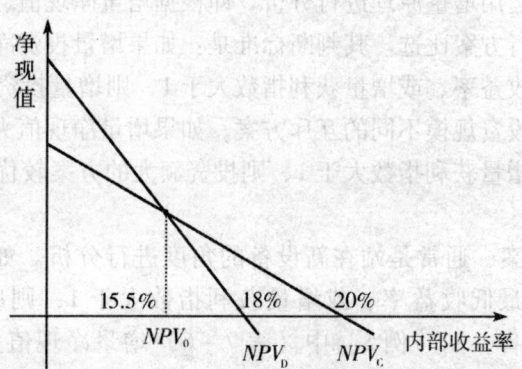

图7-3　净现值和内部收益率的排序不一致

对这一问题的分析也可用增量现金流量方法解决。用项目（D-C）的现金流量进行分析如表7-15所示。

表7-15　　　　　净现值和内部收益率排序不一致的增量分析　　　　　单位：元

项目	CO	CI_1	CI_2	CI_3	IRR	NPV（8%）
D-C	0	-7 000	544	8716	15.5%	904

从表7-15的分析中可知，增量的现金流量的 IRR 大于资金成本率（8%），应接受项

目（D-C）。因此，企业在选择投资项目时应选择D，这样可以使净现值增加904元。

八、贴现的投资评价方法的总结与应用

在投资评价方法中，贴现的投资评价方法是主要的评价方法。对独立方案只要评价指标值，符合企业的目标要求，就可以选择方案是否实施。贴现的投资评价方法对互斥方案更能够起到决定性作用。互斥方案是指互相关联、互相排斥的方案。在一组方案中，采用某一方案则完全排斥采用其他方案。互斥方案的决策分析就是指在两个或两个以上互相排斥的待选方案中只能选择其中之一的决策分析，择优投资方案的基本方法有以下几种：

（一）排列顺序法

在排列顺序法中，全部待选方案可以分别根据它们各自的 NPV、IRR 或 PI 按降级顺序排列，然后进行项目挑选，通常选其大者为最优。按照 NPV、IRR 或 PI 这三种方法分别选择投资方案时，其排列顺序在一般情况下是一致的，但在某些情况下，运用 NPV 和运用 IRR 或 PI 会得出不同的结论，即出现排序矛盾。在这种情况下，通常应以净现值作为选项标准。

（二）增量收益分析法

对于互斥方案，可运用增量原理进行分析。即根据增量净现值、增量内部收益率或增量获利指数等任一标准进行方案比选。其判断标准是：如果增量投资净现值大于零、或增量内部收益率大于最低投资收益率、或增量获利指数大于1，则增量投资在经济上是可行的。选优标准具体化为：对于投资规模不同的互斥方案，如果增量净现值大于零、或增量内部收益率大于最低收益率、或增量获利指数大于1，则投资额大的方案较优；反之，投资额小的方案较优。

对于重置型投资方案，通常是站在新设备的角度进行分析。如果增量净现值大于零、或增量内部收益率大于最低收益率、或增量获利指数大于1，则应接受购置新设备；反之，则应继续使用旧设备。如 [例5] 中（表7-6）增量净现值为（假设最低收益率为15%）：

$$NPV = -6\,600 + 2\,200 \times (P/A, 15\%, 4) + 3\,200 \times (P/F, 15\%, 5)$$
$$= -6\,600 + 7\,872.04 = 1\,272.04 \text{（元）}$$

由于增量净现值大于零，其增量内部收益率一定大于最低收益率，获利指数一定大于1，因此应以新设备取代旧设备。

（三）总费用现值法

总费用现值法是指通过计算各备选方案中全部费用的现值来进行方案选择的一种方法。这种方法适用于收入相同且计算期相同的方案之间的比选，总费用现值较小的方案为最佳。

如 [例5] 也可采用总费用现值法进行分析。由于新旧设备的使用年限相同，故可根据

实际现金流量分别计算新旧设备的费用现值,如表7-16所示。

表7-16 总费用现金流量估计 单位:元

项 目	旧设备	新设备
1. 初始投资		
(1) 设备购置支出	0	-11 000
(2) 旧设备出售收入	0	+4 000
(3) 旧设备出售减少税收	0	+400
(4) 现金流出合计	0	-6 600
2. 经营现金流量(1~5年)		
(1) 税后付现经营成本	-4 800	-3 000
(2) 折旧费减税	+400	+800
(3) 现金流出合计	-4 400	-2 200
3. 终结现金流量(第5年)	0	+1 000

根据表7-16,使用新、旧设备的费用总额现值为:

旧设备费用总额现值 = $4\,400 \times (P/A,15\%,5) = 14\,749.68$(元)

新设备费用总额现值 = $6\,600 + 2\,200 \times (P/A,15\%,5) - 1\,000 \times (P/F,15\%,5)$
$= 13\,477.64$(元)

计算结果表明,用新设备取代旧设备,可节约费用现值为1 272.04元(14 749.68 - 13 477.64),与增量净现值计算结果相等。

(四)年均费用法

年均费用法适用于收入相同但计算期不同的方案之间的比选,等额年费用较小的方案较好。

[例13] 某投资项目有X、Y两个方案,其有关资料见表7-17,假设两方案的效益相同,计算期不同,贴现率为10%,试比较两个方案的优劣。

表7-17 投资及收益资料 单位:万元

年 份 费 用	X方案			Y方案			
	1	2	3	1	2	3	4
投资总额	130			150			
年经营成本		100	100		60	60	60
回收固定资产残值			-20				-20
回收流动资金			-60				-20
合 计	130	100	20	150	60	60	20

$$AC_X = \frac{130 \times (P/F,10\%,1) + 100 \times (P/F,10\%,2) + 20 \times (P/F,10\%,3)}{(P/A,10\%,3)}$$

$$= \frac{130 \times 0.9091 + 100 \times 0.8264 + 20 \times 0.7513}{2.4869} = 86.79 \text{（万元）}$$

$$AC_Y = \frac{150 \times (P/F,10\%,1) + 60 \times (P/F,10\%,2) + 60 \times (P/F,10\%,3) + 20 \times (P/F,10\%,4)}{(P/A,10\%,4)}$$

$$= \frac{150 \times 0.9091 + 60 \times 0.8264 + 60 \times 0.7513 + 20 \times 0.683}{3.1699} = 77.19 \text{（万元）}$$

计算结果表明 Y 方案等额年费用较小，因而 Y 方案优于 X 方案。

第三节　项目投资风险评价

一、项目投资风险评价的基本方法

项目投资风险评价的基本方法有风险调整贴现率法（RADR）和肯定当量法（CE）。这两种方法是以无风险利率为基础，分别通过调整净现值中贴现率或现金流量的方式，来考察投资项目的可行性。对于一种投资项目风险调整的两个基本方法一般不同时使用。

（一）风险调整贴现率法

风险调整贴现率由无风险利率和风险补偿率两部分组成，在无风险利率的情况下，风险补偿率的大小与项目的风险程度呈同方向变化。其计算公式为：

$$K = i + b \times Q$$

式中：K 为风险调整贴现率；i 为无风险贴现率；b 为风险报酬率；Q 为风险程度。

风险调整贴现率的关键在于确定风险补偿率 $b \times Q$，一般有三种方法确定：

1. 资本资产定价模型。在资本资产定价模型中，将证券风险分为可分散风险和不可分散风险，因此可以将证券总风险模型引入到企业投资决策中。

某一特定投资项目风险调整的贴现率用资本资产定价模型表示为：

$$R_j = R_f + \beta_j \times (R_m - R_f)$$

式中：R_j 为项目 j 按风险调整的贴现率或投资者要求的收益率；R_f 为无风险贴现率；β_j 为项目 j 不可分散的系数风险报酬率；R_m 为所有项目平均的贴现率或投资者要求的收益率。

在项目投资的风险调整中，对 β_j 的估计比对股票的 β_j 参数估计更为困难。一般采用"单一经营法"和"会计 β 系数法"来估计投资项目的 β_j 值。

（1）单一经营法。评价投资项目时在同行找出一个或多个非综合性，只生产"单一产品"的公司，即这些公司所经营的业务与投资项目相同，然后以这些公司的平均 β 参数作为该项目的 β 系数。在采用单一经营法时，如项目所在公司的资本结构与"单一产品"公司的资本结构不同,还应对项目的 β 系数进行调整。

(2) 会计 β 系数法。对于上市公司的投资项目,该公司的 β 系数通常是由该股票收益率与市场组合收益率之间的关系确定的,有时也可根据特定公司的资产收益率作为函数,以众多公司所组成的投资平均组合收益率为自变量,进行时间序列的回归分析。运用会计资料而非股票市场的资料进行回归分析确定 β 系数称为会计 β 系数法。在确定某一个项目的 β 系数时,可用该项目的资产收益率与市场平均资产收益率进行回归分析,确定特定项目的 β 系数,以此衡量项目的不可分散风险。

在一般情况下,任何公司甚至单个项目的会计 β 系数都可以计算出来,会计 β 系数作为市场 β 的代表尽管不够正确,但实证研究表明会计 β 系数高的公司,市场 β 也高。因此会计 β 系数可以反映项目的不可分散风险,并为确定风险调整贴现率提供一个近似值。

2. 按投资项目类别调整贴现率。某些公司为经常发生的某些类型的风险项目,预先根据经验按风险的大小规定了高低不等的贴现率,以供决策分析需用。某公司对不同类型项目的贴现率规定如表 7-18 所示。

表 7-18　　　　　　　项目类别风险贴现率的增量分析

投资项目	风险高速贴现率(边际资金成本 + 调整率)
重置型项目	10% + 2% = 12%
改造或扩充现有产品生产线	10% + 5% = 15%
增加生产线项目	10% + 8% = 18%
研究开发项目	10% + 15% = 25%

3. 根据项目的标准离差调整贴现率。公司可根据同类项目的风险报酬率与反映特定投资项目风险程度的标准离差率估计风险补偿率,然后再加上无风险利率,即为风险调整贴现率。其计算公式为:

风险调整贴现率 = 无风险利率 + 风险补偿率

风险补偿率 = 同类项目风险报酬率 × 特定项目的标准离差率

实际上,各公司对风险补偿率的确定,很大程度上取决于各个公司对风险的态度。比较敢于承担风险的公司,往往把风险补偿率定得很低;反之,比较稳健的公司,则常常把风险补偿率定得高一些。

采用贴现率调整法,对风险大的项目采用较高的贴现率,对风险较低的项目采用较低的贴现率,简单明白,符合逻辑,在实际中运用比较普遍。但这种方法将风险报酬和时间价值混为一谈,并以此进行现金流量的贴现,风险价值随着时间的推移被人为地放大,这样处理的情况有时与实际相反,有的项目往往前几年的现金流量没有什么把握,以后的现金流量反而较有把握,如果按贴现率调整法,将不能正确反映项目的风险程度。

(二) 肯定当量法

这种方法要求决策者事先确定其风险性现金流量带来的肯定当量的无风险性现金流量,

然后用无风险利率贴现，计算项目净现值。

[**例14**] 掷一硬币，如果正面向上，你得到1 000元，如果反面向上，你将一无所有，如果你不掷硬币，你将直接得到300元。分析风险的当量价值。

本例中，掷硬币期望的现金流量为500元，但实际结果要么你得到1 000元，要么是0元；在两个方案的比较中，掷硬币的方案收益期望值和风险都大于不掷硬币的方案。选择什么方案取决于决策者的经验、胆识、风险厌恶程度等因素。如果你认为掷硬币的风险收益与不掷硬币是无差别的，那么300元就是这一期望值为500元的风险性现金流量的确定当量价值。或者说，无风险或确定性的300元为你提供了与500元风险性预期收益完全相等的效用。

无风险现金流量和风险现金流量之间的关系可用当量系数 α_t 来表示，即：

$$\alpha_t = \frac{确定现金流量}{风险现金流量}$$

式中：$0 \leq \alpha_t \leq 1$。

在风险分析中，已知肯定当量系数即可求得确定性现金流量。如上例中，肯定当量系数为0.6（300/500），确定现金流量为300元（0.6×500）。

采用净现值标准时，可用下列公式计算风险项目的净现值，即：

$$NPV = \sum_{t=1}^{n} \frac{\alpha_t CI_t}{(1+i)^t}$$

式中各年的 α_t 值，可由经验丰富的分析人员凭主观判断确定，也可以根据每年现金流量不同的离散程度，即现金流量标准离差率确定。如将标准离差率划分为若干档次，并为每一档次规定一个相应的 α_t 值，标准离差率越低，风险越小，α_t 值就越大；反之则越小。标准离差率与肯定当量系数之间并没有一致公认的客观标准，因此，标准离差率如何分档，各档的肯定当量系数如何规定，均取决于投资决策者对风险的反感程度。

某公司标准离差率变化和肯定当量系数的经验关系如表7-19所示。

表7-19　　　　变化系数与肯定当量系数的经验关系

变化系数	肯定当量系数	变化系数	肯定当量系数
0.00~0.07	1	0.33~0.42	0.6
0.08~0.15	0.9	0.43~0.54	0.5
0.16~0.23	0.8	0.55~0.70	0.4
0.24~0.32	0.7		

需要说明的是一个当量系数只能说明某一年的一个投资项目 α_t 值随着项目年限而变化。假设某投资项目，其可能的现金流量、肯定当量系数 α_t、肯定当量如表7-20所示。

表7-20　　　　　　　　　　现金流量的等值　　　　　　　　　　单位：元

年　份	0	1	2	3	4
期望现金流量	-12 000	10 000	12 000	30 000	40 000
肯定当量系数	1	0.95	0.90	0.85	0.80
肯定当量	-12 000	9 500	10 800	25 500	32 000

假设无风险利率为10%，则该投资项目的净现值为：

$NPV = -12\ 000 + 9\ 500 \times 0.9091 + 10\ 800 \times 0.8264 + 25\ 500 \times 0.7513 + 32\ 000 \times 0.683$
$= 46\ 575.72$（元）

经计算可知，该投资项目在排除风险因素之后，其期望净现值为正值，可以考虑接受该项目。

肯定当量法是通过对现金流量的调整来反映各年投资风险，并将风险因素与时间因素分开讨论，这在理论上是成立的。但是，肯定当量系数 α_t 很难确定，每个人都会有不同的估算，数值差别很大。在更为复杂的情况下，肯定当量反映的应该是股票持有者对风险的偏好，而不是公司管理当局的风险观。因此，肯定当量法在决策中应用较少。

肯定当量法在数值上与风险调整贴现率法是等价的，我们完全可以找出调整现金流量与调整贴现率之间的一一对应关系。相比之下，调整贴现率法更方便、更实用。

二、项目投资风险评价的其他方法

（一）敏感性分析法

敏感性分析法是投资风险决策的重要方法。进行项目敏感性分析，关键在于找到并测算出某些主要因素对投资项目的影响程度。敏感性分析一般希望最优决策方案不敏感。因为，不敏感的最优决策方案才经得起多种因素变化的影响，表明其决策评价指标值比较稳定，取得最优效益的可能性最大。

在企业投资项目的寿命期内受到许多不确定性因素的影响，这些不确定性因素从不同角度、不同程度上影响投资项目的经济效益。在这些影响因素中，有一些因素在改变时，只能引起某一经济效益指标的一般性变化，甚至无太大变化，这些因素被称为不敏感性因素；有一些因素却不同，只要这些因素稍做调整，就可能导致项目经济效益出现大幅度的波动，此类因素被称为敏感性因素。

投资项目敏感性分析法就是要在众多影响因素中，观察其中某个（或某些）因素发生变化时，原来最优方案收益值等决策评价指标变化的程度。如果决策评价指标的变化幅度较大，就认为它是敏感的；反之，为不敏感的。

1. 确定分析指标。敏感性分析法以投资项目决策为对象，其分析指标应主要考虑投资的动机和项目的特点。在实际工作中，进行敏感性分析要计算其成本，这种成本不仅包括了进行敏感性分析所需要的成本,还要考虑由于进行敏感性分析造成的决策延迟的机会成本。因而,只有在进行敏感性分析的成本低于其效益时,才能进行敏感性分析。

敏感性分析是对项目投资效益敏感的指标进行的分析,因此不能简单地对影响项目的所有指标都进行敏感性分析,而要选择那些对投资项目确实存在较大影响的敏感性指标进行分析。对一般的投资项目,投资者更加关注期望收益值、净现值、内部收益率等指标;对合作项目,投资者还要对能否如期回收投资进行分析;更有一些项目,因市场机会和竞争压力的影响,投资者追求"短、平、快",因而要对建设工期进行敏感性分析。

2. 确定影响因素。影响投资项目经济效益的不确定性因素很多,但主要影响指标有:投资规模及贴现水平,项目建设周期和项目回收期,生产经营的固定成本和变动成本,产品市场需求和同行竞争状况,生产销售量和市场价格等。值得注意的是,所选择的影响因素是否准确,关系到项目敏感性分析的结果是否可信、有效。不同时间、地点、行业的项目受到上述因素的影响程度也是不同的,所以要根据具体项目的特点和所处的环境来选择确定恰当的影响因素。具体工作中,主要由专业分析人员进行确定。有关项目敏感性分析的专业人员,不仅要具有丰富的经验,还要利用科学的手段对未来一定时期环境的变化进行分析,在此基础上挑选那些对项目经济效益影响较大的,或者发生变化可能性大的因素进行分析。

对于一时难以准确确定敏感性因素的投资方案,可以通过测算几个不确定性因素的变化对项目的经济效益指标的影响程度来判断谁是最为敏感的因素。

3. 计算变动结果。对投资方案进行敏感性分析时,应主要分析敏感性因素在一定范围内变化时对所要分析指标(如净现值、内部收益率等)的影响。其基本方法是:

首先,假定其他因素不变,测算某个不确定因素变动对分析指标的影响程度。

其次,选定另一个不确定因素并改变其数值,测定此时对分析指标的影响程度。这种分析的目的在于进一步确定所选择的第一个因素是否为最敏感的因素。如有必要还可以选择其他因素进行分析。

再次,比较不同因素对指标的影响变动状况,分析所确定的敏感性因素是否合理。

最后,用敏感性曲线图直观反映各影响因素的敏感程度及对经济效益指标的影响。

4. 判断方案风险。以分析指标变动结果的大小为依据,进行方案风险的判定。如果在设定的变化范围内,项目预期收益由盈利转为亏损,通常需要放弃或修改原定投资方案;如果项目仍为盈利,则表明该投资项目具有一定的抗风险能力,此项目可以接受。为了实现投资项目的预期收益,在项目实施过程中,必须加强对敏感性因素的监控,采取积极措施,促使其向有利于提高投资效益的方向转变。

5. 敏感性分析法的应用。敏感性分析法是运用货币时间价值的基本观点对影响投资方案的敏感性因素进行分析的,一般讨论由于某些敏感性因素变动而导致项目的净现值和内部报酬率的变动情况。

[例15] 某企业拟投资一项目,计划投资900万元,两年建成。预计项目使用寿命为8年,项目投资及投产后预计财务资料见表7-21。若贴现率为12%,试测算该项目的内部报酬率。

表7-21　　　　　　　　　　　　项目投资及收益资料　　　　　　　　　　　单位：万元

年份	项目投资	销售收入	付现成本	非付现成本
1	540			
2	360			
3		2 250	1 170	930
4		2 550	1 350	930
5~10		每年3 000	每年1 670	每年930
合计	900	22 800	12 540	7 440

根据上述资料计算，见表7-22。

表7-22　　　　　　　　　　　投资项目内部收益率计算　　　　　　　　　　单位：万元

年　份	1	2	3	4	5~10	合　计
净现金流量	-540	-360	150	270	每年400	
$(1+12\%)^{-n}$净现值系数	0.8929	0.7972	0.7118	0.6355	2.6219	
$i=12\%$净现值	-482.14	-286.99	106.77	171.59	1 045.15	554.37
$(1+25\%)^{-n}$净现值系数	0.8000	0.6400	0.5140	0.4096	1.2089	
$i=25\%$净现值	-432	-230	76.8	110.59	483.56	8.55
$(1+26\%)^{-n}$净现值系数	0.7937	0.6299	0.4999	0.3968	1.1446	
$i=26\%$净现值	-428.571	-226.76	74.99	107.12	457.85	-15.37

根据表7-22资料，用"内插法"计算内部收益率：

$$内部收益率 = 25\% + \frac{8.55}{8.55+15.37} \times (26\% - 25\%) = 25.36\%$$

该项目的净现值在内部收益率达25.36%时才等于零，超过规定贴现率12%的2倍多，项目是可行的。

（1）项目投资规模增加的敏感性分析。假设受到不可预期的因素影响，造成项目将在第2年追加投资100万元，使项目投资总额达到1 000万元。此时需重新测算其净现值和内部收益率，见表7-23。

表7-23　　　　　　　　投资规模增加对净现值和内部收益率的影响　　　　　　　　单位：万元

年　份	1	2	3	4	5~10	合　计
净现金流量	-540	-460	150	270	每年400	
$(1+12\%)^{-n}$净现值系数	0.8929	0.7972	0.7118	0.6355	2.6219	
$i=12\%$净现值	-482.14	-336.71	106.77	171.59	1 045.15	474.65
$(1+22\%)^{-n}$净现值系数	0.8197	0.6719	0.5507	0.4514	1.4295	
$i=22\%$净现值	-442.638	-309.06	82.61	121.88	571.82	24.635
$(1+23\%)^{-n}$净现值系数	0.813	0.661	0.5374	0.4369	1.3510	
$i=23\%$净现值	-439.024	-304.05	80.61	117.96	540.4	-4.11

根据表 7-23 资料,可以确定内部收益率在 22% 和 23% 之间。用"内插法"计算:

内部收益率 $= 22\% + \dfrac{24.635}{24.635 + 4.11} \times (23\% - 22\%) = 22.86\%$

投资额的变化率 $= \dfrac{100}{900} \times 100\% = 11.11\%$

净现值的变化率 $= \dfrac{474.65 - 554.37}{554.37} \times 100\% = -14.38\%$

内部收益率的变化率 $= \dfrac{22.86\% - 25.36\%}{25.36\%} \times 100\% = -9.86\%$

(2) 销售收入下降和变动成本增加的敏感性分析。假设由于市场状况发生变化,预计项目投产后销售价格将下降 2%,或单位变动成本将上升 2%,见表 7-24。如果生产产量不调整,重新测算其净现值和内部收益率,见表 7-25 和表 7-26。

表 7-24　　　　　　　　　　　收入或成本变化测算　　　　　　　　　　单位:万元

年份	收入	变动成本
3	2 205	1 193.4
4	2 499	1 377
5~10	每年 2 940	每年 1 703.4

表 7-25　　　　　　　　　销售收入变动后预计投资收益　　　　　　　　单位:万元

年份	1	2	3	4	5~10	合计
净现金流量	-540	-360	105	219	每年 340	
$(1+12\%)^{-n}$ 净现值系数	0.8929	0.7972	0.7118	0.6355	2.6219	
$i=12\%$ 净现值	-482.14	-286.99	74.739	139.175	891.446	336.23
$(1+20\%)^{-n}$ 净现值系数	0.8333	0.6944	0.5787	0.4823	1.6050	
$i=20\%$ 净现值	-449.982	-249.984	60.7635	105.6237	545.7	12.1212
$(1+22\%)^{-n}$ 净现值系数	0.8197	0.6719	0.5507	0.4514	1.4295	
$i=22\%$ 净现值	-442.638	-241.884	57.8235	98.8566	486.03	-41.8119

销售价格下降 2% 时,根据表 7-25 资料,可以确定内部收益率在 20% 和 22% 之间。用"内插法"计算:

内部收益率 $= 20\% + \dfrac{12.1212}{12.1212 + 41.8119} \times (22\% - 20\%) = 20.45\%$

净现值的变化率 $= \dfrac{336.23 - 554.37}{554.37} \times 100\% = -39.35\%$

内部收益率的变化率 $= \dfrac{20.45\% - 25.36\%}{25.36\%} \times 100\% = -19.36\%$

表7-26 单位变动成本变动后预计投资收益 单位：万元

年 份	1	2	3	4	5~10	合 计
净现金流量	-540	-360	126.6	243	每年366.6	
$(1+12\%)^{-1}$净现值系数	0.8929	0.7972	0.7118	0.6355	2.6219	
$i=12\%$净现值	-482.14	-286.99	90.1139	154.4265	961.1885	436.59
$(1+22\%)^{-1}$净现值系数	0.8197	0.6719	0.5507	0.4514	1.4295	
$i=22\%$净现值	-442.638	-241.884	69.7186	109.6902	524.0547	18.941
$(1+23\%)^{-1}$净现值系数	0.813	0.661	0.5374	0.4369	1.3510	
$i=23\%$净现值	-439.02	-237.96	68.0348	106.1667	495.2766	-7.502

单位变动成本上升2%时，根据表7-26资料，可以确定内部收益率在22%和23%之间。用"内插法"计算：

$$内部收益率 = 22\% + \frac{18.941}{18.941+7.502} \times (23\% - 22\%) = 22.72\%$$

$$净现值的变化率 = \frac{436.59 - 554.37}{554.37} \times 100\% = -21.25\%$$

$$内部收益率的变化率 = \frac{22.72\% - 25.36\%}{25.36\%} \times 100\% = -10.41\%$$

[例16] 投资效益指标对敏感性因子的影响程度见表7-27。

表7-27 指标对因子的变化程度分析

	净现值变化相对于变动因子变化比值	内部收益率变化相对于变动因子变化比值
投资额上升11.11%	-1.294	-0.887
销售单价下降2%	-19.675	-9.680
单位变动成本上升2%	-10.625	-5.205

选用净现值和内部收益率作为投资效益指标，分析相对于投资额、销售单价和单位变动成本变动的敏感度，可以发现销售单价变动对净现值和内部收益率的影响最为明显，而投资额的变动对净现值和内部收益率的影响相对不明显，因此，这一项目应当非常慎重地对待产品价格的变化、充分收集产品价格资料，正确进行产品价格定位，以免出现产品价格波动对项目净现值大的影响。

通过敏感性分析，可以发现影响项目投资效益的主要因素，并能确定这些敏感性因素变动对投资收益造成的影响程度，从而可以确定出项目抵御风险的能力。这有利于确定影响项目的关键因素和主要矛盾，有利于提高项目决策的准确度，有利于加强对投资风险的监控。

但由于敏感性分析法对因素的选择和分析具有较强的主观性，所以在具体应用中要与其他投资决策方法相互配合，力争使投资决策更加科学和完善。

（二）决策树分析法

决策树分析法，又称网络分析法，它是在事件发生概率的基础上，使用简单树枝图形，明确地说明投资项目各方案的面貌，完整反映决策过程的一种决策方法。这种方法适用于长期或分阶段的投资决策问题。在决策树分析过程中，首先要确定决策的目标，列出实现该目标的各种方案；其次要分析每一方案可能发生的状况、出现这种状况的概率以及产生的结果，用树枝树干的图形进行反映；再次通过计算决策树中各方案的期望值，比较期望值的大小，淘汰经济效益差的方案，保留经济效益好的方案；最后选择确定最优投资方案。

应用决策树分析法基本上分两个阶段，首先要根据决策目标从左往右分析作图，然后从右往左逐步分析判断进行项目决策。决策树分析的基本步骤如下：

1. 画出决策树图形。决策树图形是对某个决策问题的分析和计量过程在图纸上的反映。它主要包括：

（1）决策点。它是对几种可能方案选择的结果，即最后选择的决策方案，一般以方框（□）表示。

（2）方案枝。它是由决策点起自左而右画出的若干条直线，每条直线代表一种备选方案。

（3）机会点。它是画在方案末端的一个圆圈（○），代表备选方案的经济效果。

（4）概率枝。它是由机会点向右画出的若干条直线，代表各备选方案不同自然状态的概率。

2. 预计各种自然状态可能发生的概率。一般通过经验判断与估计来确定各状态可能发生的概率。

3. 计算期望值。期望值是各种自然状态下的收益分别乘以概率之积。

4. 选择最佳方案：（1）分别将各方案期望值总和与投资总额之差标在机会点上方；（2）对各机会点的备选方案进行比较权衡，选择收益最大的方案为最佳方案。为清楚进行决策，人们往往要在舍弃的方案枝上画上"×"号，表示不采用此方案。

（三）盈亏平衡分析法

盈亏平衡分析是敏感性分析的一个具体应用，是就销售量变化对投资收益的影响进行分析，以确定项目不亏损所需要的最低销售量。

1. 会计盈亏平衡分析。会计盈亏平衡分析一般是根据项目正常年份的销售价格、变动成本、固定成本等因素确定盈亏平衡点的销售量（销售收入），即项目年收入与年成本相等时的销售水平。其计算公式为：

息税前利润＝销售单价×销售数量－单位变动成本×销售数量－固定成本

$$盈亏平衡点销售收入 = \frac{固定成本}{边际贡献率}$$

$$盈亏平衡点销售收入 = \frac{税后年固定成本}{边际贡献率} \times (1 - 所得税税率)$$

会计盈亏平衡分析是经营风险敏感分析的特殊应用。对息税前利润的变动在盈亏平衡点时，敏感性系数达到最大值，随着变动因子的增大而逐渐不敏感。

2. 盈亏平衡现值分析。盈亏平衡现值分析作为项目的一种分析方法，简便易行。但这种分析有时不能真实反映企业的盈亏状况。虽然盈亏平衡分析是对发生在同一年的资金收入与支出进行比较，不必考虑货币时间价值，但在计算盈亏平衡点时，其固定成本中所包含的折旧费代表着投资的回收，现金的流入，它与当年资金收入与支出在时间上是不同的，应用贴现的方法计算才能得出正确的结论。

通过盈亏平衡分析，企业可以了解市场需求对企业盈利状况的影响。如果预计市场需求量远大于盈亏平衡点时，企业投资比较安全；如果预计需求量接近盈亏平衡点，企业在投资决策时必须慎重，以防止预计失误给企业带来不利后果。

【习题】

一、关键概念

1. 现金流出量　　2. 现金流入量　　3. 现金净流量　　4. 净现值　　5. 内部收益率

二、简答题

1. 简述项目投资使用现金流量的原因。
2. 简述净现值法的优缺点。
3. 简述内部收益率法的优缺点。
4. 简述敏感性分析法分析的基本要求。

第8章

企业日常财务管理

【学习要点】本章说明了现金及有价证券的管理要求，现金预算编制方法和最佳现金余额的确定；分析了企业信用政策的制定，应收账款信用决策和风险防范；阐述了影响存货管理成本的因素、存货管理方法和最佳存货模型与运用；介绍了企业短期筹资特点、策略运用和相关成本计算。

企业的日常财务管理主要是对流动资产的管理。流动资产是指可以在一年或者超过一年的一个营业周期内变现或耗用的资产，包括现金及各种存款、短期投资、应收及预付款项等。流动资产具有以下特点：周转具有短期性；具有变现性；数量具有波动性；其循环与生产经营周期具有一致性。流动资产对企业的生产经营活动具有极为重要的意义。如果企业的流动资产不足，可造成企业经营活动发生困难，甚至停业或倒闭；如果流动资产过多，有可能使企业的资金成本（持有成本）上升，从而使企业的资金效益下降，实际利润下降。因此，企业日常的财务管理在企业的财务管理中占有重要位置。

第一节 现金及有价证券管理

一、现金和有价证券的范围

现金是在生产经营活动中停留于货币形态的那部分资产，它可以立即用来购买商品、支付各种费用或用来还债。狭义的现金是指库存现金，广义的现金则还包括现金和现金等价物，如有价证券、银行存款和在途资金等，也就是货币资产。现金是一种流动性最强但无法产生盈余的资产。

（一）现金的范围

根据国际惯例，现金范围包括：

1. 库存现金。公司现时拥有的现钞，含人民币现钞和外币现钞。
2. 活期存款。公司存在银行里的随时可以支取的各种款项，含人民币存款和外币存款。
3. 即期或到期票据。公司拥有的银行支票、银行汇票和银行本票等。

（二）现金的特点

从现代理财的角度看，现金具有如下特点：

1. 现金是流动性最大的资产，具有普遍的可接受性。在公司所有的资产中，唯有现金具有直接支付能力和偿付能力。现金具有货币支付手段的基本职能，现金可随时转化为其他资产形态，这种特点是现金以外的任何资产都不具备的。因此，现金是从事生产经营活动首先必须拥有的经济资源。在现实经济生活中，现金的流动最为频繁，这种频繁性才要求会计上应用日记账来反映其收支与结存。

2. 现金是一种无法产生盈余的资产。现金是资金循环与周转的起点和终点，它处于暂时闲置的状态，是一种尚未投入营运而无法产生盈余的资产。因此，要想保持现金的合理持有量，一方面应尽可能地降低现金持有余额，以提高资产的整体效益水平；另一方面又要保证现金的正常流量，以维持资产的流动性和变现支付能力，这是现代公司理财的一个重要课题。

3. 现金是企业资产中被贪污、行窃觊觎的重点对象。现金拥有的直接购买力成了犯罪最为理想的心理取向。因此，健全现金内部控制制度，防止现金被人贪污、盗窃、行骗乃是公司理财的重要内容。

4. 现金是具有购买力变动风险的资产。现金拥有量在一定程度上也体现为现时购买力，物价的波动会给持有现金的公司带来购买力的损益，其内在价值会产生较大波动，受到通货膨胀的影响最直接。

因此组织好货币资产的管理，不仅有利于促进企业增收节支，减少资金占用，加速资金周转，提高经济效益，而且有利于企业贯彻执行国家的财经政策和财经纪律，维护经济秩序，防止贪污、挪用和盗窃货币资产行为的发生。

（三）现金的管理要求

1. 钱账和章证分管，确保现金的安全完整。企业财务制度明确规定，出纳人员负责办理现金出纳和银行存款的业务，责任明确，管钱的不管账，管账的不管钱。本单位的财务专用章、领导人和财务主管的印鉴式样送银行留存，出纳人员不得经管印章，更不得与结算凭证放在一起，以防丢失或被盗。单位领导、会计、稽核人员应定期或不定期地对企业的现金进行抽查，做到账款相符，确保现金资产的安全完整。

2. 严格遵守现金收支范围和银行结算制度。加强现金资产的管理，严格遵守国家规定的现金使用范围和银行结算制度，将现金收支业务分开处理，不准以支抵收，坐支现金，做到日清月结。不得用借条、白条抵充现金。所有的收支超过一定限额都必须通过银行办理收付结算手续，不得收付现金。各种支出的发生和审批、支票的签发与使用都必须职责分离。不准出租、出借银行账户，不准签发空头支票和远期支票，不准套取银行信用。

3. 加速现金流入，减缓现金流出。企业的现金资产是流动性最强的资产，拥有足够的现金对降低企业财务风险，增强企业资金的流动性具有十分重要的意义。企业应尽可能快地收回在途货币资金，减缓货币资金流出。应根据收入货币资金的时间，重新安排支付货币资金的时间。既要保证企业货币资金的流动性，又要最大限度地利用资金，提高资金的使用效益。

4. 加强现金的余额管理，确定最佳现金余额或最佳现金持有量。企业保持最佳现金持有量，对企业最为有利。若现金持有量低于这一限度，会影响企业资金的正常周转，增加企业的财务风险；若现金持有量高于这一限度，又会降低企业的经济效益。企业可在对影响最佳持有量的因素进行分析的基础上，选用一定的数学模型加以计算确定。

二、企业持有现金动机

公司需要以现金支付薪资，购买原材料和固定资产，支付所得税、利息和股利，公司缺乏足够的现金，它就可能发生周转困难，甚至破产。如果持有的现金过量，公司也将受损失：现金是一种无法产生盈余的资产，同时还将负担高额的机会成本。现金管理的目标，即将现金余额降低到足以维持公司营运的最低水平，并充分利用暂时闲置的现金获取最大收益。公司持有现金的动机，决定了公司在现金的流动性与收益性之间做出合理的抉择倾向。

（一）交易性需求

交易性需求是指满足公司日常业务的现金支付需要，如用于购买材料、支付工资、缴纳税金、支付股利等。保留一定的现金余额可使企业在现金支出大于现金收入时，不致中断经营活动。如果不维持适当的现金余额，企业的交易活动很难正常地进行下去。为了交易需要持有足够的现金，可以提高公司的资产流动性和偿债能力，维持企业较高的商业信誉，便于企业从供应者那里取得更多的商业信用和现金折扣。

由于交易性动机而使企业持有的现金余额的多少，主要取决于公司生产经营规模的大小。一般而言，规模越大，交易性现金余额也就越多。

（二）补偿性需求

银行常常通过将客户的存款贷放出来获得利润。因此，银行的存款越多，其可贷放出去的资金也就越多，因而它可以获得的利润也可能越多。因此，基于贷款安全的规定，有时也因给客户提供额外服务的需要，银行通常会要求客户在其存款账户中维持一个最低的存款余额。作为公司，也随时有申请贷款的可能或者得到银行向其提供额外服务的方便，因此公司对银行提出的维持一定存款的要求也应尽量满足。这种类型的余额就被称为补偿性余额。

（三）预防性需求

公司现金的收支数量通常很难准确地预测出来，现金流量的可预测程度也会随着公司与行业的不同而有所变化。为了经营安全起见，公司还需持有若干现金以防不测。因此，预防性需求是指公司以应付意外事件的需求持有现金。由于公司在生产经营活动过程中有许多意外事件，例如，地震、水灾、火灾、风灾等自然灾害，生产事故、主要客户未能及时付款等经营意外，往往会打破公司的现金预算，从而破坏现金预算的作用，影响现金的收入和支出，使现金收支不平衡。持有合适数量的现金，可以使公司更好地应付这些意外事件的发生。预防性现金持有量多少，与公司未来现金流量的可预测性、公司的借款能力等因素有关。当公司未来现金流量的可预测性越强时，公司所需的预防性现金余额可适当降低；相反则应保持较高水平的预防性余额。同样，公司的借款能力越强，预防性现金余额可降低；反之则应提高。

（四）投机性需求

有时公司也会持有一些现金，以便能随时抓住偶然出现的投资机会。投机性需求是指企业持有现金用于特殊的交易活动，如遇到廉价原材料或其他采购的机会，或在适当时机购入价格有利的股票和其他有价证券、基金，以期价格反弹时获取资本利润等，这时便可用手头现金进行交易从中获取收益。一般地，除金融、投资公司以外的其他企业，持有现金的目的并不主要是为了投机，而是为了抓住各种瞬息即逝的市场机会以获得较大的收益。实际上为投机性动机置存现金的不多，它通常取决于企业在金融市场的投资机会及企业对待投资风险的态度。

尽管大多数公司持有的现金余额，由交易性、补偿性、预防性和投机性余额四个部分构成，但往往可以使用相同的现金余额来同时达到一种以上的目标。例如，投机性余额也可以用来满足公司的预防性需求，故我们无法估计、也不需要估计出公司每种动机准确的现金余额。企业持有的货币资金量并不是上述各项需求之和，只不过公司在决定其目标现金余额时，我们需要将上述四个因素都纳入考虑范围。此外，公司还有可能依靠举债与有价证券来满足上述各种需求，而不仅仅是利用现金来满足上述各种需求。因此，对现金余额的确定，应将持有现金动机和公司获取现金的能力这两个因素结合在一起来考虑。

三、现金预算编制方法

（一）现金管理的基本策略

企业在经营过程中，要经常处理现金收付业务。如果现金流入量与流出量能够同时发生并且能够准确地预计，那么企业就不需要持有现金余额。然而这只是一种理想的境界，企业必须研究如何制定一个良好的现金管理策略才能尽量减少现金余额，以维持企业的获利能力和流动性。从企业盈利角度考虑，应当尽量减少持有现金，力求避免资金闲置和资金利用率低给企业造成潜在损失；但从企业安全性角度看，企业应该保持充足的现金储备，防止现金短缺情况的发生。现金管理策略包括下列四个要点：

1. 编制现金预算，规划未来的现金流入量和流出量。
2. 确定适当的现金持有量。通常需要考虑：现金流量预测值发生的概率、持有过多现金的机会成本、现金不足的损失。
3. 运用加速现金流入与减缓现金流出的方法，尽量提高现金管理效率。

4. 进行现金与有价证券持有比例的决策。

（二）现金预算的编制

现金预算一般是以销售预算、生产预算和费用预算等为基础编制的，预测企业在一段时间内现金流入量与流出量的书面报告。它是企业全面预算体系的总结，是企业进行现金管理的必要手段。有了现金预算，可以了解企业各期现金收支情况，估算现金富余或短缺的金额及时间，为现金管理提供依据。现金预算有下列几种编制方法：现金收支法、调整收益法和预测资产负债表法等。下面分别予以介绍：

1. 现金收支法。现金收支法是指通过预测所有现金流入项目和现金流出项目，据此计算预测期内的现金净流量来断定现金需求的一种方法，同时它也是最为流行、最为常见的现金预算编制方法。其主要步骤是：

（1）预测一定期间的所有现金流入项目和现金流入量。要求在业务量及营业收入预测的基础上，将主营业务收入、其他业务收入、资金筹集收入、财产变价收入、上级下拨各项资金、用户预存款和预收代收款等逐项计算列入表内。这些收入预算可以推断出企业能够获取多少现金流入。

（2）预测一定期间的所有现金流出项目和现金流出量。要求把资本性支出和收益性支出（凡是涉及现金支付的）都包括进来，将工程投资、资产购置、材料采购、工薪发放、税金缴纳、偿还债务本息和支付股利等逐项计算列入表内。

（3）估算出企业出现现金不足或富余的金额、可能性和发生时间，并提出妥善处理办法。估算公式为：

$$\text{预算期现金余缺额} = \text{预算期期初现金余额} + \text{预算期现金流入额} - \text{预算期现金流出额} - \text{预算期期末现金余额}$$

计算结果如果为正，表明企业在预算期内有现金富余，需要对闲置现金的利用进行规划；如果结果为负，表明企业在预算期内存在现金短缺，需要设法筹措资金。

运用此种方法编制的现金预算的基本结构见表 8-1。

表 8-1　　　　　××年××公司现金预算（1）　　　　　单位：万元

项　　目	1月	……	12月	全年合计
一、预算期内现金流入总额				
其中：主营业务收入				
其他业务收入				
筹资举债收入				
……				
二、预算期内现金流出总额				
其中：采购材料				
发放工资				

续表

项　目	1月	……	12月	全年合计
工程支出				
对外投资				
……				
三、预算期内现金净收入（或净支出）				
四、年内各月现金净收入（或净支出）累计额				
五、预算期内期初现金余额				
六、预算期内期末现金余额				
七、预算期内可供利用的现金余额（或不足）				
其中：归还银行借款				
短期证券投资				
出售短期投资证券				
银行借款				
……				

用现金收支法编制的现金预算，其突出的优点是直接与现金收支的实际情况相联系，并进行比较，便于实施控制和分析现金预算的执行情况，而缺点则在于：这样编制出来的预算无法显示现金与预算期内生产经营、财务成果之间的重要关系，现金净收入额并不表示企业的损益状况。为了解决这一问题，于是就产生了调整收益法。

2. 调整收益法。为了弥补现金收支法编制的现金预算表的缺陷，可采用调整收益法编制现金预算。

调整收益法是指通过预测一定期间内的净收益，据此计算当期现金净流量来断定现金需求的一种方法。由于反映现金净流量的"净收益"应是以现金收付制为基础的税后净收益，因此就要对在会计上以权责发生制为基础计算预测的税前净收益进行调整，主要步骤是：

（1）预测以权责发生制为基础计算的税前净收益，并调整为以现金收付制为基础的税前净收益。

（2）再扣除预算期内各项税款支付，将以现金收付制为基础的税前净收益调整为以现金收付制为基础的税后净收益。

（3）将以现金收付制为基础的税后净收益调整为预测期内现金余额的增加额，即加上与预测期收益无关的现金收入项目，减去与预测期收益无关的现金支出项目。

（4）预算期内现金余额的增加额加减预算期期初和期末的现金余额，再扣除发放股东现金股利之后所剩余的金额，可以计算出该预算期内可供利用的现金余额，即可用来扩大投资的现金余额。

（5）对可供利用的现金余额（或不足）做出财务安排。

根据上述步骤可以编制现金预算，其基本格式见表8-2。

表 8-2　　　　　××年××公司现金预算（2）　　　　　单位：万元

项　目	1月	……	11月	12月
一、以权责发生制为基础计算的预测税前净收益				
加：预算期内的折旧额				
提取坏账准备额				
预提费用				
账款回收额超过销售额款				
减：预算期内销售额超过账款回收额款				
以现金收付制为基础计算的预测税前净收益				
减：预测期内的税款支付额				
二、以现金收付制为基础计算的预测税后净收益				
加：与预测期收益无关的现金收入——				
存货减少额				
出售投资证券				
出售固定资产				
减：与预测期收益无关的现金支出——				
存货增加额				
应付账款减少额				
偿还债务本金				
购进固定资产				
购进投资证券				
三、预算期内现金余额的增加额				
加：预算期期初的现金余额				
减：预算期期末的现金余额				
减：发放股东现金股利额				
四、可供利用的现金余额（或不足）				
其中：归还银行借款				
短期证券投资				
出售短期投资				
银行借款				

由表 8-2 可知，调整净收益法的主要特点是：

（1）将以权责发生制为基础计算的净收益与以现金收付制为基础计算的净收益统一起来。

（2）以现金收付制为基础计算出的净收益才是生产经营获利使企业现金余额增加的款额，从而它克服了现金收支法下收益额与现金流量不平衡的缺陷，如实地反映盈利可能现金不足，亏损可能现金有余这一反差现象。

（3）但表中现金余额的增加额不能直观、明细地反映出生产经营过程中营业现金收支情况，如销售收入额、直接材料和人工费支出额等，给现金收支的控制与评价考核带来麻烦。这是这种方法的欠缺所在。

总之，由于调整收益法能把净收益与现金流量间的关系展示出来，弥补了现金收支法的不足。在现实中，若不把净收益与现金流量的关系提示清楚，就无法理解为什么会出现盈利公司可能现金不足的现象。实质上，这也是以权责发生制为基础计算净收益的缺憾。

3. 预测资产负债表法。预测资产负债表法是指通过预测某一资产负债表日（期末）的各项资产金额，据此计算预测期资产金额的变化来断定企业现金需求的一种方法。会计恒等式告诉我们，无论资产与负债和所有者权益之间的关系如何变化，它总是保持总额的平衡。因此，资产的变化也就意味着资金来源的变化，或增减负债，或增减股本，或增减留存收益。所以，对资产的预测，也就是对资金需求的预测，就是为筹资方式的决策提供依据。在实际操作中，主要是准确预测预算期的资产增量，然后扣除满足资产增量资金需求的"自然筹资"部分，余下的差额即非自然筹资部分，它才是真正的现金需求量。

四、最佳现金余额的确定

公司如果持有过多的现金，虽然能够保证拥有较高的流动性，但由于现金这种资产的盈利性极差，可能造成资金闲置、浪费；另外，如果公司持有的现金太少，可能出现现金短缺而无法满足正常的现金需要。因此，现金管理的目标就是在现金资产的盈利性与流动性之间进行平衡，也就是采用一定的方法，试图寻求最佳的现金持有量，从而做到既能保证企业经营对现金的需要，又能使现金持有成本最低。所谓最佳现金余额，就是指正常情况下能保证企业生产经营的最低限度需要的现金数额，也就是公司对现金的需求量应是现金余额总成本最低时的资金量。它是控制货币资金合理持有量的尺度。

（一）现金的持有成本

现金作为一种非盈利性资产，持有现金是要付出代价的，即会发生持有成本。一般而言，现金持有总成本包括四个部分，即管理成本、机会成本、短缺成本和转换成本。

1. 管理成本。它是指企业因保持一定的现金余额而增加的相关费用，如管理人员工资、银行手续费及安全保障措施支出等。这部分费用相对固定，其发生额与现金持有量的多少无直接关系，因而可以看成是现金持有成本中的固定成本部分。

2. 机会成本。它是指因持有现金而丧失的其他投资机会可能获取的收益。企业持有现金，相应地就放弃了将这部分资产投资于其他方面而获取相关收益的机会，如购买股票、债券等，这就构成了持有现金的机会成本。这项成本的高低与现金持有量成正比例变动，其数额可按下列公式计算：

现金的机会成本 = 现金持有量 × 机会成本率

式中的机会成本率一般可用投资收益率来表示。

3. 短缺成本。它是指资金持有量过少，承受不起生产经营对现金的需要，给企业带来的损失，即因现金持有不足而遭受的损失。它大致包括两项：一是丧失购买机会的缺货损失和得不到折扣好处的损失；二是失去信誉的合同无法履行及债权人索债的损失等。因此，现金持有量亦不能过少。该项成本的高低与现金持有量呈反向变动关系，即现金持有量越高，现金的短缺成本就会越低。

4. 转换成本。它是指企业用现金购入有价证券以及转让有价证券换取现金时付出的交易费用中，与证券变现次数密切相关的部分，如委托买卖佣金、证券过户费、实物交割手续费等。转换成本与证券变现次数成正比例变动，其计算公式如下：

现金转换成本＝证券转换次数×证券每次转换费用

证券转换成本与现金持有量的关系是：在现金总需求量既定的前提下，现金持有量越多，要求证券变现次数就越少，相应的转换成本也就越低；反之，转换成本越高。也即两者呈反向变动关系。

例如，现金流出量大于流入量，应设法筹集资金或变卖现有有价证券，补充不足，保证支付；如果是流入量大于流出量，则应考虑偿还贷款或进行短期投资。由此可见，现金持有量与有价证券变现有着密切的联系。现金余额过多，会减少有价证券可得利息；这是现金持有成本，通常为有价证券的利息率，它与现金持有量成正比例的变化；现金余额过少，会动用有价证券变现，增加费用支出，这是有价证券转换成本。这两项成本是相互联系的，都受现金持有量的影响。因而，必须保持现金持有量的合理化。

（二）最佳现金余额的确定模式

确定最佳现金余额的常用方法有成本分析模式、现金周转期模式、库存模式和随机模式等。

1. 成本分析模式。它是根据现金持有成本的特点，通过分析不同方案下的现金持有成本的构成情况，选择使总成本最低的方案来确定最佳现金余额的方法。运用成本分析模式确定最佳现金余额，只考虑因持有一定量现金而产生的管理成本、机会成本和短缺成本，对转换成本不予考虑。具体可采用测算表或成本模型图进行。

(1) 最佳现金余额测算表法。具体步骤如下：

第一步，根据需要拟订各种现金持有量方案。

第二步，计算不同方案下的现金持有成本并编制最佳现金持有量测算表。

第三步，找出测算表中总成本最低的方案即为最佳现金余额方案。

[例1] 某企业拟订了四种现金持有方案，每种方案下的各项现金持有成本如表8-3所示（该企业的投资收益率为10%）。

表8-3　　　　　　　　　　现金持有量方案　　　　　　　　　　单位：元

项 目	方案一	方案二	方案三	方案四
现金持有量	6 250	12 500	18 750	25 000
管理成本	5 000	5 000	5 000	5 000
机会成本	625	1 250	1 875	2 500
短缺成本	3 000	1 685	600	0

根据表8-3编制最佳现金余额测算表如表8-4所示。

表8-4　　　　　　　　　　最佳现金持有量测算　　　　　　　　　单位：元

方案 项目	方案一 （持有现金6 250）	方案二 （持有现金12 500）	方案三 （持有现金18 750）	方案四 （持有现金25 000）
管理成本	5 000	5 000	5 000	5 000
机会成本	625	1 250	1 875	2 500
短缺成本	3 000	1 685	600	0
总成本	8 625	7 935	7 475	7 500

比较表8-4中各方案下的现金持有量总成本发现，方案三的总成本7 475元最低，所以该企业的最佳现金持有量，即余额应为18 750元。

（2）成本分析模型。这是一种通过在坐标图中绘制各项现金持有成本及总成本模型，并据以确定最佳现金余额的方法。具体步骤如下：

第一步，在坐标图中分别描出管理成本、机会成本、短缺成本模型。

第二步，根据第一步的结果绘制总成本模型。

第三步，找出总成本模型的最低点并向坐标横轴作引线，该引线与坐标横轴的交点即为最佳现金余额或最佳现金持有量。

[例2]　某企业现金持有量方案及各方案的现金持有成本资料同[例1]，据此做出的成本分析模型如图8-1所示。

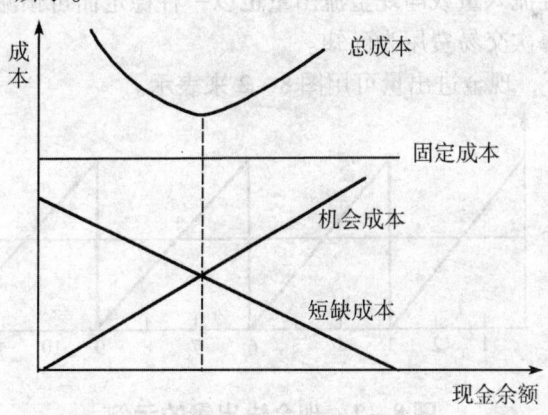

图8-1　成本分析模型

2. 现金周转期模式。它是根据现金周转期和计划期每日现金需求量确定最佳现金余额的方法。现金周转期是指企业从购买材料支付现金到销售商品收回现金的时间，包括：（1）存货周转期，指从原材料购买到制成产品并实现销售的时间；（2）应收账款周转期，指从产品销售到收回现金的时间，即应收账款的收款天数；（3）应付账款周转期，指从收到原材料到付出现金的时间，即应付账款的付款天数。现金周转期模式下的最佳现金持有量计算模型如下：

$$最佳现金持有量(余额) = \frac{计划年度现金总需求量}{360} \times 现金周转期$$

现金周转期 = 存货周转期 + 应收账款周转期 - 应付账款周转期

[**例3**] 某企业年度现金需求量为180万元，该企业的平均存货周转期为90天，应付款的平均付款期为50天，应收款的平均收款期为60天。则该企业年度最佳现金余额计算如下：

现金周转期 = 90 + 60 - 50 = 100（天）

最佳现金余额 = 180/360 × 100 = 50（万元）

3. 库存模式——鲍莫模型（Baumol Model）。此种方法是借鉴存货的经济批量模型，最早由美国的财务学家鲍莫于1952年提出，所以称为鲍莫模型。在现实经济生活中，企业往往同时持有一定金额的现金和短期有价证券，当持有现金不能满足企业需要时，需将一部分证券转换成现金，因此会发生相应的交易费用；但如果现金持有量过多又会形成较高的投资机会成本。一般情况下，投资机会成本与现金持有量呈同向变动，交易费用与现金持有量呈反向变动。现金余额在许多方面都类似于存货，而最佳存货量是由经济订货量模式确定的。库存模式确定最佳现金余额的基本假设是：

（1）公司营运的现金流入量是以一种稳定而可预测的速度在发生；企业所需要的现金可通过债券变现的不确定性很小；

（2）公司耗用的现金流出量也是以一种稳定而可预测的速度在发生；

（3）公司的净现金流入量或净现金流出量也以一种稳定而可预测的速度在发生；

（4）债券利率及每次交易费用为已知。

在上述假定条件下，现金进出量可用图8-2来表示。

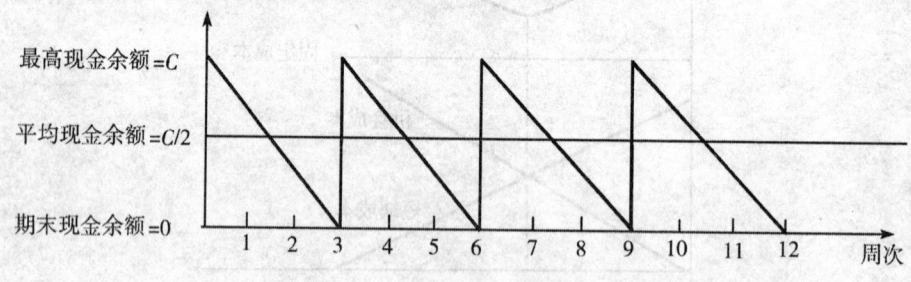

图8-2　现金进出量的示例

假定某公司在第0周时，持有现金60万元，每周现金流入180万元，现金流出200万元。那么，每周的净现金流出量就是20万元。可以预见，到第3周结束时，其现金余额将降为零，其平均现金余额为30万元。从现金调度的角度来看，在第3周结束时，就要用申请贷款或出售有价证券等方式来补充现金余额。假定该公司把最高现金余额 C 定得更高一些，如120万元，则现金余额的供应周期将持久一些，即在第6周结束时才要补充现金，而且它出售证券或申请贷款的频率也会减少，但平均现金余额则要提高到60万元。

如前所述，公司持有现金越多，则其占用成本也越高。现金的占用成本又称为持有成本，实质上是现金这一经济资源的机会成本，主要是指现金若投资到有价证券等类型资产上可获得的报酬率。另外，企业若持有现金太少，就要频繁出售证券或申请贷款，这是要付出代价的，如证券交易手续费、贷款利息等，这就构成了现金的兑换成本，又称交易成本。现金余额的总成本就是由持有成本和交易成本构成的。现金余额与现金总成本的关系可用图 8-3 表示。

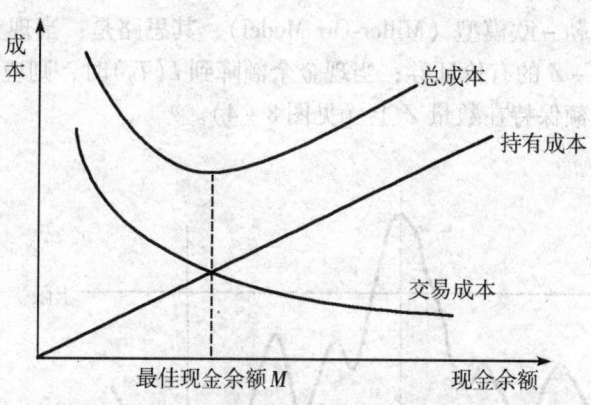

图 8-3　现金余额与现金总成本的关系

设：F 为每次出售证券或举债的交易成本；T 为某时期内货币资金的总需求量；K 为持有现金的机会成本，即该时期有价证券的报酬率；M 为最佳现金余额。那么，$F(T/M)$ 即某时期的交易成本，$K(M/2)$ 则为现金的持有成本，总成本是：

$$TC = F(T/M) + K(M/2)$$

对 M 求导数，并令其结果为零，则：

$$\frac{dTC}{dM} = -\frac{FT}{M^2} + \frac{K}{2} = 0$$

$$M = \sqrt{\frac{2FT}{K}}$$

[**例 4**]　某企业的现金需求量为 600 000 元，其每次交易成本为 40 元，有价证券的月利率为 8‰，则该企业的最佳现金余额为：

$$M = \sqrt{\frac{2 \times 40 \times 600\,000}{0.008}} = 77\,459.67 \approx 80\,000 （元）$$

在此余额水平上，总成本最低为：

$$40 \times \frac{600\,000}{80\,000} + 8‰ \times \frac{80\,000}{2} = 620 （元）$$

在进行实际操作时，最佳现金余额的确定还应考虑证券市场、金融市场的发育程度与筹资效率等因素，有时一些公司会持有作为安全存量用的现金，以降低短缺现金的风险，但库存模式毕竟有些简化，且假设也不太符合现实，因此，在实际运用中还需依靠财务人员的经验和判断。

4. 随机模式。库存模式假定的现金收支既稳定又均衡的情况极少，因为大多数企业的现金流量都是不稳定、不均衡的，所以现金需求量事先很难准确预测。因此，不如制定一个控制区域，当现金余额达到上限时，即将现金转换为有价证券；当现金余额下降到下限时，则需售出有价证券或举债。

随机模式也称米勒－欧模型（Miller-Orr Model），其思路是：当现金余额达到$H(T_1)$时，企业应买进数量为$H-Z$的有价证券；当现金余额降到$L(T_2)$时，则应卖出数量为$Z-L$的有价证券，以使现金余额保持在数量Z上（见图8-4）。

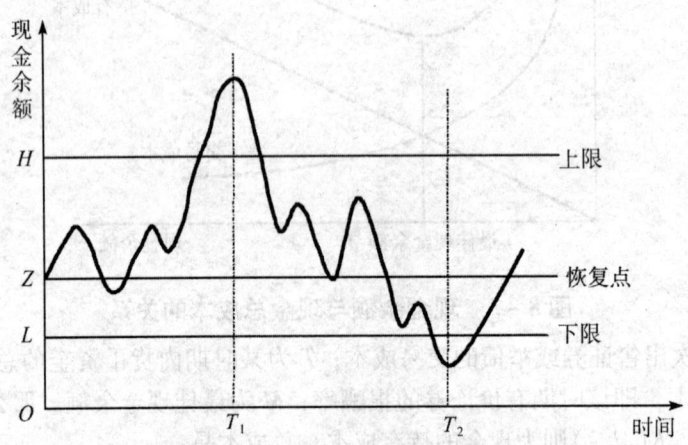

图8-4 随机模式下的现金流量

米勒－欧模型中的H与Z不仅取决于交易成本与持有成本，而且也与现金余额可能波动的程度（σ）有关。Z的恢复点的值可用下列公式计算：

$$Z = \sqrt[3]{\frac{3F\sigma^2}{4K}} + L$$

$$H = 3Z - 2L$$

式中：Z为随机模型中现金恢复点的值；L为随机模型中现金控制的下限；H为随机模型中现金控制的上限；F为每次出售证券或举债的交易成本；σ^2为每日现金净流量的方差；K为有价证券的日利率。

方差σ^2，是每日现金流量变动与其平均值偏差平方和的平均数，其计算公式为：

$$\sigma^2 = \frac{\sum(x - \bar{x})^2}{n}$$

式中：n为变量的项数；x为每日现金净流量。

[例5] 假定某企业每日现金净流量的标准差为66 000元，有价证券的月利率为8‰，每次交易成本为40元，现金最低控制额为0元，则：

$$Z = \sqrt[3]{\frac{3 \times 40 \times 66\,000}{4 \times 8‰ \div 30}} + 0$$
$$= 78\,840 \approx 80\,000\,(元)$$

最佳上限 $H = 3Z$,即 $H = 3 \times 80\,000 = 240\,000$ 元。

由于现金流量是随机的,公司现金上限控制点为 240 000 元,现金下限控制点为 0 元,现金余额控制恢复点为 80 000 元。

五、现金的日常管理体系

在现金资产的管理中,企业除合理编制现金预算和认真确定最佳现金持有量外,还必须进行现金的日常管理。加强现金的日常管理是积极执行现金预算、提高现金运营效率的关键,主要包括以下工作内容:

(一) 分析研究影响现金余额水平变化的因素

管好用好货币资金,应分析研究影响货币资金余额水平变化的因素,通常情况下,可以考虑下列因素:

1. 宏观经济状况的变化。国家的政治经济形势及有关财政、银行、税收等政策发生变化,会在很大程度上影响企业的货币资金持有量,如贷款利率的调整等。

2. 销售季节的变化。在产销旺季,销售量增加,也要增加设备、材料等费用支出,便会降低货币资金的余额水平;在产销淡季,则会使货币资金的余额水平提高。

3. 企业计划的货币资金量。预期货币资金流量主要取决于企业销售量的大小和企业在其生命周期中所处的阶段(如发展、成熟、停滞、衰落等阶段)。

4. 企业未清偿债务的到期情况。

5. 重要的临时性支出。

6. 企业应付紧急情况的筹资能力等。

(二) 健全内部控制制度

对现金业务实施职务控制、账簿控制和程序控制,实行内部牵制制度,以确保现金的安全和完整,防止发生意外和损失。其基本要点是:

1. 会计、出纳不得兼职,经管现金与会计记录实行牵制原则;

2. 现金、存款日记账与总账保持统驭关系,定期与不定期地实施经常性检查与突击性检查,严密内部稽核办法;

3. 严格控制现金流出,实施预算管理,并严密审批、签发程序,明确权责关系;

4. 及时进行货币资金清理。在货币资金管理中,要及时进行货币资金的清理。库存现金的收支应做到日清月结,确保库存现金的账面余额与实际库存额相符合;银行存款余额与银行对账单余额相符合;现金、银行存款日记账数额分别与现金和银行存款总账的数额相符合。

5. 严格遵守国家颁布的现金管理法规及其他管理法规。

(三) 掌握提高现金营运效率的技巧

提高现金营运效率的关键是尽量提前现金流入，并合理安排现金流出。为了提高货币资金的使用效率，加速货币资金周转，企业应尽量加速收款，即在不影响未来销售的情况下，尽可能快地收回货币资金。为此必须满足下列要求：首先，缩短客户付款的邮寄时间；其次，缩短企业收到客户开来支票与支票兑现之间的时间；另外，加速资金存入往来银行的过程。为达到以上要求，目前，采用比较通行的技巧和措施有：

1. 现金流量同步法。如果每个公司能尽量使它的现金流入和现金流出发生的时间趋于一致，则公司就可以将其所持有的交易性余额降到最低的水平，这就是所谓的现金流量同步化。现金流量同步法是指企业在安排现金收付时，要不断提高对现金流出数量和流入数量及时间的预见性，尽可能地使现金流入和现金流出的时间趋于一致。如果认识到这一点，许多公司就会重新安排每个月给客户邮寄的时间与支付自身所收到账单的时间，以使现金流入量与现金流出量趋于一致，从而达到降低交易性余额的目的。

2. 集中银行法及其他先进的电子缴款方式。集中银行法是指改变只在企业总部设立一个收款点的做法，而是在收款额比较集中的若干地区分别设立若干个收款中心，并指定一个主要开户银行（通常是指总部所在地）为集中银行。企业客户的货款交到距其最近的收款中心，收款中心再将扣除补偿性余额后的现金解缴到集中银行。另外，还可以借助于现代化的信息电子服务技术和先进的信用工具等，在异地任何时间任何地点快速交缴货款。这种方法缩短了交款时间，方便了客户。

3. 浮动量法。浮动量是指显示在公司账面上的存款余额与出现在银行对账单中该公司存款余额之间的差额。如某企业每天平均开出支票1万元，而受票人与银行总共需花费4天时间才能办完支票交换手续，并从该企业的银行账户中划转这笔数额，这样，企业本身的银行存款账户余额比银行账簿中所记录的本企业存款余额少4万元。同样，如果企业支票账簿上记入的支票收入额比银行账簿中所记录的本企业的存款余额多3万元，则该企业可使用的净现金浮动量就等于4万元的正浮动量与3万元的负浮动量之差，即1万元。使用现金的浮动量，公司可适当减少现金持有量，达到货币资金的节约。在使用现金浮动量时，一定要控制使用时间，否则，会发生开空头支票违反结算纪律的情况。所以浮动量实际上就是由于票据处理的时限性而形成的未达账项。假若公司的管理效率显著，能够尽早、尽快地收进款项，或尽量推迟、延缓付出款项，那么就会形成公司本身的存款账面余额是负数，但在银行账面上却是正数的情形。在延缓支票开出到实际兑换时间上，一般采用的方法是在信用期的最后一天支付款项。例如，企业在采购材料时，如果付款条件是"2/10，$n/45$"，则应安排在发票开出日期后的第10天或第45天，这样，企业可以最大限度地利用货币资金而又不丧失现金折扣或丧失信用。另一种为大家普遍使用的推迟货币资金支出时间的方法则是采用商业汇票付款。它既可以缩短企业必须持有货币资金以等待支付债务的时间，又可以推迟货币资金支付的时间。另外，还可以巧妙地利用公司与银行的休假日不一致或大小礼拜的差别。如果公司能够准确预测浮动量并予以充分利用，则可以节约大量现金。

4. 采取合理的财务决策。充分利用资金、金融和证券市场，采取合理现金余额留存与多余现金投资于短期证券的财务决策,为企业获取更多的短期投资效益。例如,当企业有较多闲置不用的货币资金时,可投资于国库券、大额定期可转让存单、企业债券、企业股票,以获取较多的利息收入;而当企业货币资金短缺时,再出售各种证券以获取货币资金。因此,适当进行证券投资是调整企业现金余额的一种比较好的方法。

第二节 应收账款管理

应收账款是指企业对外销售商品或提供劳务等形成的,应收但尚未收回的,被购货单位或接受劳务单位所占用的款项,即是因赊销而产生的应收款项,包括应收销售款、其他应收款、应收票据等。赊销是一种商业信用行为,由其形成的应收账款构成了资产,它属于短期性债权。从资产运营的角度来讲,它也是一项投资。应收账款大多产生于竞争的需要,企业除了以优质的产品质量、优惠的销售价格和优良的售后服务来吸引客户扩大其产品销售外,赊销也日益成为企业促进销售、增加收入的重要手段。因为赊销一方面向客户提供了所需的商品,另一方面也是向客户提供了一定时间内免费的资金。企业提供商业信用,采取赊销、分期付款等销售方式,不仅可以减少存货,减少相应的管理费、仓储费和保险费等,而且可以扩大销售,增加利润。但应收账款的增加,也会造成资金成本,如机会成本(即因投放于应收账款而放弃的其他收入)和管理成本,以及坏账损失(因不能收回应收账款而造成的损失)等费用的增加。

可见,应收账款一方面增加了企业的竞争力,扩大了销售,但另一方面企业也为应收账款的占用,付出相应的成本并承担一定的风险。投资的收益与成本并存,理财的任务就是权衡收益与成本,以决定最佳的应收账款占有水平。因此,应收账款管理的目标在于,如何利用应收账款提高企业的竞争力,同时又通过制定合理的信用标准和信用条件,使应收账款的直接成本和机会成本总和最低,最后制定最佳的信用政策,并随时控制信用风险,以保证应收账款取得最佳的投资收益。

一、信用政策

一个公司经营的成败主要取决于市场占有率,即市场上对其产品(劳务)的需求量。影响销售的因素很多,就公司内部而言,主要有产品价格(指非国家控制的产品定价或政策允许浮动的价格)、产品质量、服务水平、广告效应以及赊销效果的好坏,而应收账款赊销产品的效果好坏,取决于企业的应收账款政策(又称信用政策)。信用政策是企业对应收账款进行规划和控制的一些原则性规定,是企业对其应收账款进行管理的基本措施,是企业财务政策的一个重要组成部分,它主要由信用期间、信用标准、收账政策、现金折扣等要素构成。

(一)信用期间

信用期间是企业允许客户从购货到付款之间的时间,或者说是企业给予客户的付款期间。信用期过短，不足以吸引客户，在竞争中会使销售额下降；信用期过长，对销售额增加固然有利，所得的收益有时会被增长的费用抵消，甚至造成利润减少。因此，企业必须慎重研究，确定出恰当的信用期。信用期的确定主要是分析改变现行信用期对收入和成本的影响。延长信用期，会使销售额增加，产生有利影响；与此同时应收账款、收账费用增加，坏账损失发生的几率也增大，信用成本随之增加，会产生不利影响。所以企业应当在信用期限延长产生的边际收益和带来的边际成本之间做出比较，确定最佳信用期间。一般而言，当边际收益大于边际成本时，可以延长信用期，否则不宜延长。如果缩短信用期，情况与此相反。

[例6] 假设某企业现行信用期间为20天，为了扩大销售，企业打算将信用期延长至30天。已知企业现在年销售额为396万元（指赊销额），应收账款管理费用为2万元，坏账损失率为1%，如果延长至30天，年赊销额将会增加至504万元，应收账款管理费用增加至5万元，坏账损失率提高到1.5%。企业边际利润率为20%，应收账款投资的机会成本为18%，根据这些数据，可以计算信用期间变动对企业利润的净影响，并进而判断是否该采用新的信用期间。

(1) 当采用现行信用期20天时，则：

赊销利润额 = 396×20% = 79.2（万元）

应收账款机会成本 = $396 \times \frac{1-20\%}{360} \times 20 \times 18\% = 3.168$（万元）

应收账款管理成本 = 2（万元）

坏账损失 = 396×1% = 3.96（万元）

信用成本总额 = 3.168+2+3.96 = 9.128（万元）

应收账款投资净利润 = 79.2−9.128 = 70.072（万元）

其中：$\frac{应收账款}{机会成本} = \frac{按进价计算应}{收账款占用额} \times 应收账款机会成本率$

$= 年销售额 \times \frac{1-边际利润率}{360} \times 信用期 \times \frac{应收账款}{机会成本率}$

$= 年销售额 \times 变动成本率 \times 信用期 \times 应收账款机会成本$

注：边际利润率 = $\frac{收入-变动成本}{收入} \times 100\% = 1-变动成本率$

(2) 当采用新的信用期30天时，则：

赊销利润额 = 504×20% = 100.8（万元）

应收账款机会成本 = $504 \times \frac{1-20\%}{360} \times 30 \times 18\% = 5.78$（万元）

应收账款管理成本 = 5（万元）

坏账损失 = 504×1.5% = 7.56（万元）

信用成本总额 = 5.78+5+7.56 = 18.34（万元）

应收账款投资净利润 = 100.8−18.34 = 82.46（万元）

(3) 比较新旧两种信用期间产生的净利润，发现企业将信用期限延长10天，会令利润增加12.388万元,因此该企业应采用新的信用期间。

(二) 信用标准

信用标准是指客户获得企业的交易信用所具备的条件,即客户必须具备的财务实力。因此,财务管理部门应负责确立信用标准,并以此为准绳来评估客户的财务实力,为信用政策的制定奠定基础。如果客户达不到信用标准,便不能享受企业的信用或只能享受较低的信用标准。通常以预期的坏账损失率作为判断标准。如果企业的信用标准较严,只对信誉很好、坏账损失率很低的客户给予赊销,则会减少坏账损失和应收账款的机会成本,但同时也会减少销售量,库存增多,企业竞争力受到削弱;如果企业的信用标准较宽,愿意向信誉不好的客户提供赊销,那么其产品的销售量会增加,产品的市场占有率也会提高,但同时本企业被应收账款占用的资金和遭受坏账损失的可能性都会相应增加。可见,决定最优的信用标准需要考虑信用的边际收益与边际成本,只有边际收益大于边际成本时适当放松信用标准才是可取的。很明显,此时的边际收益是指由于信用政策放宽,增加赊销而增大的销售收入,边际成本是指由于信用政策放宽,增加有关应收账款的机会成本、违约或坏账损失调整与收账成本等。总而言之,企业应根据具体情况,进行合理权衡。只有信用标准变化带来的收益大于其成本时,才可提供商业信用。

[例7] 某企业采用现有信用政策的赊销收入为300万元,边际贡献率为20%,该企业此时生产能力处于过剩状态,无须增加固定成本即可增加产销量200万件。企业为了充分利用现有的生产规模,决定放宽信用标准,此举预计能给企业增加120万元销售额,但平均收款期会从1个月延长到6个月。再假设应收账款的机会成本为15%,新增应收账款的坏账损失率为6%,这种情况下企业究竟应不应该放宽信用标准?

边际收益 = 120 × 20% = 24(万元)

边际成本 = 边际机会成本 + 边际坏账损失

$$= (300+120) \times \frac{1-20\%}{360} \times 180 \times 15\% - 300 \times \frac{1-20\%}{360} \times 30 \times 15\% + 120 \times 6\%$$

$$= 29.4（万元）$$

边际利润 = 24 - 29.4 = -5.4（万元）

通过分析可知,企业如果放宽信用标准并不可取,它将使企业亏损5.4万元,所以企业不应放宽信用标准。

影响信用标准的因素主要有三个方面:一是同行业的竞争状况;二是企业承担违约风险的能力;三是客户的信用品质。充分了解客户的信用品质才能够有把握地给予对方信用,也有利于企业更好地保护自身利润,降低风险。

在西方,公司通常要对客户的信用品质进行评价,即信用评估。信用评估是根据信用调查得到的有关资料,运用特定方法,对客户信用状况进行分析和评估的方法。信用评估的方法很多,最常用的是"5C评估法"和信用评估法。

"5C评估法"是指重点分析影响信用的五个方面的方法。这五个方面英文的第一个字母都是C,所以称它为"5C评估法"。这五个方面是品质、能力、资本、抵押和条件。

1. 品质。品质（或品行）是指客户的信誉，即是否愿意履行偿债义务、是否具有良好的形象。每一笔商业信用都隐含着客户对企业的付款承诺。所以，对企业来讲，对客户的品行考察最为重要。如果客户不具备良好的品质，没有付款的诚意，则该应收账款的风险势必增大，也许连偿债的可能性都没有。品行直接决定了应收账款的回收速度和回收数额。

2. 能力。能力是指企业根据客户的偿债记录、经营手段以及对客户的实际考察调研结果而对其偿债能力大小所做出的一种主观判断。

3. 资本。资本是指客户的财务实力和财务状况，表明客户可能偿还债务的背景。通常根据客户的负债比率、流动比率、速动比率等财务比率的分析指标来判断。

4. 抵押。抵押是指客户为了获得商业信用而向对方提供的可作为抵押的资产。客户一旦拒付款项或无力支付款项时，则可用抵押品或其变卖收入来抵债。这对于不了解底细或信用状况有争议的客户尤为重要。

5. 条件。条件是指可能影响客户付款能力的外部经济环境，以及地区、行业性的特殊情况。

"5C评估法"衡量的实例：

首先，设定能反映客户"5C"的有关指标。主要是有关财务指标，包括流动比率、速动比率、净流动资产、负债比率、产权比率、总资产、应收账款周转率、存货周转率、销售收入、赊购偿付情况等。

其次，根据企业实际，将能反映客户"5C"的有关指标转化为量化标准。某公司财务风险量化标准如表8-5所示。

表8-5　　　　　　　　　　客户信用量化计算

指　　标	信用好	信用差	信用好风险值	信用差风险值
流动比率	2以上	1.5以下	0	10
速动比率	1以上	0.7以下	0	10
净资产（万元）	110以上	35以下	0	10
负债比率（负债/资产）	30%以下	70%以上	0	10
产权比率（负债/产权）	1以下	2以上	0	10
总资产（万元）	1 500以上	300以下	0	10
应收账款周转率	12以上	8以下	0	10
存货周转率	5以上	3.5以下	0	10
销售收入（万元）	5 000以上	2 000以下	0	10
赊购偿付情况	及时	经常拖欠	0	10

再次，财务风险量化标准的评判，在本例中风险低的，量化得分在10分以上；风险中等的量化得分在10~30分之间；风险大的得分在30分以上，需要予以特别控制。

最后，对客户的实际资料并结合其他信息进行评价。在本例中对公司的甲客户资料进行评价如表8-6所示。

表8-6 甲客户风险量化计算

指　　标	客户信用值	本次指标风险值	累计风险
流动比率	2.2	0	0
速动比率	0.8	5	5
净资产（万元）	725	0	5
负债比率（负债/资产）	54.69%	5	10
产权比率（负债/产权）	1.21	5	15
总资产（万元）	1 600	0	15
应收账款周转率	12.5	0	15
存货周转率	6	0	15
销售收入（万元）	6 300	0	15
赊购偿付情况	及时	0	15

按公司确定的信用评级标准，甲客户的风险值为15，属于风险中等的客户，公司可以对甲客户授信。

（三）收账政策

收账政策是指企业为催收已过期的应收账款所遵循的程序，也就是当信用条件被违反时，企业采取的收账策略。具体就是指催收过期账款的步骤或程序，收账政策一般根据时间的长短进行控制，分别采取暂不打扰、信函催收、电话催收、上门催讨，一直到诉诸法庭的方式。如果企业收账政策太宽松，可能会令预期未付款的客户拖欠更长时间甚至赖账；如果收账政策过严，又可能得罪客户，影响正常的商务关系，因而企业采取一个适中的收账政策显得相当重要。例如企业可以规定：对逾期不足10天的客户不予过多打扰；对逾期10天未付款的客户可以通过书信催收；对逾期30天以上的客户除以措辞严厉的书信催缴以外，还可电话催缴；对于逾期90天仍不付款的客户则可移交专门的收账机构处理或是诉诸法律来解决。

企业制定收账政策需要做两方面的工作：第一是进行应收账款的账龄分析，主要目的是了解企业目前的应收账款中有多少尚处于信用期限内，有多少超过信用期限，对超过信用期限的应收账款按拖欠时间长短进行分类分析；第二是针对不同拖欠时间的应收账款进行不同收账方式下的成本效益分析，选取经济可行的收账政策，对可能发生的坏账损失应提前做出准备。

催收账款是要花费代价的，某些催款方式的费用还会很高（如诉讼费），但是收账成本与收账收益并非呈线性关系。一般情况是最初支出的收账成本也许不会使呆账减去多少，以后陆续支出的费用将对呆账损失的减少起着越来越大的作用，但是若超过这个限度，则再追加支出对进一步减少呆账损失的影响却渐趋减弱。因此，在决定收账政策时，要将收账成本和收账效益进行权衡。制定有效、得当的收账政策，很大程度上靠有关人员的经验；从财务管理的角度讲,也有一些数量化的方法可以参照。根据收账政策的优劣在于应收账款总成本最小化的道理,可以通过各收账方案成本的大小对其加以选择。

[例8] 某企业打算改进现有收账方案,有 A、B 两种方案可供选择,假定企业应收账款机会成本为 20%,变动成本率为 80%,年赊销为 720 万元,有 20% 赊销额超过信用期需催收,A、B 方案的有关情况如表 8-7 所示。

表8-7　　　　　　　　收账费用与收账期信息

方案	每年收账费用（万元）	平均收账期（天）	坏账损失率（%）
A	10	30	2
B	15	20	1

A 方案逾期应收账款平均余额 = 30/360 × 720 × 20% = 12（万元）
B 方案逾期应收账款平均余额 = 20/360 × 720 × 20% = 8（万元）
A 方案逾期应收账款机会成本 = 12 × 80% × 20% = 1.92（万元）
B 方案逾期应收账款机会成本 = 8 × 80% × 20% = 1.28（万元）
A 方案坏账损失额 = 720 × 2% = 14.4（万元）
B 方案坏账损失额 = 720 × 1% = 7.2（万元）

B 方案较 A 方案增加收账费用 5 万元,但减少坏账损失 7.2 万元,并减少机会成本 0.64 万元,企业净收益为 2.84 万元,所以企业应当采用 B 方案的收账政策。

（四）现金折扣

现金折扣是企业对客户在商品价格上所做的扣减。向客户提供这种价格上的优惠,主要目的在于吸引客户为享受优惠而提前付款,企业可以尽早收回应收账款,缩短应收账款的平均收款期。另外,现金折扣也能招揽一些把现金折扣视为减价出售的客户前来购货,借此扩大产成品存货的销售量。现金折扣的表示常采用如"4/10, 2/20, n/30"这样一些符号形式。其含义为: 4/10 表示 10 天付款,可以享受 4% 的价格优惠,即只需要支付原价的 96%; 2/20 表示 20 天付款,即可以享受 2% 的价格优惠,即只需要支付原价的 98%; n/30 表示付款的最后期限为 30 天,此时无价格优惠。

现金折扣是企业制定信用政策时应当考虑的一个因素,它是通过平衡不同折扣期的成本费用来权衡的。它通常与信用期相连,构成信用条件。企业采用什么程度的现金折扣,这要与信用期间结合起来考虑。比如,要求客户最迟不超过 30 天付款,若希望客户 20 天、10 天付款,能给予多大折扣?或者给予 5%、3% 的折扣,能吸引客户在多少天内付款?不论是信用期间还是现金折扣,都可能给企业带来收益,但也会增加成本。该成本则指的是价格折扣损失。当企业给予客户某种现金折扣时,应当考虑折扣所能带来的收益与成本孰高孰低,权衡利弊,择优决断。

因为现金折扣是与信用期间结合采用的,所以确定折扣程度的方法和过程实际上与前述信用期间的确定一致,只不过要把所提供的延期付款时间和折扣综合起来,看各方案的延期与折扣能取得多大的收益增加,再计算各方案带来的成本变化,最终确定最佳方案。

[例9] 某企业目前不提供现金折扣的情况下赊销期限为30天,销售量为9 000件,销售单价为200元,单位变动成本为100元,坏账损失率为5%。企业为了充分利用资金,加快资金周转,决定对赊销客户给予现金折扣,规定客户如果在10天之内付款可享受10%的折扣,企业采取此项措施估计会使销售增加3 000件,坏账损失率下降至2%,且客户全会要求获得折扣,该企业决策究竟是否采取该项措施?

销售变动额 = 12 000 × 200 × (1 - 10%) - 9 000 × 200 = 360 000(元)

成本变动额 = 3 000 × 100 = 300 000(元)

坏账变动额 = (3 000 + 9 000) × 200 × 2% - 9 000 × 200 × 5% = -42 000(元)

现金折扣对利润的净影响 = 360 000 - (300 000 - 42 000) = 102 000(元)

计算表明,企业应该提供该项现金折扣。

二、应收账款信用成本

如前所述,应收账款一方面增加了企业的竞争力,扩大了销售,但另一方面企业也必须为此付出相应的成本并承担一定的风险。应收账款成本是指因持有应收账款而付出的代价,主要包括机会成本、管理成本、坏账成本和短缺成本。

(一) 机会成本

应收账款的机会成本是指因进行应收账款投资而丧失其他投资机会可能获取的收益。这种成本一般根据企业投资机会或资金成本或有价证券的报酬率计算。其计算公式为:

机会成本 = 维持赊销业务所需的资金 × 机会成本率

其中:维持赊销业务所需的资金 = 应收账款平均余额 × 变动成本率。

(二) 管理成本

应收账款的管理成本是指为管理应收账款所支付的一切费用,包括对客户信用状况调查费、收集整理各种信息费用、收账费用以及账簿记录费用等。

(三) 坏账成本

由于各种各样的原因,应收账款中总有一部分不能如数收回而发生损失,这就是应收账款的坏账成本。该项成本一般与应收账款余额成正比关系,即应收账款数量越多,其坏账成本也就越大。其计算公式为:

坏账成本 = 应收账款平均余额 × 坏账损失率

(四) 短缺成本

如果公司不采用信用销售政策,就将导致销量减少、市场占有率下降等不利因素,其销售利润的损失程度就是短缺成本。应收账款投资规模越大,销售利润损失程度越小,短缺成本越低；反之，应收账款投资规模越小，销售利润损失程度越大，短缺成本越高。从某种角度看，短缺成本也是企业选择信用销售、进行应收账款投资产生的机会成本。

应收账款信用成本与收入关系如图 8-5 所示。

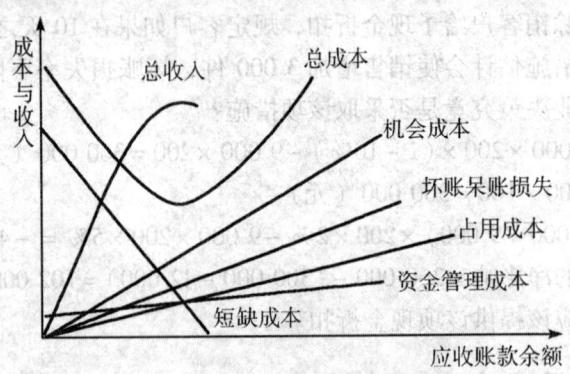

图 8-5 应收账款信用成本与收入

三、应收账款信用决策

在信用决策中，许多因素需经仔细考虑。信用决策必须依据公司自身的经济实力、公司经营策略、产品的生命周期、产品的市场占有率及销售量、公司的生产能力是否全部开动等经营情况和客户的信用情况。因为它们是公司信用决策的利益调整对象，如果信用决策导致了客户利益受损，必然会使公司的信用决策得不到很好的运用，可能会导致公司销售的下降或公司会被应收账款拖垮。因此，信用决策首先应建立在公司对自身信用管理控制上，其次在进行信用决策时应对公司客户的信用情况有全面和充分的了解。应当注意信用决策是一个动态的过程，企业应根据经营目标的变化、企业实力的情况和客户的变动，不断调整公司的信用政策。

信用决策必须衡量在应收账款组合中，增加一个赊销客户，是否符合公司的最佳利益。利润及现金流量所形成的报酬，是否足够来抵消预期的信用风险及损失。从这个角度来讲，信用管理是一种艺术。

在做应收账款信用决策时，主要应注意下列几点要求：

1. 选择合适的信用条件。对不同的客户、不同的业务，应当选择不同的信用条件，不能不分情由、不加区别。没有区别就没有政策，不讲策略就不符合市场竞争规律。

2. 制定合理的信用政策。应根据市场的具体情况、公司经营的方针与策略、业务的类别以及竞争态势来具体制定合理的信用政策，并根据情况的变化来决定信用政策的宽严程度及战略转变。

3. 建立应收账款的监督系统。公司应当运用账龄分析表或平均收账期来计算、分析应收账款的水平，实施应收账款额度控制办法，以监控应收账款的占用状况，并及时采取措施防止失控，而且更要协调好业务与财务部门的关系，使监督系统得以有效运行。

4. 做好应收账款的收账管理工作。企业的收账方针是否见效，取决于具体的收账管理工作做得如何。关于账龄分析的质量与效率、收账的结算方式是否方便拥护、收账结算的频率、收账的时间要求等都有明确的要求。另外，还要处理好收账成本与坏账损失的关系，力争以较低的收账成本把坏账损失减少到最低限度。

应收账款决策是在特定的经营目标下，通过均衡比较应收账款规模、信用标准、信用条件、收账政策的基础上进行的选择过程。一般有两种方法：

一是最低成本法，主要分析应收账款信用政策变化后，应收账款的资金机会（占用）成本、管理成本、短缺成本、坏账损失，以成本最低选择应收账款的信用政策。

二是最高收益法，是在分析应收账款政策变化后，各项收益和应收账款资金机会（占用）成本、管理成本、短缺成本、坏账损失的差额，以差额最大选择政策。

四、应收账款风险防范

信用管理属于风险管理的范畴，是现代企业理财的重要内容。管理好应收账款，有利于加快企业资金周转，提高资金使用效率，也有利于防范经营风险，维护投资者利益，促进经济效益的提高。但由于有些企业缺乏风险意识，内部管理制度混乱，如对账不及时、责任不清、内部激励机制不健全等。面对这些现象，企业应建立预警机制，同时加强内部管理制度，平时要积极调查，做好客户信息管理，分析信息，确定客户信用额度，谨慎行事，进行信用风险控制，密切关注，实施应收账款监控，建立监控系统，定期联系客户，专人监控，及时反馈更新信息，想方设法，追回客户拖欠账款。

为了控制应收账款的风险，企业一般要有一套科学的管理方法，具体有下列几个方面：

1. 应收账款投资控制额的计算。应收账款投资额的多少取决于两个因素：一是信用数量的多少；二是应收账款收现所需的时间。其计算公式为：

应收账款投资控制额 = 每日信用销售额 × 应收账款平均收现期

确定应收账款投资控制额，是为了在不影响业务收入的情况下，尽量降低应收账款的占用水平。根据公式可以看出，关键在于大力缩短应收账款平均收现期。作为应收账款的管理目标，对平均收现期要有明确要求，如 7~10 天。

2. 账龄分析表与平均收现期。为了监督应收账款的回收情况，通常必须借助于账龄分析表，运用会计资料进行计算，账龄分析表的基本格式如表 8-8 所示。

表 8-8　　　　　　　　　　　账龄分析

应收账款实占天数	占应收账款总额（%）
1 个月	
1~3 个月	
3~6 个月	
1 年以内	
1~2 年	
2~3 年	
3 年以上	
合　计	

根据账龄分析表可以看出：在控制回收期内付款的占多大比例；在规定信用期内付款的又占多大比例；又有多少是延迟信用期限，经过催收才还款的；还有哪些是拖欠太长，账龄太久的；而久悬不清的账项，很可能已经形成坏账，需要认真清查，审慎处理。

平均收现期是用来评估应收账款回收速度的指标，是应收账款余额除以每日业务销售额的所得比率，它说明了从销售行为发生一直到将应收账款收现为止所花费的平均时间。

3. 应收账款持有成本的计算。通过对应收账款持有成本的计算，确定是否进行应收账款投资，具体计算如前所述。

4. 实行坏账准备制度。随着市场经济的发展，经济往来与结算的关系越来越复杂，风险的存在是一种客观现实，因而坏账损失也在所难免。借鉴国外会计惯例，企业已经计提了坏账准备金，这样做就从财务制度上为公司发生的坏账损失规定了一个稳定的资金来源。否则，坏账损失挂账将会成为企业潜亏的一大隐患。

需要指出的是，计算坏账损失的方法较多，有销售收入百分比法、赊销金额百分比法、应收账款余额百分比法、账龄分析法等。目前采用的是账龄分析法、应收账款余额百分比法等为主，企业采用哪种坏账损失计算方法，由公司权力机构确定。

实行坏账准备金的企业，若发生坏账损失，应冲减坏账准备金；而若收回已经核销的坏账，应增加坏账准备金。在执行中，只有那些因债务人破产或者死亡，以其破产财产或者遗产清偿后，仍然不能收回的应收账款，或者因债务人逾期未履行偿债义务，超过三年仍然不能收回的应收账款，才能确认为坏账损失。另外，即使已做确认并已冲减坏账准备金的应收账款，也并不是完全放弃，企业是不应该轻易放弃债权人权利的。

第三节　存货管理

存货是指企业为销售或耗用而储存的各种商品、材料物资。存货在任何企业中都是种类多且占用额比较大的资产项目，这部分资产利用程度的好坏，对整个企业的财务状况和财务成果影响很大。因此，加强存货管理，尽可能采用科学方法做好存货的规划与控制工作，使存货始终保持在一个最优化水平，就成为企业财务管理的重要内容。

一、存货管理成本

为了保证企业生产、销售的正常进行而不致中断，同时为了减少进货次数，享受商业折扣，从而降低进货成本，保持适量的存货是非常必要的。但为了储存存货会发生各项支出，这些支出就是存货成本，它主要包括购置成本、进货费用、储存成本和短缺成本。

（一）购置成本

它是指购进存货时支付的买价，等于进货发票的金额，它体现的是存货本身的价值。在一定时期进货总量既定的条件下，若不考虑其他非常规因素，如物价变动、价格折扣等，存货的购置成本是固定不变的，属决策无关成本。当考虑存货购置的数量折扣时，存货的购置成本是相关成本。

（二）进货费用

它是指企业为组织进货而支付的费用，如运输费、装卸搬运费、检验费、专设采购机构费用等。其中专设采购机构费用与进货次数无关，属于与决策无关的固定费用；其他各项费用则将随着进货次数的增加而相应增加，两者呈正向变动关系，属决策相关成本。

（三）储存成本

它是指为储存存货而支付的费用。包括存货资金占用费（利息或机会成本）、仓储费、保险费、存货残损霉变损失、存货管理人员工资等。在保持既定仓储容量不变的条件下，存货仓储费用、管理人员工资等与存货储存数量无关，属决策无关成本；资金占用费、保险费、残损霉变损失等则将随着存货的增加而相应增加，即呈正向变动关系，属决策相关成本。

（四）短缺成本

它是指因存货短缺可能给企业带来的损失。如原材料供应不足造成的停工损失、产成品不足而延误发货丧失销售机会等。当企业不允许出现存货短缺时，短缺成本为零；当允许存货短缺时，短缺成本与存货数量呈反向变动关系。

二、存货管理方法

存货管理是指在正常生产经营过程中遵循存货计划，对存货的使用和流转进行组织、调控和监督，使企业的资金运动、物资运动和生产经营活动达到最佳结合的管理活动。存货管理的方法主要有如下几种：

（一）存货定期与定量管理方法

存货储备量的多少取决于三个参数：（1）订货点，即何时需要再订货；（2）订货量，即每次订货的数量；（3）订货提前期，即从订货到进货的间隔。根据存货的管理基点不同，可分成两个方法：一是存货的定量管理，即以存货的余量为基础，一旦数量降到设定的重新订货点，企业应开始订货；二是存货的定期管理，即以时间为基础对存货进行管理。

1. 存货定量管理。存货定量管理的图解模型如图 8-6 所示。

在图 8-6 中，B 为存货补充的重新订货点；Q 为每次的订货量；ac、ce、eg 为订货间隔期；ab、cd、ef 为订货提前期。

显然，这一模型的前提是：存货一次购入，在供应周期被陆续均匀地投入生产，即均匀消耗。这一模型的控制过程是：连续不断地监测存货存量的变化，当存货余量下降到重新订货点时，就要向供货厂商提出订货，经过一段时间（即订货提前期），重新订货的存货到达，补充存货。

为了实现这一管理过程，应事先确定两个参数：（1）重新订货点 B，这需要考虑订货提前期及每天的存货消耗量；（2）订货量 Q，应当根据经济订货批量模型计算确定。

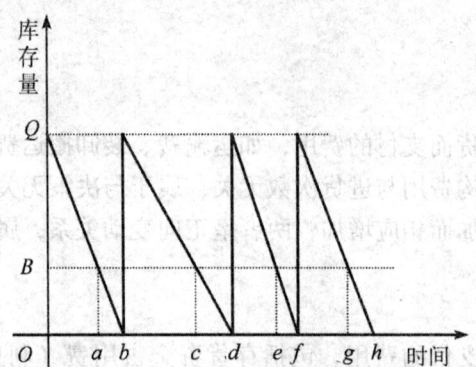

图 8-6　存货定量管理模型

但在实际生产过程中，企业在单位时间内存货消耗不可能是完全均匀的，也不可能是确定不变的，供货厂商的交货期也可能出现波动等，这时，需要进一步确定保险库存量 S。保险库存量 S 的确定就是考虑了订货提前期期间存货消耗的变动以及订货提前期本身变化的影响，确保有足够大的供货概率。保险存货只是起应急作用，在一般情况下不予动用。因此，这时重新订货点 B 中应包含保险库存量 S 在内。

2. 存货定期管理。存货定期管理的图解模型如图 8-7 所示。

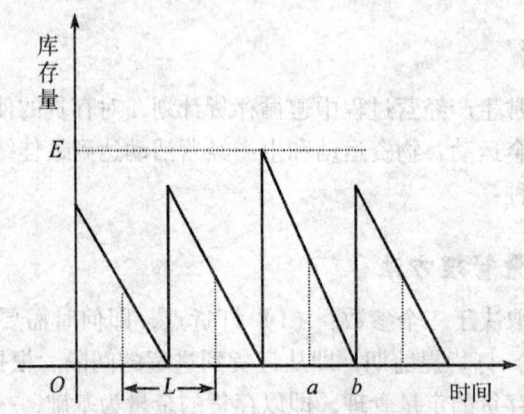

图 8-7　存货定期管理模型

在图 8-7 中，E 为目标库存量；L 为订货周期；ab 间隔为订货提前期。

这一模型的前提也是：存货一次购入，在供应周期被陆续均匀地投入生产，即均匀消耗。这一模型的管理过程是以固定的检查和订货周期为基础，定期检查库存量并随即提出订货，将存货补充至目标库存量 E。

定期控制法的特点是：它不存在固定的订货点，但有固定的订货周期 T；每次订货的数量都要使存货存量达到设定的库存需要量。因此，每次订货的数量都要根据现有存货余量与目标库存量的差额来定。

为了实现这一管理过程，应事先确定两个参数：（1）订货周期，应根据经济订货周期模型计算；（2）存货的需要量，应根据存货在计划周期内的订单或日耗量计算确定。

但在实际生产过程中，由于生产对存货要求的随机性以及订货提前期的变动性影响，应在上述存货管理模型中增加保险库存量 S，以防止实际生产过程中不确定性因素的影响，而产生缺货损失，这时的存货库存 E 包括了保险库存量。

（二）最佳订货量基本模型

最佳订货量基本模型需要设立以下假设条件：（1）需求量确定，为已知常量；（2）存货单价不变；（3）能及时补充存货，即需要订货时便可立即取得存货；（4）能集中到货，而不是陆续入库；（5）不允许缺货，即无缺货成本。存货总成本用公式表示如下：

$$TC = \frac{D}{Q} \times K + \frac{Q}{2} \times K_c + TC_s$$

式中：TC 为存货总成本；D 为存货年需要量；Q 为每次订货量；K 为每次订货成本；K_c 为单位储存成本；TC_s 为缺货成本。

根据假设条件，无缺货成本，即 TC_s 为零。当 D、K、K_c 为常数时，TC 的大小取决于 Q。为了求出 TC 的最小值，对其进行求导演算，可得最佳订货量公式：

$$Q = \sqrt{\frac{2DK}{K_c}}$$

由此还可推导出每年最佳订货次数公式和存货总成本公式：

$$N = \frac{D}{Q} = \frac{D}{\sqrt{2DK/K_c}} = \sqrt{\frac{DK_c}{2K}}$$

$$TC(Q) = \frac{DK}{\sqrt{2DK/K_c}} + \frac{\sqrt{2DK/K_c}}{2} \times K_c = \sqrt{2DKK_c}$$

[例 10] 某公司全年需耗用某种存货 10 800 件，每次订货成本为 120 元，单件存货储存成本为 5 元，则：

$$Q = \sqrt{\frac{2DK}{K_c}} = \sqrt{\frac{2 \times 10\ 800 \times 120}{5}} = 720 \text{（件）}$$

$$N = \frac{D}{Q} = \frac{10\ 800}{720} = 15 \text{（次）}$$

$$TC(Q) = \sqrt{2DKK_c} = \sqrt{2 \times 10\ 800 \times 120 \times 5} = 3\ 600 \text{（元）}$$

为了更清楚地显示最佳订货量的模型，可以绘制最佳订货量的函数图，见图 8-8。

通过图 8-8 可以看出，储存成本与订货量成正比关系，而订货成本与订货量表现为反比关系。最佳订货量应该是储存成本与订货成本相交点所对应的 Q 点，此时总成本最低。

1. 基本模型的扩展之———订货提前期。最佳订货量的基本模型是在前述假设条件下建立的，但现实生活中能够满足这些假设条件的情况十分罕见。为使模型更接近于实际情

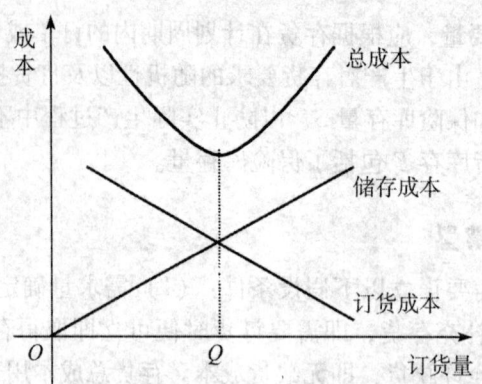

图8-8 经济订货量模型基本型

况，具有较高的可用性，需逐一放宽假设，同时改进模型。

一般情况下，公司的存货不能做到随用随时补充，因此不能等存货用光再去订货，而需要在没有用完前提前订货。在提前订货的情况下，公司再次发出订货单时，尚有存货的库存量，称为再订货点，用 R 来表示，它的数量等于交货时间（L）和每日平均需用量（d）的乘积，即：

$R = L \times d$

假设公司订货日至到货期的时间为10天，每日存货需要量30件，则：

$R = L \times d = 10 \times 30 = 300$（件）

即公司在尚存300件存货时，就应当再次订货，等到下批订货到达时，原有库存刚好用完。此时，有关存货的每次订货量、订货次数、订货间隔时间等均无变化。也就是说，订货提前期对最佳订货量并无影响，只不过在达到再订货点300件时即发出订货单罢了。

2. 基本模型的扩展之二——存货陆续供应和使用。建立基本模型时，假设存货一次全部入库，而事实上，各批存货可能陆续入库。在这种情况下，需要对基本模型做一些修改。

设每日送货量为 P，则每批货（Q）全部送达所需日数为 Q/P，称为送货期，送货期内全部耗用量为 $Q/P \times d$，每批送完时，最高存量为 $Q - Q/P \times d$，平均存量为 $1/2(Q - Q/P \times d)$，这样，与批量有关的总成本为：

$$TC = \frac{D}{Q} \times K + \frac{Q}{2} \times \left(1 - \frac{d}{P}\right) \times K_c$$

求导得出存货陆续供应和使用的最佳订货量公式及总成本公式分别如下：

$$Q^* = \sqrt{\frac{2DK}{K_c} \times \frac{P}{P-d}}$$

$$TC(Q^*) = \sqrt{2DKK_c \times \left(1 - \frac{d}{P}\right)}$$

存货陆续供应和使用的最佳订货量模型，见图8-9。

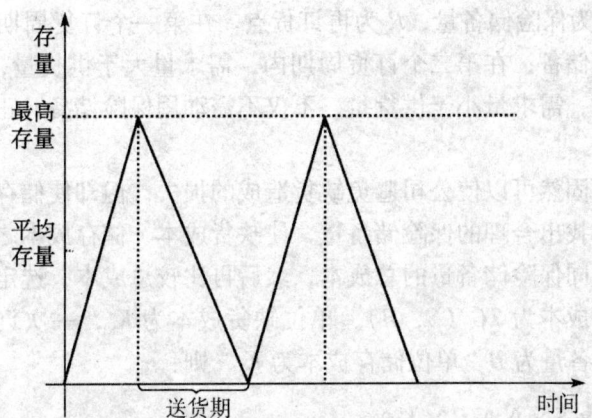

图 8-9 基本模型的扩展之二——存货陆续供应和使用

[例11] 某公司某种存货年需用量 10 800 件,每日送货量为 80 件,每日耗用量为 30 件,每次订货成本为 120 元,单件存货储存成本为 5 元。这里 $D = 10\,800$ 件,$K = 120$ 元,$K_c = 5$ 元,$P = 80$ 件,$d = 30$ 件,应用上述公式得到:

$$Q^* = \sqrt{\frac{2 \times 10\,800 \times 120}{5} \times \frac{80}{80-30}} = 910 \text{(件)}$$

$$TC(Q^*) = \sqrt{2 \times 10\,800 \times 120 \times 5 \times \left(1 - \frac{30}{80}\right)} = 2\,846 \text{(元)}$$

3. 基本模型的扩展之三——保险储备。以上讨论假定存货的供需稳定且确知,即每日需求量不变,交货时间也固定不变。实际上,每日需求量可能变化,交货时间也可能变化。按照某一订货量和再订货点发出订单后,如果需求增大或送货延迟时,就会发生缺货。为防止由此造成的损失,就需要多储备一些存货以备应急之用,称为保险储备。这些存货正常情况下不动用,只有当存货过量使用或送货延迟时才动用。

保险储备的经济模型,见图 8-10。

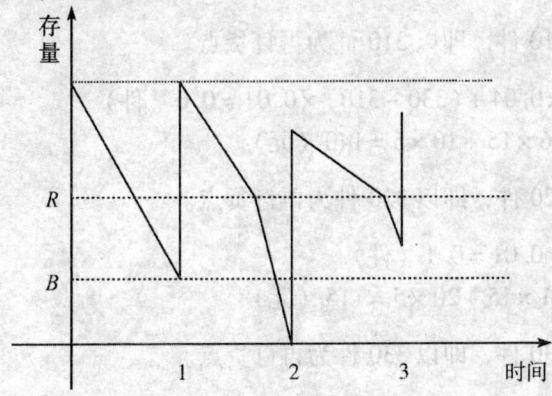

图 8-10 基本模型的扩展之三——保险储备

— 193 —

图 8-10 中，B 为保险储备量，R 为再订货点。在第一个订货周期里，需求量等于供货量，不需要动用保险储备；在第二个订货周期内，需求量大于供货量，需要动用保险储备；在第三个订货周期里，需求量小于供货量，不仅不需动用保险储备，正常储备还未用完，下次存货即已送到。

建立保险储备，固然可以使公司避免缺货造成的损失，但却使储存成本升高。研究保险储备的目的，就是要找出合理的保险储备量，使缺货成本、储存成本之和最小。在分析决策时，可先计算出各不同保险储备量的总成本，然后再比较总成本，选定其中最低的。

设与此相关的总成本为 $TC(S,B)$，单位缺货成本为 K_u，一次订货缺货量为 S，年订货次数为 N，保险储备量为 B，单位储存成本为 K_c，则：

$$TC(S,B) = K_u \times S \times N + B \times K_c$$

现实中，缺货量 S 具有概率性，其概率性可根据历史经验估计得出，保险储备量可选择而定。

[例12] 某公司年需要量 10 800 件，单位储存成本 5 元，单位缺货成本 10 元，交货时间 10 天，已计算出最佳订货量 720 件，每年订货次数 15 次，交货期的存货需要量及其概率分布如表 8-9 所示。

表 8-9　　　　　　　　　　缺货需要量计算分析

需要量（件）	270	280	290	300	310	320	330
概率	0.01	0.04	0.25	0.4	0.25	0.04	0.01

（1）先计算不同保险储备量的总成本。

1）不设置保险储存量，即以 300 件为再订货点，设不设置保险储备量时缺货的期望值为 S_0，则：

$S_0 = (310 - 300) \times 0.25 + (320 - 300) \times 0.04 + (330 - 300) \times 0.01 = 3.6$（件）
$TC(S,B) = 10 \times 3.6 \times 15 + 0 \times 5 = 540$（元）

2）保险储备量为 10 件，即以 310 件为再订货点。

$S_{10} = (320 - 310) \times 0.04 + (330 - 310) \times 0.01 = 0.6$（件）
$TC(S,B) = 10 \times 0.6 \times 15 + 10 \times 5 = 140$（元）

3）保险储备量为 20 件，即以 320 件为再订货点。

$S_{20} = (330 - 320) \times 0.01 = 0.1$（件）
$TC(S,B) = 10 \times 0.1 \times 15 + 20 \times 5 = 115$（元）

4）保险储备量为 30 件，即以 330 件为再订货点。

$S_{30} = 0$
$TC(S,B) = 10 \times 0 \times 15 + 30 \times 5 = 150$（元）

(2) 再比较不同保险储备量的总成本,以其最低者为最佳。

当保险储备量 $B=20$ 件,也即再订货点为 320 件时,总成本最低,为 115 元。故应确定的保险储备量为 20 件。

以上举例说明的是由于需求量变化引起的缺货问题。至于由于延迟交货引起的缺货,也可以通过建立保险储备量的方法来解决。确定其保险储备量时,可将延迟的天数折算为增加的需求量,计算方法类同。

三、存货管理 ABC 分析

企业的存货品种繁多、各有特点,有的数量虽少但单位价格很高,管理上稍有失误就会给企业带来严重损失;有的数量虽多但单位价格很低,即使管理上不够严格,也不会有太大的影响。因此,存货 ABC 分析法,应运而生,其目的是在存货管理上分清主次、抓住重点,以提高存货管理的效率。

存货 ABC 分析法由 19 世纪意大利经济学家巴雷特首创,后经不断发展和完善,现已被广泛用于存货管理、成本管理和生产管理等许多方面。所谓存货 ABC 分析法就是指按照一定的标准,将企业的存货划分为 A、B、C 三类,分别实行按品种重点管理、分类别一般控制和按总额灵活掌握的存货管理方法。存货 ABC 分析法的主要特点在于抓住关键、分清主次,对主要品种的存货实施重点管理,提高存货管理的效率。

(一)存货 ABC 分类的标准及控制方法

存货分类的标准有两个:一是金额标准;二是品种数量标准。其中金额标准是基本标准,品种数量是参考标准。

一般地将金额巨大而品种数量又较少的存货划分为 A 类,将品种数量繁多而金额很小的存货划分为 C 类,将居于二者之间的存货划分为 B 类。三者的金额比重一般为 0.7:0.2:0.1,数量比重一般为 0.1:0.2:0.7。或者用百分比表示,A 类存货的数量、种类大概占全部存货的 10%,所占资金却占到全部金额的 70%;B 类存货的数量、种类约占全部存货的 20%~30%,占用资金约为全部金额的 20%;C 类存货的数量、种类约占全部存货的 60%~70%,资金约占全部金额的 10%,见图 8-11。

A 类存货的品种数量占全部存货的比重最小,但所需资金占全部存货的比重最大,对这类存货应实行重点规划和管理,进行重点控制,对存货的收、发、存进行详细记录,定期盘点。检查 A 类存货的库存情况,有条件的话,还可实行定额管理,科学确定该类存货的经济批量和定额,对采购、储存、使用等过程中出现的偏差应及时分析原因,调查清楚,寻求改正措施。

B 类存货的品种数量占全部存货的比重较大,所需资金占全部资金的比重较大,对这类存货可采用中等储备,进行次重点控制,实行类别管理。一般可按存货类别进行控制,制定定额,对实际出现的偏差进行概括性检查,而不必像 A 类存货那样经常性地逐项分析对比检查。

C 类存货的品种数量占全部存货的比重最大,而所需资金占全部存货资金的比重最小,

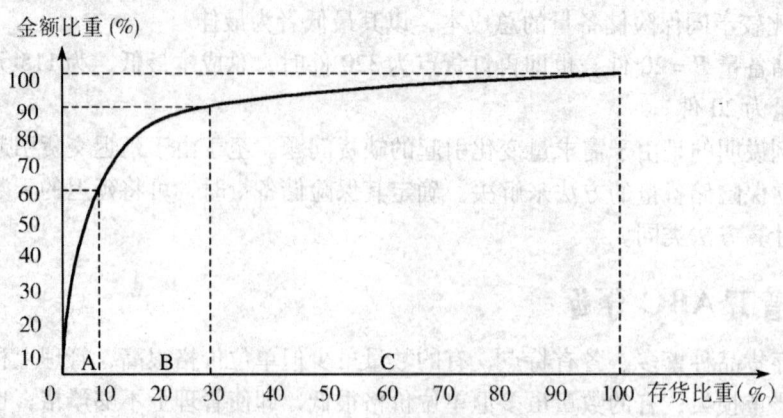

图 8-11 存货的 ABC 分析法

对这类存货只进行一般管理,力求简便易行,通常只需进行总额控制。一般可采用集中管理的方式。为了简化手续,节约订货成本,可适当加大该类存货的库存量。管理人员可以凭借平时的经验进行存货的规划与控制,而不必花费大量的时间与精力。这样既能抓住存货控制的重点,又能兼顾全面,提高库存管理的效率,降低库存管理的费用。

(二)存货分类的步骤

1. 编制存货明细表。在该存货明细表中应列示每种存货的总金额及其占全部存货总金额的百分比。

2. 按照金额标准由大到小进行排序并累加金额百分比,举例见表 8-10。

3. 当金额百分比累加到 70% 左右时,以上存货列为 A 类存货;百分比介于 70%~90% 之间的存货作为 B 类,其余的则作为 C 类存货。

表 8-10　　　　　　　　　　　存货明细表

材料编号	金额(元)	类别	各类存货种数及比重		各类存货金额及比重	
			种数(种)	比重(%)	金额(元)	比重(%)
01	400 000	A	3	15	860 000	70
02	280 000					
03	180 000					
04	76 000	B	5	25	271 000	22
05	60 000					
06	50 000					
07	45 000					
08	40 000					

续表

材料编号	金额（元）	类别	各类存货种数及比重		各类存货金额及比重	
			种数（种）	比重（%）	金额（元）	比重（%）
09	30 000	C	12	60	100 600	8
10	11 000					
11	10 000					
12	9 000					
13	8 800					
14	7 500					
15	6 800					
16	6 000					
17	4 800					
18	3 200					
19	2 000					
20	1 500					
合计	1 231 600		20	100	1 231 600	100

第四节 短期筹资

短期筹资通常是为流动资产购置和生产经营周转需要而进行的负债性筹资活动。由于短期负债的偿还期较短，企业应在经营中密切注视随时的偿付能力，否则会由于现金偿付能力的不足形成财务困难，甚至会造成被迫清算还债，所以其财务风险还是比较大的。短期筹资的形式主要有：商业信用、短期银行借款、短期融资券、应计费用等。

一、短期筹资的特点

短期筹资是偿还期不超过一年或者虽超过一年但在一个营业期以内的资金。短期筹资具有如下的特点：

1. 融资速度快，容易取得。对于长期筹资，无论是自筹还是负债，一般都需要较长的时间，而且不易取得。如债权人为了保护自身利益，往往要对债务人进行全面的财务调查，若是自己发行股票，也是一项复杂的工作。而短期筹资在较短时间内即可归还，故债权人顾虑相对较少，容易取得。

2. 融资富有弹性。举借长期负债或发行股票等，债权人或有关方面经常会向债务人提出很多限定性条件或管理规定；而短期筹资的限制则相对宽容些，使融资企业的资金使用较为灵活，富有弹性。

3. 融资成本较低。一般来讲，其利率低于长期负债，而且其利息支出还具有抵税作用。

所以它的成本也就比较低。

4. 融资风险高。短期筹资需要在短期内偿还，因而要求融资企业在短期内拿出足够的资金偿还债务，若企业届时自己安排不当，就会陷入财务危机。此外，短期负债利率的波动比较大，一时高于长期负债的利率水平也是可能的。

二、短期筹资策略

企业的资金根据筹资期的长短分为长期资金和短期资金。在风险大小、收益高低方面两者各有特点，企业可根据这两类资金的特点和自身的能力选择两者的比例，构成企业的筹资组合。企业在选择确定筹资组合策略时，首先就是要权衡流动负债水平的收益与风险。以流动负债为例，流动负债的多少，一般可用流动负债总额与企业总资产的比率，即流动比率来表示。如该比率大，表明企业总资产中依赖流动负债融资解决其资金来源的比重大；反之则小。当企业资产总额不变和权益资金不变时，流动负债增多，长期负债就减少。由于流动负债的资金成本低于长期负债的资金成本，因此，该比率提高时，企业的收益率会提高。但同时，企业偿还到期债务的压力就会越大，不确定性相应增加，即财务风险增大。

企业的筹资组合策略可以分为以下三种：

1. 保守的筹资组合策略。这种策略也可叫稳健性策略，它不但主张最大限度地缩小企业资金来源中的短期负债的数额，用发行公司长期债券或从银行获取长期借款的方法来筹集所需要的资金，而且更稳健者还试图以权益资金代替长期负债，即流动资产需要的资金除少数视同权益资金的负债外均由权益资金来提供。

这种稳健性策略的主要目的是回避风险。当然，如用权益资金来取代流动负债，可以使企业流动比率趋于无穷大，即财务风险趋近于零；用长期负债替代流动负债，在长期负债未到期前，也可使流动比率增大，减少了不能偿还到期债务的可能性。

但是，这种稳健性策略会使企业的资金成本增大，利润减少。如企业用权益资金替代负债，还会使企业丧失财务杠杆利益，使权益资金收益率降低。在权益资金既定的情况下，减少负债就会减慢企业的发展速度；而增加权益资金来追求企业发展，又会稀释现有股东权益。因而，这种稳健性策略也是一种保守的筹资策略，它只适用于权益资金有多余，并找不到更佳投资机会的企业。

2. 冒险的筹资组合策略。这种策略又叫激进性策略，它主张尽力扩大利用流动负债为流动资产筹集所需资金，并尽可能寻求资金成本最低的资金来源，试图将流动负债作为流动资产主要甚至是唯一的资金来源。

很明显，这种冒险的激进性策略的目的是追求利润最大化。在满足企业各种假定的条件下，这种筹资策略的确能为企业获取最大利润。

但是，利用该种策略即使能让企业获取最大利润，也不一定能使股东财富最大化。因为，当流动比率过低时，企业风险就很大，企业风险过大，就势必对股票市场的投资人的投资积极性产生不利影响，一方面更多的现有股东出售股票，另一方面购买该股票的人又减少，出现供大于求的情况，从而造成股票市场价格下跌，影响了股东权益。反过来股票价格的下跌，又造成权益资金成本上升，这又抵消了部分甚至全部靠增大流动负债而获得的低资金成本的利益。

以上是就企业没有因增加流动负债而产生不能偿还到期债务而言,即很成功的情况下,但就是在这种成功的情况下,该种策略对股东财富最大化也是不利的。如果一旦外部环境发生变化,如银根紧缩的情况,企业将陷入十分被动的境地,不但股东财富最大化的目的不能保证,甚至企业本身的存在也将成问题。因此这种冒险(特别是过于激进)性的筹资组合策略不是一种理想的策略,特别对上市股份公司来说是如此。

3. 正常的筹资组合策略。这种筹资组合策略,既不过于保守,也不过于冒险激进,而是在两者之间寻找出一种适合于本企业的折中方案,该策略就属于正常的筹资组合策略。这种折中性策略的风险小于冒险性策略,但大于保守性策略。在这种情况下,企业若要尽可能回避风险,就应尽可能准确地计算其各种资产的变现性和负债的到期结构,使两者有机地衔接起来,这样就可以减少企业不能偿还到期债务的风险。由于这种方法对资产变现和债务到期的衔接要求高,故又称期限衔接法。

因此,一个企业的筹资组合策略,既不能过于保守,也不能过于冒险激进,而应在两者之间寻找出一种适合于本企业的折中方案。上市股份公司在选择方案时还应特别注意方案选择对股票市场的影响,以促使股东财富最大化目标的实现。

[例13] 假定某企业流动负债与长期负债合计为100万元,流动负债的资金成本为2%,长期负债的资金成本为10%,那么,当流动负债总额分别为20万元、50万元、80万元时,企业三种方案的利息费用和全部负债的资金成本如表8-11所示。

表8-11　　　　　　　　负债投资组合策略选择(1)　　　　　　　　单位:元、%

方案项目	A			B			C		
	金额	利率	利息	金额	利率	利息	金额	利率	利息
流动负债	200 000	2	4 000	500 000	2	10 000	800 000	2	16 000
长期负债	800 000	10	80 000	500 000	10	50 000	200 000	10	20 000
负债合计	1 000 000	8.4	84 000	1 000 000	6	60 000	1 000 000	3.6	36 000

再假定该企业的流动资产总额为80万元,那么各方案的流动资金和流动比率如表8-12所示。

表8-12　　　　　　　　负债投资组合策略选择(2)　　　　　　　　单位:元

项目方案	流动资产	流动负债	流动资金	流动比率
A	800 000	200 000	600 000	4
B	800 000	500 000	300 000	1.6
C	800 000	800 000	0	1

对比表8-11和表8-12,可以得出如下结论:A方案收益率最低,但风险也最低,其

流动比率高达4倍,远远超出了一般公认的2倍标准。B方案收益率适中,风险也属于中等,其流动比率为1.6倍,较接近2倍的标准。C方案收益率最高,但风险也最大,其流动比率为1倍,即全部流动资产的资金来源均依靠流动负债。显然,在一般情况下,企业应回避过于保守而过多丢掉利润的A方案和过于冒险而过多地增大企业风险的C方案,而取其收益和风险均较适中的B方案。无论如何,以公认的流动比率标准作为流动负债总额确定的参考标准,应该是可取的。

三、流动负债筹资

流动负债,是指在一年以内需要偿还的各种债务,是企业的短期资金来源。它主要包括商业信用、短期银行借款、负债基金等内容。

(一) 商业信用

商业信用是卖方为了促销向买方提供赊销而形成的信用,或者说是在商品交易中由于延期付款或预收货款所形成的企业间的借贷关系。商业信用产生于商品交换之中,是一种自然性筹资,它运用广泛,在短期负债融资中占有相当大比重。据有关资料统计,这种短期筹资在许多企业中均达到流动负债的40%以上,是企业重要的短期资金来源。商业信用的具体形式有应付账款、应付票据、预收账款等。这些商业信用按是否有成本为标准,可划分为无成本商业信用和有成本商业信用两类。无成本商业信用,是指由于纯粹的法定结算原因引起的应付未付的款项,以及由于按合同规定而预收的款项。比如,在托收承付的验货付款结算方式下,企业就可以按规定占用一段时间其他企业的资金;再如,按合同规定向购买单位收取的各种预收货款,等等。有成本商业信用,是指卖方给予了现金折扣的信用。在这种情况下,现金折扣是卖方给予买方提前支付货款的一种报酬,如买方不按规定提前付款,将不能获得这种报酬。这种信用条件以 "2/10, n/60" 这类形式在发票上注明。

1. 应付账款的成本。应付账款是企业购买货物暂未付款而对对方的欠款,即卖方允许买方在购货后一定时期内支付货款的一种形式。卖方利用这种方式促销,而对买方来说延期付款则等于向卖方借用资金购进商品,可以满足短期的资金需要。应付账款有付款期限、折扣等信用条件。应付账款可以分为:一是免费信用,即卖方企业只允许买方在规定时间延期付,而没有折扣,企业为此减少了一段时间的资金占用。二是有代价信用,包括买方企业在规定的折扣期内享受折扣而获得的信用,企业获得了折扣,同时为此减少了一段时间(信用期-折扣期)的资金占用;也包括买方企业放弃折扣付出代价而获得的信用,企业放弃了折扣,为此获得了一段时间(信用期-折扣期)的资金喘息。三是展期信用,即买方企业超过规定的信用期推迟付款而强制获得的信用。如果延期付款,可能发生的成本是,如卖方规定买方不在规定时间内付款,将加收延期支付费,如我国的托收承付结算制度规定,如果买方不能如期支付(不含有理由的拒付),那么将按每天3‰的标准加收延期支付费;必然发生的成本是,企业延期付款会导致其信用等级降低。因此,我们讨论信用成本问题是以正当的信用条件为前提的。

在不考虑延期成本的情况下,商业信用成本主要由现金折扣所引起的,即由买方于可取得现金折扣的信用期限后付款所损失的现金折扣引起的。如将因失去现金折扣而发生的信用成本换算为年利率，那就有利于把握筹资成本的大小。

[例14] 某企业按2/10、n/30的条件购入货物10万元。如果该企业在10天内付款，便享受了10天的免费信用期，并获得折扣0.2万元（10×2%），信用额为9.8万元（10－0.2）。

倘若买方企业放弃折扣，在10天后（不超过30天）付款，该企业便要承受因放弃折扣而造成的隐含利息成本。一般而言，放弃现金折扣的成本可由下式求得：

$$放弃现金折扣成本 = \frac{折扣百分比}{1-折扣百分比} \times \frac{360}{信用期-折扣期}$$

运用上式，该企业放弃折扣所负担的成本为：

$$\frac{2\%}{1-2\%} \times \frac{360}{30-10} = 36.7\%$$

公式表明，放弃现金折扣的成本与折扣百分比的大小、折扣期的长短同方向变化，与信用期的长短反方向变化。可见，如果买方企业放弃现金折扣而获得信用，其代价是较高的。然而企业放弃折扣的情况下，推迟付款的时间越长，其成本便会越小。比如，如果企业延至50天付款，其成本为：

$$\frac{2\%}{1-2\%} \times \frac{360}{50-10} = 18.4\%$$

如果能以某种利率借入资金，使企业在折扣期付款的折扣所得大于借入资金的利息支出，便应在现金折扣期内用借入的资金支付货款，享受现金折扣。如[例14]中企业能借入短期银行借款，借款年利率为12%，则买方企业应利用更便宜的银行借款在折扣期内偿还应付账款。反之，则应放弃折扣。

如果在折扣期内将应付账款用于短期投资，所得的投资收益高于放弃折扣的隐含利息成本（36.7%），则应放弃折扣而去追求更高的收益。当然，假使企业资金紧张，又无法从其他渠道及时筹得筹资成本较低的资金，那么只好放弃折扣优惠，但这时也应将付款日推迟至信用期内的最后一天（如[例14]中的第30天），以降低放弃折扣的成本，最大限度地缩小筹资成本。

如果企业因缺乏资金而欲展延付款期（如[例14]中将付款日推迟到第50天），则需在降低了的放弃折扣成本与展延付款带来的损失之间做出选择。展延付款带来的损失主要指因企业信誉的恶化而丧失供应商乃至其他贷款人的信用，或日后招致苛刻的信用条件。

如果有两家以上提供不同信用条件的卖方，应通过衡量放弃折扣成本的大小，选择信用成本最小（或所获利益最大）的一家。比如，[例14]中另有一家供应商提出2/10、n/60的信用条件，其放弃的现金折扣成本为：

$$\frac{2\%}{1-2\%} \times \frac{360}{60-10} = 14.69\%$$

与［例14］中2/10、n/30信用条件相比，后者的成本较低，企业应选择第二家供应商。

总之，企业必须将其可以在一定程度下自由使用的资金来源所能获得的收益，与它放弃利用现金折扣的机会成本和延期付款而导致的信用等级下降的机会成本进行权衡，以求取得的利益最大。

2. 应付票据。应付票据是企业进行延期付款商品交易时开具的反映债权债务关系的票据。商业汇票是指企业间根据购销合同进行延期付款的商品交易时，由收款人或付款人（或承兑申请人）签发，由承兑人承兑，并于到期日向收款人或被背书人支付款项的票据。根据承兑人不同，商业汇票分为商业承兑汇票和银行承兑汇票，也可分为带息汇票和不带息汇票。我国目前的应付票据一般为不带息票据。

（1）商业承兑汇票。商业承兑汇票必须以合法的商品交易为基础，按购销双方约定签发，由收款人签发的商业承兑汇票，应交付款人承兑；由付款人签发的商业承兑汇票，应由其本人承兑。付款人必须在商业承兑汇票下面签署"承兑"字样并加盖预留银行印章后，将商业承兑汇票交给收款人。收款人或被背书人将到期的商业承兑汇票送交开户银行办理收款。付款人应在商业承兑汇票到期前将票款足额交存银行，以便银行在到期日凭票将款项划给收款人、被背书人或贴现银行。

在我国，商业承兑汇票一律记名，允许背书转让。商业汇票承兑期限，由交易双方商定，一般为3～6个月，最长不超过9个月。如属分期付款，应一次签发若干张不同期限的汇票。商业汇票承兑后，承兑人负有到期无条件支付票款的责任。

使用商业承兑汇票结算方式，收款人需要资金时，可持未到期的商业承兑汇票向其开户银行申请贴现；贴现银行需要资金时，可持未到期的商业承兑汇票向其他银行转贴现；在人民银行开立账户的贴现银行可向人民银行申请再贴现。

票据贴现实际上是持票人把未到期的商业承兑汇票转让给银行，贴付一定利息以取得银行借款的行为。因此，它虽是商业信用发展的产物，但又实为一种纳入银行信用的信用。贴现、转贴现和再贴现的期限一律从其贴现之日起至汇票到期日为止。实际支付贴现金额按票面金额扣除贴现日至到期前一日的利息计算。商业承兑汇票的应付贴现票款的计算方法如下：

汇票到期金额 = 汇票票面额 × 汇票票面利率

贴现息 = 汇票到期金额 × 贴现天数 ×（月贴现率÷30）

应付贴现票款 = 汇票到期金额 − 贴现息

［例15］　甲企业向乙公司购进材料一批，价款为30万元，双方商定6个月后付款，采用商业承兑汇票方式结算。乙公司于3月10日开出汇票，并经甲企业承兑。该汇票为无息汇票，汇票到期日为9月10日。如乙公司急需资金，于4月10日办理贴现，其月贴现率为6‰，那么有：

贴现息 = 30 × 150 ×（6‰÷30）= 0.9（万元）

应付贴现票款 = 30 − 0.9 = 29.1（万元）

从［例15］可以看出，甲企业通过商业承兑汇票取得了一笔期限为6个月的资金来源；而乙公司虽然为甲企业提供了商业信用，但它本身需要资金时又可随时通过贴现获得资金，它获得了为期 5 个月的资金来源。因此，商业承兑汇票是一种灵活的短期筹资方式。

（2）银行承兑汇票。银行承兑汇票与上述的商业承兑汇票在各方面都基本一样，只是它是由收款人或承兑申请人签发，并由承兑申请人向开户银行申请，经银行审查同意承兑的票据。

银行承兑汇票由于有银行参与，因此，信誉程度比商业承兑汇票高。它可以成为对外贸易企业的一种很有用的筹资来源。

例如，中国某进口公司准备从美国某企业进口一批价值 100 万美元的材料，双方商定，同意用 90 天的定期汇票来结算这笔交易。这样，中国公司首先要求银行开出信用证，表示负责承兑由美国出口企业向中国公司开出的汇票。然后，美国企业发货，同时开出指令中国公司在 90 天内付款的汇票，委托美国某家银行收款。按照双方的约定，美国银行将汇票寄给中国银行，由中国银行承兑后，该汇票就成为银行承兑汇票。即中国银行承担了支付票款的责任，也就是说，以中国银行的信用代替了中国公司的信誉。

当然，在国内交易中，也可使用银行承兑汇票。与商业承兑票据一样，银行承兑票据也可以转让、贴现等，是企业一种灵活的筹资方式。

附息应付票据的利率一般比银行借款的利率低，且不用保持相应的补偿余额和支付协议费，所以应付票据的融资成本低于银行借款成本。但是应付票据到期必须归还，如若延期便要交付罚金，因而风险较大。若加罚款，其资本成本又较高。利用应付票据进行筹资，须有良好的信用，否则会因到期无法支付票款而丧失银行信用，企业应重视其现金偿付期票的支付能力。

3. 预收货款。预收货款是指在商品交易中，供货方按照合同或协议在交付货物之前向买方预先收取部分或全部货款所发生的一种信用形式。在卖方交货之前，意味着买方向卖方提供了一笔短期资金，而风险和资本成本都比较低。对于卖方来说，预收货款相当于向买方借用资金后用货物抵偿，可以缓解资金不足的矛盾；对于买方来说，则可以有计划地取得期货。供货方取得这种信用资金，一般来说是其提供的产品比较紧俏，或者该产品生产周期长、需要资金数量比较大。

商业信用筹资的最大优越性在于容易取得。对于多数企业来说，商业信用是一种持续性的信贷形式，且无须正式办理筹资手续，就可取得商业信用。其次，如果没有现金折扣或使用不带息票据，商业信用筹资不负担成本。与银行借贷相比，商业信用融资的限制条件较少。商业信用筹资的缺点在于，与其他短期筹资方式相比，商业信用筹资的使用期限较短，数额也受到交易规模的限制，如果企业放弃现金折扣，则商业信用筹资的成本很高。

（二）短期银行借款

短期银行借款是指企业向银行和其他非银行金融机构借入的期限在一年以内的借款。在我国，它是绝大多数企业短期资金来源中最重要的组成部分。

短期银行借款一般主要有如下特征：

第一，企业通过短期借款获得的是货币资金，而不像应付款项那样是从供应商等那里取得原材料和商品等实物资产。

第二，它是一种不与采购或销售量同步的、有计划的借款，而应付款项则是随采购或销售量的升降而自动升降的。

第三，应付款项只要管理得好，资金成本可以为零，而短期银行借款则必定是要花费成本的。

短期银行借款按不同的标准，可以有不同的种类。我国目前的短期借款按照目的和用途分为若干种，主要有生产周转借款、临时借款、结算借款等。按照国际惯例，短期借款还可依偿还方式的不同分为一次性偿还借款和分期偿还借款；依利息支付方法的不同分为收款法借款、贴现法借款和加息法借款；依有无担保分为抵押借款和信用借款，或者可分为无担保借款和担保贷款，等等。企业在申请借款时，应根据各种借款的条件和需要加以选择。

1. 无担保借款筹资借款。短期借款一般是无担保借款，实际上是企业凭借自身的信誉从银行取得的贷款。企业在对应收账款和存货进行季节性投资时，广泛地利用无担保贷款。企业申请无担保短期贷款时，需要将企业近期的财务报表、现金预算和预测报表等送交银行。银行根据这些资料对企业风险和报酬进行分析后，决定是否向企业贷款，并拟定具体的贷款条件。

（1）贷款条件。贷款条件主要包括如下几个方面：

1）贷款额度。贷款额度是银行规定的在某一特定时间内可以向其客户提供的最高贷款限额。贷款额度的有效期通常定为1年，次年再重新修订贷款额度。但根据情况也可展期1年。一般来讲，企业在批准的信贷额度内，可随时使用银行借款，但银行所提供的最高贷款限额并不受法律约束，不承担必须提供全部信贷限额的义务，而只是一种意向。如果银行缺乏借贷资金或借款企业财务状况变差或信誉恶化时，银行可以根据情况改变贷款额度，甚至拒绝提供贷款。这时，银行不会承担法律责任。

2）周转信贷协定。周转信贷协定主要是规定银行在法律上有义务提供不超过某个最高贷款额度的协定。该协定的内容主要是，在协定的有效期内，只要企业的借款总额没有超过贷款限额，银行就必须满足企业在任何时间提出的借款要求。这一协定的主要目的是制约银行发放贷款的随意性，以保证企业生产经营活动的正常进行。为了执行这一协定，在银根紧缩时，银行往往被迫从外部借入资金来满足有周转信贷协定企业提出的借款要求。由于借款企业享有协定带来的这种好处，因此，一般要按周转信贷最高限额的未用部分付给银行一笔承诺费。例如，周转信贷额为100万元，该年度平均借款余额为60万元，那么，企业将要对40万元的未用部分支付承诺费。假如承诺费率为5%，那么，企业在该年度内享有的周转信贷协定好处的成本是2万元。

周转信贷协定的有效期通常超过1年，但实际上贷款每几个月发放一次，所以这种信贷具有短期和长期借款的双重特点。

周转信贷协定不仅可以满足企业季节性的资金需要，而且还可以满足一般流动资金的需要，是一种周转的筹资手段。

3）补偿性余额。补偿性余额是银行要求借款企业在银行中保持按贷款限额或实际借用额一定百分比计算的最低存款余额。最低存款余额占贷款总额的百分比，是通过借款企业与银行双方商定的，一般为10%~20%。从银行的角度讲，补偿性余额可降低贷款风险，提高贷款的有效利用率，某种程度上还可以补偿可能遭受的贷款损失，它对保护银行贷款的安全性有一定帮助。对于借款企业来说，最低存款余额会提高企业资产的流动性。由于最低存款余额的存在，实际贷款利息率将高于名义贷款利息率，补偿性余额因此提高了借款的实际利率。例如，某企业按年利率8%向银行借款10万元，银行要求维持贷款限额15%的补偿性余额，那么企业实际可用的借款只有8.5万元，该项借款的实际利率则为：（10×8%）/8.5=9.4%。另外如果某借款者并非该银行的固定客户，那么，由于补偿性余额的要求就可能促使该企业成为一个固定客户，因为银行已经将贷款的一部分留做银行存款。

4）偿还条件。贷款的偿还有到期一次偿还和在贷款期内定期（每月、季）等额偿还两种方式。一般来说，企业不希望采用后种偿还方式，因为这会提高借款的实际利率。而银行不希望采用前种偿还方式，因为这会加重企业的财力负担，增加企业的拒付风险，同时会降低实际贷款利率。如果贷款到期而企业无力偿还，视为逾期贷款，银行应照章加收逾期罚息。

5）其他承诺。银行有时还要求企业为取得借款而做出其他承诺，如即使提供财务报表，还应保持适当的财务水平（如特定的流动比率），等等。若企业违背做出的承诺，银行可要求企业立即偿还全部贷款。

（2）短期借款利率及其支付方法。短期借款的利率多种多样，利息支付方法亦不一，银行将根据借款企业的情况选用。

1）借款利率。

第一，优惠利率。优惠利率是银行向财力雄厚、经营状况好的企业贷款时收取的名义利率，为贷款利率的最低限。

第二，浮动优惠利率。这是一种随其他短期利率的变动而浮动的优惠利率，即随市场条件的变化而随时调整变化的优惠利率。

第三，非优惠利率。银行贷款给一般企业时收取的高于优惠利率的利率。这种利率经常在优惠利率的基础上加一定的百分比。例如，银行按高于优惠利率1%的利率向某企业贷款，若当时的最优利率为8%，则向该企业贷款收取的利率即为9%；若当时最优利率为7.5%，则向该企业贷款收取的利率即为8.5%。非优惠利率与优惠利率之间差距的大小，由借款企业的信誉、与银行的往来关系及当时的信贷市场状况所决定。虽然，在我国利息率是央行统一规定的，表面上央行和企业在确定利息率上没有自主权，但实际上，银行通过诸如提前扣息，规定最低存款余额等方式，可以大幅度地提高贷款的利息率。

2）借款利息的支付方法。一般讲，借款企业可以用三种方法支付银行贷款利息。

第一，收款法。收款法是在借款到期时向银行支付利息的方法。银行向工商企业发放的贷款大都采用这种方法收息。

第二，贴现法。贴现法是银行向企业发放贷款，先从本金中扣除利息部分，而到期时借款企业则要偿还贷款全部本金的一种计息方法。采用这种方法，企业可利用的贷款金额只有本金减去利息部分后的差额，因此贷款的实际利率高于名义利率。例如，某企业从银行取得借款10 000元，期限1年，利率（即为名义利率）为8%，利息额为800元（10 000×8%）。按照贴现法付息，企业实际可利用的贷款为9 200元(10 000-800)，该项贷款的实际利率为：800/(10 000-800)=8.7%。

第三，加息法。加息法是银行发放分期等额偿还贷款时采用的利息收取方法。在分期等额偿还贷款的情况下，银行要将根据名义利率计算的利息加到贷款本金上计算出贷款的本息和，要求企业在贷款期内分期偿还本息之和的金额。由于贷款分期均衡偿还，借款企业实际上平均使用了贷款本金的半数,而却要支付全额利息。这样,企业所负担的实际利率远高于名义利率。

[例16] 企业从银行借入9个月期的短期借款20 000元,年利率9%,按加息法分月等额偿还本和利息,请计算每月偿还和实际利率。

加息法利息计算见表8-13。

表8-13　　　　　　　　　加息法利息计算　　　　　　　　　单位:元

时间	每次偿还	未偿还本息
1月初		21 350
2月初	2 372.22	18 977.78
3月初	2 372.22	16 605.56
4月初	2 372.22	14 233.34
5月初	2 372.22	11 861.12
6月初	2 372.22	9 488.9
7月初	2 372.22	7 116.68
8月初	2 372.22	4 744.46
9月初	2 372.22	2 372.24
9月底	2 372.24	0

应支付利息 = 20 000 × 9% × 9/12 = 1 350(元)

应偿还本息 = 20 000 + 1 350 = 21 350(元)

每月偿还额 = 21 350/9 = 2 372.22(元)

企业银行贷款余额 =(21 350/2 + 18 977.78 + 16 605.56 + 14 233.34 + 11 861.12
　　　　　　　　 + 9 488.9 + 7 116.68 + 4 744.46 + 2 372.24 + 0/2)/9 = 10 675(元)

实际利息率 = 1 350/10 675 × 100% = 12.65%

2. 担保贷款筹资借款。担保贷款,又分为第三者担保贷款和抵押贷款。抵押贷款是借款企业以本企业的某些资产作为偿债担保物而取得的借款。银行通过掌握担保品,可以减少贷款风险。借款企业可以用自己拥有的应收账款、存货、固定资产或其他资产作为担保品。抵押贷款需要借贷双方签订抵押借款合同,在合同中必须注明抵押品的名称并做一系列说明,以保证贷款人的权益。

贷款的安全程度取决于抵押品的价值大小和它的变现速度。在借款者不能偿还债务时,银行就可以变卖抵押品,当出售抵押品所得价款超过贷款本息时,要将其差额部分归还借款者;当不够偿债时,其差额部分则变为一般无担保债权。显然,抵押品价值越大,出售时可能获得的价款就越多,反之则越少;抵押品变现速度越快,出售抵押品就越容易,折价就越少,反之则越难、折价越多。故贷款者总希望借款者提供的抵押品的价值大和变现速度快。

由于我们在此讨论的是短期银行借款,因此在这里只讨论应收账款担保贷款和存货担保贷款的问题。

(1)应收账款担保贷款。应收账款是企业流动性最大的资产之一,是一项较为合适的抵押物。从银行的角度看,这种抵押物的缺点主要是,难以估计应收账款的回收率和收账费用，具有较大风险。因此，银行在接受这种抵押物时，总会对应收账款的质量和数额进行分析，确定应收账款的回收率和收账费用。收账费用的高低与每笔应收账款的大小有关系，每一应收账款账户中的金额越少，即越零星，那么，相应的收账费用就会越高。银行通过对应收账款的分析后，就可以确定贷款额占应收账款的比例。

对借款企业来说，用应收账款作为抵押物来获取短期银行借款不仅可以解决应收账款投资的资金来源，而且可在一定程度上转让应收账款，从而减少了风险。

应收账款贷款又可分为应收账款抵押和应收账款销售两种类型。应收账款抵押的特征是，银行不仅对应收账款有留置权，而且还对借款者（商品销售者）有追索权，即如果商品购买者不付款的话，借款者（商品销售者）将承担这个损失。在这种情况下不需要将应收账款被抵押的事件通知商品购买者。应收账款销售的特征是，企业将拥有的收账权卖给了银行，由银行直接向商品购买者收取账款，这时需将应收账款主体发生变化的事件通知商品购买者。在应收账款销售后，银行对借款者（商品销售方）就再无追索权，坏账损失的风险全由银行承担。显然，应收账款担保贷款的形式，对借款企业而言，抵押的风险大于销售，抵押时应收账款可能百分之百归企业所有；销售时应收账款则必须折价销售。

应收账款销售一般是通过代理融通公司进行的。代理融通，首先要求销售者与代理融通者签订规定双方权利与义务的协议，其次要对程序做出安排。一般程序是：销售者收到购买者的订单之后，填写信用同意单并交代理融通公司审查，如审查通过，销售者发出商品并在发票上盖戳通知购买者直接向代理融通公司付款；如审查没通过，销售者一般拒绝信用销售。在这里，代理融通公司起着信用审查、贷款和承担风险三方面的作用。由于此种方法存在代理融通佣金等费用，筹资成本相对于应收账款抵押的筹资成本为高。

（2）存货担保贷款。存货也是一种流动性较大的资产，可以作为短期银行借款的抵押品。由于存货种类繁多，有效期不一，因此，银行除了考虑看好的变现性、市场价格稳定性之外，还需要考虑存货的耐久性。这种担保贷款也是按其市价的一定百分比发放的，百分比随存货的变现性、市场稳定性和耐久性而变化。

存货担保贷款按抵押方式不同可分为多种担保贷款，主要有如下几种：

1）流动抵押贷款。在这种方法下，借款者可以用他的存货总额充当担保品，而不需具体规定存货的种类。贷款者则对借款者的全部存货都拥有流动留置权。但这种留置权含义并不十分明确，贷款者很难掌握。企业所受限制较少，贷款利息率也较高。

2）动产抵押贷款。采用这种方法贷款，要先明确存货种类，借款人对这些存货拥有所有权，贷款人则对其拥有留置权。借款人未经贷款人同意不得出售这些存货；同样，贷款人在借款人不能偿债时，需经法院同意才能动用这些存货，因此这种抵押贷款方法并不利于借款人和贷款人，故较少被采用。

3）信托收据贷款。在这种贷款下，贷款者对存货拥有所有权，但委托借款人销售该存货，存货销售所得货款用于偿还借款。贷款人为了保证自己的权益，需要了解借款人所销货款用于偿债的情况。这种贷款方法，流行于耐用消费品制造或经销行业。

4）公共仓库收据贷款。本贷款是指以公共仓库开出的证明某批货物确属借款人所有的收据作为抵押物的贷款。在这种情况下，仓库只有在取得贷款者同意后，才能将货物交给借款者。这样，就保证了贷款者的权益。

5) 借款企业仓库收据贷款。这种贷款与公共仓库收据贷款一样，只是作为抵押品的存货放置于借款企业的仓库之中。一般由借款企业划出一定面积的仓库，专门储存已抵押的存货，贷款者派专人对抵押存货进行看守，未经贷款者批准同意，借款企业不得动用已抵押的存货。

当然，企业除了可用上述两类资产担保取得短期银行借款外，还可以用诸如股票、债券等有价证券担保取得短期银行借款，也可以靠第三者担保取得短期银行借款。不过这些类型的担保贷款与上述担保贷款相比相对简单。

（三）负债基金

负债基金分为两大类：一类是按职工工资总额提取的职工福利基金和按税后利润提存的集体福利基金（公益金）；另一类是根据偿还各种债务的需要而专门提存的各种偿债基金。由于偿债基金具有专门用途，一般要求专款专存或用于短期（也可以是长期）有价证券投资，以便能保证及时清偿到期债务，因此，非在迫不得已时，最好不要动用偿债基金参与生产周转。在此，我们主要讨论前一类负债基金筹资的问题。

公益金虽只能用于企业职工的集体福利事业，但由于公益金的提取量与支出数从某一时间来看，一般存在着差异，即提取数大于支出数。这种情况产生的主要原因是该类基金必须先提后用，特别是在企业盈利较大的年份，提取的公益金也较多，为了解决以丰补歉的问题，会留存相当一部分公益金以备日后的需要。这样，就客观上造成了企业可以动用部分公益金参与短期生产周转的条件。另外，在公益金的使用方面，企业董事会和经理、职工代表大会拥有决策权，可以决定支用公益金的时间，这又从主观上使动用部分公益金参与生产周转成为可能。

利用公益金参与短期生产周转，要注意不能影响了企业职工各种正常的集体福利的资金需要。如果因生产特别急需资金，迫不得已要暂缓举办集体福利事业时，那么，也必须通过多种渠道向全体职工解释原因，使广大职工充分认识其必要性，使他们保持高昂的生产积极性。这样，才能达到借用公益金参加短期生产周转的目的。

【习题】

一、关键概念

1. 信用期限　　2. 信用标准　　3. 信用额度　　4. 自然融资

二、简答题

1. 什么是最佳现金持有量？如何确定？
2. 企业的信用政策包括哪些内容？都是如何确定的？
3. 与存货储备有关的成本包括哪些项目？
4. 短期筹资有哪些特点、哪些筹资策略和哪些种类？
5. 利用商业信用筹资主要有哪些形式？

第9章

利润分配及股利政策

【学习要点】 本章阐述了企业利润的构成和管理要求，企业利润分配原则，企业税后利润分配程序；介绍了主要股利政策理论、股利种类、股利支持形式和股利支付程序；分析了法律因素、债务契约因素、公司自身因素和股东因素对股利政策的影响，常用股利政策的利弊。

第一节 利润分配原则及程序

一、利润的构成和管理要求

（一）利润构成及相关概念

利润是衡量企业经营管理水平的重要指标，是企业在一定时期内生产经营成果的最终体现。企业在经营过程中，通过销售商品或提供劳务，从而实现了收入，收入扣除当初投入经营的成本以及其他一系列费用，再加上或减去非经营性质的收入和支出以及投资收益，即为企业的利润总额或亏损总额。有关利润总额的计算公式为：

利润总额 = 营业利润 + 营业外收入 - 营业外支出
营业利润 = 主营业务利润 + 其他业务利润 - 销售费用 - 管理费用 - 财务费用
　　　　＋ 投资收益（减投资损失）＋ 补贴收入 - 资产减值损失
主营业务利润 = 主营业务收入 - 主营业务成本 - 主营业务税金及附加
其他业务利润 = 其他业务收入 - 其他业务支出

补贴收入是指企业收到的各种补贴收入，包括国家拨入的亏损补贴、退还的增值税等。企业的净利润为利润总额减去所得税后的余额，其计算公式为：

净利润 = 利润总额 - 所得税

企业所得税是指在我国境内的企业就其生产经营所得和其他所得所征收的一种税。其计算公式为：

应纳税额＝应纳税所得额×所得税税率

应纳税所得额＝利润总额±税收调整项目金额

另外，利润根据其构成的不同，也可以表述为以下几个不同层次的含义：

1. 毛利润。简称毛利，是企业的主营业务收入减去主营业务成本和主营业务应负担的流转税后的余额。它是一切利润的基础和源泉。毛利润的多少决定了企业的财务基础和竞争地位。

2. 息税前利润。息税前利润是指损益表利润总额未扣除利息费用和所得税之前的利润。它可以利用"利润总额加利息费用"来测算。它反映了不同企业间的不同资本结构、不同税率及其他有关因素的影响，较能体现企业的经营管理水平。

3. 税后利润。税后利润是指企业的利润总额减去所得税后的余额，也就是净利润，是公司股东权益的净增加额。

4. 普通股股东收益。普通股股东收益是公司税后利润减去优先股股息后的余额，它是决定公司股票市场价格的重要因素，也是公司利润管理的重要内容。

（二）利润的管理要求

企业利润是国家财政收入的重要来源，是企业扩大再生产的重要资金保证，也是企业实现职工物质利益的前提条件。企业不但要尽可能多地生产合格的产品、尽可能提供好的服务，而且也应该降低成本，促进销售，扩大市场份额，创造利润。企业实现的利润越多，表明对社会的贡献就越大，企业自身也能得到较快的发展，同时职工也能得到更多的物质利益。为了加强对利润的管理，增加利润，企业在利润管理中应把握以下几点要求：

1. 树立正确的盈利观，不断提高盈利水平。企业要遵守国家的政策法规，应当合法地进行生产经营活动，为社会提供合格的产品和劳务，并取得盈利。企业在经营过程中应当把企业利益与国家利益、企业利益与客户利益、短期利益与长远利益结合起来，通过合法合理的方式，实现利润的增长。企业应从多方面挖掘和开拓增加利润的途径：（1）增加产量，提高质量，不断扩大销售。企业对于某些需求量大的产品，可以增加产量，以促进销售；由于社会消费需求的多样化，企业在产品品种和服务方式上也应当力求多样化，不断更新，结合有效的营销策略，提高市场占有率，扩大销售；企业也可以努力提高产品质量和服务质量，从优质多销上获得更多的利润。（2）挖掘企业潜力，节约开支，降低成本。挖掘企业内部潜力，降低成本是增加利润的关键环节。企业在销售收入既定的情况下，产品成本的高低和期间费用的大小，是决定企业利润多少的关键。因此，企业应该在成本上下大工夫，不断采取措施，以达到节约开支和降低成本的目的。如合理改进生产工艺，不断采用新技术，从而提高生产效率；采取一些激励措施调动职工的生产积极性；加强对职工的培训，提高职工素质；等等。（3）合理运用资金，加速资金周转。企业的资金结构要合理，要进行严格的经济核算，加强供、产、销等各环节的资金管理，尽量降低人力、物力的消耗，减少不合理的资金占用；应及时催收应收账款，防止陷入呆滞；要处理闲置设备，想办法加速资金的周转，降低资金的使用成本，减少财务费用的开支。

2. 实现利润目标分管责任制，保证目标利润的实现。企业应以目标利润为核心，层层落实目标管理责任制。要把企业的总体目标利润分解到各个科室、车间、班组和个人，做到各部门的目标利润明确，责任分明，把企业的整体经济利益与每个部门和职工的切身利益联系在一起，使人人都关心利润，为创造利润献计献策，极大地调动职工的积极性。

3. 严格执行有关财经法规，正确进行利润分配。利润分配是一项政策性很强的工作，要严格遵守国家有关财经法规的规定。利润分配与企业财务管理体制有着密切的联系，企业利润的分配办法也会随着我国财务管理体制的变革做相应的变动。企业应正确地、如实地核算利润总额，不得隐瞒或虚报利润。企业实现的利润要依照有关财经法规的规定合理进行分配，任何单位或个人都无权对企业的合法利润分配进行干涉，或变相侵占企业的利润。企业也有权拒绝各种不合理的摊派，以保护自身的合法权益不受到侵犯。

二、企业利润分配原则

企业利润分配活动是企业财务活动的重要一环。企业利润的形式既包括利润总额又包括净利润。由于缴纳税款是企业必须履行的义务，每个企业必须按照国家税法规定的税率，及时、足额地上缴所得税。企业依法上缴所得税是其利润分配的第一个层次。财务管理中的利润分配应该是集中在对企业净利润的分配上。

利润分配是一项重要的工作，它不仅影响到企业的筹资和投资决策，而且涉及国家、企业、投资者、职工等多方面的利益关系，涉及企业的长远利益和近期利益、整体利益与局部利益等关系的处理与协调。因此，企业的利润分配应当兼顾各方面的利益，一般要遵循以下几个原则：

（一）依法分配原则

企业的利润分配要严格遵守国家的财经法律法规，依据法定的程序进行分配。企业在利润分配之前，应该首先依法缴纳企业所得税，这是企业应尽的社会责任，是国家财政收入的重要组成部分，也是国家机器正常运转的财力保证。企业缴纳所得税后的净利润，是企业所有者的资产投资收益，属于企业所有者的权益，应当在所有者之间进行分配，但是，按照有关法律法规的规定，在分配之前企业应当按一定的比例提留，作为企业扩大再生产和抵御经营风险的财力保证。

（二）兼顾各方利益原则

利润分配直接关系到有关各方的切身利益。因此，要兼顾各方利益，正确处理好有关各方的关系。除了上缴企业所得税，企业税后利润的分配原则主要是在投资者之间进行分配。因为企业的投资者作为资本的投入者、企业的所有者，依法享有收益分配权。企业的净利润归投资者所有，是一项所有者权益，这是企业的基本制度。不过，企业的经营需要全体职工的共同努力，企业离不开职工，职工是最主要的直接的利润创造者。利润分配会影响到职工的生产经营积极性。因此，职工除了可以得到应有的劳动报酬和奖金外，还可以以一定的方式参与净利润的分配,比如,提取公益金,用于职工集体福利设施的购建开支。因此,企业在进行利润分配时,应统筹兼顾,合理安排,处理好各种分配关系,维护投资者、企业和职工的合法权益,以充分调动各个方面的积极性。

(三) 分配与积累并重原则

企业进行利润分配,应正确处理长远利益和眼前利益的辩证关系,将两者有机结合起来,坚持分配与积累并重的原则。企业的税后利润,从其性质上看,都属于股东的权益,可以全部分配给股东,也可以部分分配给股东,部分留存在企业内部。考虑到企业未来对资金的需求,满足发展需要,增强企业后劲,企业除按规定提取法定盈余公积金以外,可适当留存一部分利润作为积累。这部分积累不仅为企业扩大再生产筹措了资金,同时也增强了企业抵抗风险的能力,提高了企业经营的安全性和稳定性。

股份制企业的利润分配应尽可能保持稳定的股利政策。社会经济总是处于景气和衰退的循环过程之中,股份制企业的经营状况也会随之呈周期性变化。在经济景气时期,企业经济效益较好,股东的投资收益也会增加;在经济衰退时期,企业的经济效益下降,股东的投资收益也会随之减少。因此,股份制企业在分配利润时应当考虑到这种经济的周期性变化,在经济效益较好、获利较高时,要留存一部分利润,以抵御经营风险和在经济衰退时期用于对股东分配利润。这样,可以避免股利忽高忽低对投资者投资信心的影响。

(四) 投资与收益对等原则

投资者因其投资行为而享有收益权。企业在利润的分配时,应当体现"谁投资、谁受益"的原则,受益大小与投资比例相适应,也即投资与收益相对等。企业在向投资者分配利润时,应本着"公开"、"公平"和"公正"的原则,按照各方投入资本的多少来进行,绝不允许发生任何一方随意多分多占的现象。这样,才能有效保护投资者的利益,鼓励投资者的投资。

股份制企业必须按照有关法律法规的规定,由股东大会决议通过并公开其利润分配方案。所有股东一律按持股比例享有其合法权益,同股同权、同股同利,不允许个别股东以其在企业中的特殊地位牟取私利,从事幕后交易。

另外,股份制企业的利润分配应当考虑到对股票价格的影响。一般认为,利润分配会对股票价格产生影响,因为它传递给股东关于企业发展和经营状况的某些信息。因此,股份制企业应当考虑到这种分配政策对股价的影响程度,要尽力避免因利润分配给股价造成大起大落的影响。

三、企业税后利润分配程序

企业从年度实现的利润总额中扣除按照国家规定应上缴的所得税后的余额,即为税后利润,或者叫净利润。企业按照国家政策或合同协议、董事会决议等规定,对已实现的净利润在企业和投资人之间进行分配。

根据我国有关法律法规的规定,企业实现的净利润,应按下列顺序进行分配:

(1) 用于抵补被没收的财产损失。

(2) 支付由于违反税法而补交的滞纳金和罚款。

(3) 弥补以前年度亏损。按照现行制度规定，企业发生的年度亏损，可以用下一年度的税前利润弥补；下一年度利润不足弥补的，可以在 5 年内延续弥补，5 年内不足弥补的，可以用税后利润弥补。这里是指超过用所得税前的利润抵补亏损的期限后，仍未补足的部分。

必须指出，税前利润弥补亏损可以用筹建期间的汇兑净收益予以弥补，税后补亏包括用以前年度提取的法定盈余公积金或任意盈余公积金补亏。

(4) 提取法定盈余公积金。法定盈余公积金应按本年净利润扣除前面三项后的余额为基数进行提取，提取比例为 10%。企业提取的法定盈余公积金累计超过其注册资金的 50% 以上时，可不再提取。

(5) 提取法定公益金。公益金是从企业税后利润中提取的，用于职工的集体福利设施支出。股份制企业按本年净利润扣除前面三项后的余额为基数进行提取，提取比例为 5% ~ 10%，其他企业按不高于法定盈余公积金的比例提取。

(6) 向投资者分配利润。企业当期实现的净利润，加上年初未分配利润（减去年初未弥补亏损）、盈余公积弥补亏损后的余额，为可供分配的利润。可供分配的利润减去提取的法定盈余公积金、法定盈余公益金后，为可供投资者分配的利润，可按约定比例分配给股东。

股份有限公司实现的净利润按上述顺序分配后，再按下列顺序进行分配：

(1) 支付优先股股利。

(2) 提取任意盈余公积金。任意盈余公积金按照公司章程或股东大会决议提取，其目的是为了控制向投资者分配利润的水平以及调整各年利润分配的波动，或者是为了企业以后的某项特定支出而做的准备金。

(3) 支付普通股股利。企业当年无利润的，不得向投资者分配股利。但是，股份有限公司为了维护其股票信誉，在用盈余公积弥补亏损后，经股东大会特别决议，可按不超过股票面值 6% 的比例用盈余公积分配股利。股利分配后，企业法定盈余公积不得低于注册资本的 25%。

企业的净利润除国家另有规定外，应严格按照以上顺序进行分配。企业以前年度的亏损未弥补完，不得提取法定盈余公积金和公益金。企业的税后利润在弥补亏损和提取法定盈余公积金和公益金之前，不得向投资者分配利润。

第二节 股利政策

一、股利政策理论

股利政策是关于公司是否发放股利、发放多少股利以及何时发放股利等方面的方针和策略。长期以来，人们一直在探讨股利政策对公司股价或企业价值有无影响的问题，这就形成了股利政策的基本理论。在西方，人们对股利理论的研究起步较早，主要有两种股利理论：

股利无关论与股利相关论。

（一）股利无关论

股利无关论认为，企业的股利政策不会对公司的股票价格产生任何影响。该理论是由美国财务学专家米勒和莫迪利亚尼于1961年在著名论文《股利政策、增长和股票价值》中首先提出的，因此，这一理论也被称为MM理论。MM理论的基本假设是完全市场理论。完全市场理论的基本含义是：

（1）资本市场具有强式效率性。所谓强式效率性是指股票的现行市价已经反映了所有已公开或未公开的信息，任何人甚至掌握内部信息的内线人也无法在股市上赚取超额报酬。也就是公司的投资者和管理当局可相同地获得关于未来投资机会的信息。

（2）不存在个人和公司所得税。

（3）没有筹资费用，即不存在股票的发行和交易费用。

（4）公司的投资决策与股利决策是彼此独立的，即投资决策不受股利决策影响。

上述假设描述的是一种完美无缺的市场，在这些假设基础上，MM理论认为：

（1）投资者不会关心公司股利的分配情况。公司的股票价格完全由公司投资方案和获利能力所决定，而非取决于公司的股利政策。在公司有较好的投资机会的情况下，股利分配较少，公司留利较多，用于再投资，但公司的股票价格也会上升，投资者可以通过出售股票来换取现金；如果股利分配较多，留利较少，投资者可以在获得现金后寻求新的投资机会，而公司仍可以顺利地筹集到新的资金。所以，股票价格与公司的股利政策是无关的。

（2）股利的支付比率不影响公司的价值。既然投资者不关心股利的分配，公司的价值就完全由其投资的获利能力所决定，公司的盈余在股利和保留盈余之间的分配不影响公司的价值（即使公司有理想的投资机会而又支付了高额的股利，也可以募集到新股，新投资者会认可公司的投资机会）。

（二）股利相关论

股利相关论认为，公司的股利分配对公司市场价值有影响，也会影响到公司股票的价格。其代表性的观点主要有以下几种：

1. "一鸟在手论"。这种观点认为，在股利收入与股票价格上涨产生的资本利得收益之间，投资者更倾向于前者。因为股利是现实的有把握的收益，而股票价格的上升与下跌具有较大的不确定性，与股利收益相比风险更大。因此，投资者更愿意购买能支付较高股利的公司股票，这样股利政策必然会对股票价格产生影响。这一理论用西方一句格言来形容就是"双鸟在林，不如一鸟在手"，所以，该理论也被称为"一鸟在手论"。

2. 信息传播论。这一理论认为，股利实际上给投资者传播了关于企业收益情况的信息，这一信息自然会反映在股票的价格上，因此，股利政策与股票价格是相关的。如果某一公司改变了长期以来比较稳定的股利政策，这就等于给投资者传播了企业收益情况发生变化的信息，从而会影响到股票的价格。股利提高可能给投资者传递公司创造未来现金能力增强的信息，该公司的股票价格就会上涨；反之，股利下降可能给投资者传递公司经营状况恶化的信息，该公司的股票价格就会下跌。

3. 假设排除论。这种观点认为，MM理论的假设在现实经济生活中是不存在的。首先，即使非常完善、成熟的资本市场，如纽约证券市场，也不具有强式效率性，因此，MM理论的完善市场理论假设实际上是不存在的；其次，在资本市场上，不可能没有筹资费用，也不可能没有个人或公司所得税的存在；再次，公司的投资决策有时是与股利政策相关的，投资决策由于对资金的需求，可能会影响到公司的股利政策。因此，MM理论在现实生活中是站不住脚的。由此，可以认为股利政策对公司的市场价值或股票价格是有关的。

二、股利分派形式和程序

（一）股利及其种类

股利是股份公司从公司利润中以现金、股票的形式或以其他形式支付给公司投资者的报酬，是利润分配的一种形式。股份公司分派股利的形式一般有现金股利、股票股利、实物股利和负债股利等。

1. 现金股利。现金股利是股份公司以现金的形式发放给股东的股利。这是最常用的股利分派形式，也是股东最容易接受的方式。现金股利发放的多少取决于公司的股利政策和经营业绩。有的股东希望公司发放较多的现金股利，而有的股东则不愿意公司发放过多的现金股利。现金股利的发放会对股票价格产生直接的影响，在股票除息日之后，一般来说股票价格会下跌。但这种分配方式对公司来说会增加现金流出的压力。如果公司现金比较充足，则可考虑采用这种现金股利的分派方式。如果公司在股利支付之后会有大量现金流入，也可采用暂时筹集短期资金解决股利支付的现金问题。但当公司目前现金不足，而外部筹资又受到限制时，就应该采用其他的股利分配方式了。

现金股利按发放的稳定性和规律性，可分为正常股利、额外股利和清算股利三种形式：（1）正常股利。它是指公司根据自身的经营状况和盈利能力，有把握在未来一定时期按时、按量支付的股利。这部分股利也称股息，其稳定性与债券的债息相似。（2）额外股利。由于某种原因公司不愿对某些股利定期支付做出保证，或者没有能力做出保证，因而称为额外股利，又称分红，表示与股息的区别。额外股利的发放与否、发放多少完全与公司当期的收益情况和投资决策密切相关。正常股利与额外股利都是对股东权益和税后利润的分配。（3）清算股利。它是指公司清算资产时，将偿付债权人之后的剩余部分在股东之间进行分配。清算股利不是来源于公司的留存收益，而是来源于公司资产的减少。

2. 股票股利。股票股利是公司将应分配给股东的股利以股票的形式发放。可以用于发放股票股利的，除了当年的可供分配利润外，还有公司的盈余公积金和资本公积金。发放股票股利时，一般按股权登记日的股东持股比例来分派，股东大会用于分配的资本公积金、盈余公积金和可供分配利润转成股本，通过中央结算登记系统按比例增加各股东的持股数量。股票股利并没有改变企业账面上的股东权益总额，同时也没有改变股东的持股结构，但是，会增加市场上流通的股票数量。因此，企业发放股票股利会使股票价格相应下降。一般来说，如果不考虑股票市价的波动，发放股票股利后的股票价格，应当按发放的股票股利的比例而成比例下降。如某公司发放股票股利前的股价为21元,该公司决定按照10股送4股的比例发放股票股利,则该公司的股票在除权日之后的市场价格应降至15元(21/1.4)。可见,分配股票股利,一方面扩张了股本;另一方面起到股票分割的作用。高速成长的企业可以利用分配股票股利的方式来进行股票分割,以使股价保持在一个合理的水平上,避免因股价过高而使投资者减少。

对于股份有限公司来说,分配股票股利不会增加其现金流出量,因此如果公司现金紧张或者需要大量的资金进行投资,可以考虑采用股票股利的形式。但是,也应当注意的是,一直实行稳定的股利政策的公司,因发放股票股利而扩张了股本,如果以后继续维持原有的股利水平,势必会增加未来股利支付,这实际上向投资者暗示了本公司的经营业绩在今后将大幅增长,从而导致股价上扬。但是,如果不久后的事实未能兑现,该公司的每股利润因股本扩张而被摊薄,这样就可能导致股价下跌。对于股东来说,虽然分得股票股利没有得到现金,但是,如果发放股票股利之后,公司依然维持原有的股利水平,则股东在以后可以得到更多的股利收入,或者股票数量增加之后,股价并没有成比例下降,而是走出了填权行情,这样股东的财富会随之增长。

3. 实物股利。实物股利是指公司以发给股东除现金以外的资产(如公司实物资产、实物产品、其他公司的有价证券等)的形式支付股利。这种情况一般适用于支付额外股利,由于这种形式不会增加公司的现金流出,所以当公司资产变现能力较弱,现金流量不足时,可以采用这种股利支付形式。但是这种方式也有明显的缺点,一是广大的股东不乐意接受这种股利分配方式,因为股东持有股票的主要目的是为了获得现金收入而非实物资产;二是以实物支付股利会严重影响公司形象,社会公众会普遍认为公司财务状况不好、变现能力下降、资金周转不畅,对公司发展失去信心,由此导致股东抛售该公司股票,使股票市价下跌。因此,一般情况下不宜采用此种股利分配方式。

4. 负债股利。负债股利是公司以负债形式发放股利,这种发放形式通常是公司以应付票据或公司债券抵付股利。由于票据和债券都是带息的,所以会使公司支付利息的压力增大,但是可以缓解公司资金不足的矛盾。但股东往往不喜欢这种股利支付方式。

实物股利和负债股利实际上是现金股利的替代,这两种方式目前在我国公司实务中很少使用,我国股份有限公司一般采用现金股利和股票股利这两种股利分配形式。

(二) 股利支付程序

股份有限公司分配股利必须遵循法定程序,一般是先由董事会提出分配预案,然后提交股东大会决议通过才能进行分配。由于公司的股票可以自由买卖,公司的股东及持有股份都是处于经常性的变动之中。所以,公司究竟应向哪些股东支付股利,必须确定一些必要的时间界限。因此,股东大会决议通过分配预案之后,要向股东宣布发放股利的方案,并确定股权登记日、除息日和股利支付日。公司必须正确理解和运用这一程序,避免产生不必要的混乱和误解。

1. 股利宣告日。股利宣告日就是股东大会决议通过并由董事会宣布发放股利的日期。在宣布分配方案(每股支付的股利)的同时,要公布股权登记日、除息日和股利支付日。

例如甲公司在2012年2月15日宣告发放股利的声明：甲公司董事会于2012年2月15日开会，并宣布发放每股1.5元的正常股利，另加每股0.5元的额外股利。甲公司将于2012年2月28日将上述股利支付给那些已在2012年2月15日登记在册的甲公司股东。

通常股份公司都应当定期宣布发放股利，我国股份有限公司一般是一年发放一次或两次股利，即在年末和年中分配。在西方国家，股利通常按季支付。

2. 股权登记日。股权登记日是有权领取本期股利的股东资格登记截止日期。规定股权登记日是为了确定股东是否能领取股利的日期界限，因为股票是经常流动的，所以，确定这个日期是非常必要的。凡是在股权登记日这一天登记在册的公司股东，才有资格领取本期股利。而在这一天之后登记在册的股东，即使是在股利发放日之前买的股票，也无权领取本期股利。先进的计算机系统为股权登记提供了极大的方便，一般在股权登记日营业结束的当天，即可打印出股东名册。例如，上例中提到的2012年2月15日，公司结束当天的营业后，它会终止股票所有权的转移业务，并打印出当天的股东名册。如果上例中，S股东将股票转让给L股东，并在2月15日营业结束前办妥了股票所有权的转移手续，则股东L将可以收到股利；如果是在2月16日才办妥了股票所有权的转移手续，则股东S将可以收到股利，而不是L股东。

3. 除息日。除息日是指除去股利的日期，即领取股利的权利与股票相分离的日期。按照证券业的惯例，一般在股权登记日的前4天为除息日。在除息日前，股利权从属于股票，股票持有者有权领取股利；在除息日当天或以后购买股票，新购入股票的股东不再享有领取股利的权利。规定除息日是因为股票的买卖交易之后，需要一定的时间办理股票交接、过户的手续，而在除息日之后，股权登记日之前这几天购买的股票，股份公司不能及时得到股票所有权已经转让的通知。除息日对股票价格有明显的影响，在除息日之前的股价中包含了本次股利，在除息日之后的股价中不再包含本次股利，所以股价会下降。上例中，除息日为2012年2月11日。在不考虑股市波动的情况下，在除息日，每股股价的跌幅一般相当于每股股利。如甲公司在2012年2月11日收盘价为30元，则在2012年2月12日的开盘价为28元。

4. 股利支付日。股利支付日，也称付息日，是将股利正式发放给股东的日期。在这一天，公司应将股利以一定方式支付给股东，计算机交易系统可以通过中央结算登记系统将股利直接打入股东资金账户，由股东向其证券代理商领取股利。上例中，甲公司在2012年2月28日才会将股利支付给应该领取股利的股东。

三、影响股利政策的因素

股利政策是股份有限公司财务管理的一项重要内容，它不仅仅是对收益的分配，而且关系到公司的投资、融资以及股票价格等各个方面。因此，制定一个正确、稳定的股利政策是非常重要的。但是很多因素制约着股利政策的制定，一般来说，在制定股利政策时，应当考虑到以下因素的影响。

（一）法律因素

为了保护投资者的利益，各国法律如《公司法》、《证券法》等都对公司的股利分配进行了一定的限制。影响公司股利政策的主要法律因素有：

1. 资本保全的约束。资本保全是为了保护投资者的利益而做出的法律限制。股份公司只能用当期利润或留用利润来分配股利，不能用公司出售股票而募集的资本发放股利。这样是为了保全公司的股东权益资本，以维护债权人的利益。

2. 资本积累的约束。这一规定要求股份公司在分配股利之前，应当按法定的程序和比例先提取各种公积金。这也是为了增强企业抵御风险的能力，维护投资者的利益。另外，企业只有在以前年度的亏损全部弥补完了之后，若还有剩余利润，才能用于分配股利，否则不能分配。

3. 超额累积利润的约束。对于股份公司来说，由于投资者接受股利缴纳的所得税要高于进行股票交易的资本利得所缴纳的税金。因此，许多公司可以通过累积利润使股价上涨的方式来帮助股东避税。西方一些国家都注意到了这一点，并在法律上明确规定了公司不得超额累积利润，一旦公司的留存收益超过了法律认可的水平，将被加征额外税款。我国法律目前对此尚未做出规定。

4. 偿债能力的约束。这是规定企业在分配股利时，必须保持充分的偿债能力。企业分配股利不能只看利润表上的净利润数额，还必须考虑到企业的现金是否充足。如果因企业分配股利而影响了企业的偿债能力或正常的经营活动，则股利分配就应当受到限制。

（二）债务契约因素

公司在进行债务融资时，常常要在债券和贷款合同上载明限制股利分配的有关条款。这样做的目的是债权人为了防止企业过多发放股利，影响其偿债能力，加大其债务风险，而以契约的形式限制企业现金股利的分配。这种限制往往包括：

1. 规定每股股利的最高限额。
2. 规定未来股息只能用贷款协议签订以后的新增收益来支付，而不能动用签订协议之前的留存收益。
3. 规定企业的流动比率、利息保障倍数低于一定标准时，不得分配现金股利。

另外，公司若发行优先股，则合同中也要求在未清偿优先股股利之前，不得派发普通股股利。这些合同条款在某种程度上限制了公司的股利政策，在制定公司股利发放政策时，应给予认真对待。

（三）公司自身因素

公司自身因素的影响是指股份公司内部的各种因素及其面临的各种环境、机会而对其股利政策产生的影响。主要包括盈利状况、现金流量、举债能力、投资机会、资本成本和其他因素。

1. 盈利状况。公司的盈利状况是制约股利分配的首要因素，只有当公司有盈利时，才谈得上股利的分配。公司必须要以其盈利水平及未来的发展趋势为出发点，研究派发股利的形式、股利的多少、派发的时间等。另外，公司盈余的稳定性也是考虑派发股利高低的主要因素。一般来说，盈余比较稳定的公司，其股利可以高一些；盈余状况不稳定的公司，则可采用低股利政策，以使公司将更多的盈余转为再投资，逐渐提高公司的盈利水平，并降低财务风险。

2. 现金流量。公司在经营活动中，必须有充足的现金，有较为良好的资产变现性，否则就会发生支付困难。公司在分配现金股利时，必须考虑现金流量及资产的流动性，过多的分配现金股利，会减少公司的现金持有量，影响未来的支付能力，甚至可能出现财务风险。因此，如果公司的资产流动性差，即使有较多盈余，也不应该分配过多的现金股利。

3. 举债能力。举债能力是公司筹资能力的一个重要方面，不同的公司在资本市场上的举债能力会有一定差异。公司在分配现金股利时，应当考虑到自身的举债能力如何。举债能力强的公司，在公司资金缺乏时，能够比较容易地在资本市场上筹集到资金，这样，该公司就可以采用较为宽松的股利政策，发放较多的现金股利；如果举债能力弱的公司，在公司资金缺乏、没有充足的现金流量时，不太容易在资本市场上筹集到资金，这样，该公司就应该采用较为紧缩的股利政策，少发放现金股利，多保留盈余。

4. 投资机会。收益分配要受到未来投资机会的影响。当公司预期未来有良好的投资机会，且预期的投资收益率大于投资者期望的收益率，公司管理当局就会首先考虑将现有盈余用于再投资，减少股利的分配。从长远来看，这样做有利于公司的发展，也能被广大的投资者所理解和接受。如果公司缺乏良好的投资机会，保留大量盈余会造成资金的闲置，那就可以适当增加股利分配数额。所以，新兴企业或处于成长期的企业，应多保留盈余而减少股利分配数额；而保持现有经营规模或处于经营收缩的企业，可适当多分配股利而减少盈余保留数额。

5. 资本成本。资本成本是公司选择筹资方式的基本依据。利用留存收益筹资是企业内部筹资的一种重要方式，它有利于降低筹资的外在成本，包括筹资费用和资本的实际支出成本。合理的股利政策实际上是要解决分配与留用的比例关系，以及如何合理、有效地利用留存收益的问题。因此，当公司的负债资金较多、资金结构不佳时，将公司的净利润作为筹资渠道是种不错的选择。

6. 其他因素。影响股利政策的其他因素有：比如，公司有意地多发放股利使股价上涨，使已发行的可转换公司债券尽快实现转换，从而达到调整资金结构的目的；再如，通过支付较高的股利，刺激公司股价上扬，从而达到反兼并、反收购的目的，等等。

（四）股东因素

股利政策必须经过股东大会决议通过才能实施，所以，股东对公司的股利政策有重要影响。一般来说，影响股利政策的股东因素主要有以下几个方面：

1. 追求稳定的收入，规避风险。有的股东依赖于公司发放的现金股利维持生活，如一些退休者，他们往往要求公司能定期支付稳定的股利，反对公司留利太多。还有一些股东认为，留利太多引起的股票价格上涨所能带来的资本利得是有风险的，具有很大的不确定性，还是取得现实的股利比较稳妥,这样可以规避风险。所以,有些股东倾向于多发放股利。

2. 担心控制权的稀释问题。有的大股东持股比例较高,对公司拥有一定的控制权,他们多出于对公司控制权可能被稀释的担心,希望公司少分配现金股利而多留存利润。公司如果发放了大量的现金股利,就可能会造成未来经营资金的紧缺。这样就不得不通过资本市场来筹集资金,如果是通过举借新债筹集资金,就会增加公司的财务风险;如果是通过发行新股筹集资金,虽然老股东有优先认股权,但必须支付一定数额的资金,否则其持股比例就会降低,意味着其对公司的控制权被稀释。再者,增发新股使市场上的流通股数增加,也会带来控制权的稀释。因此,对这类股东,他们往往愿意减少现金股利的分配而增加留存利润。

3. 规避所得税。按照税法规定,政府对企业征收企业所得税后,还要对股东分得的股息、红利征收个人所得税。而股利收入的所得税高于股票交易的税金。对于一些持股比例较高、股利收入较多的股东来说,股票上涨获得的收益比分得股息、红利更有吸引力。因此,这类股东会反对公司发放过多的现金股利,以达到避税目的。

另外,通货膨胀等因素也会影响公司的股利政策。较高的通货膨胀率会导致公司购买力的下降,公司需要在将来准备更多的资金用于固定资产的更新和改造,因此公司会考虑留用更多的利润来应付日后的资金缺口。此时,公司的股利政策往往会偏紧。

四、常用股利政策

股利政策受多种因素的影响,并且不同的股利政策也会对公司的股票价格产生不同的影响。因此,对于股份公司来说,制定正确、合理的股利政策是相当重要的。股利政策的核心问题是确定分配与留利的比例,即股利支付比率问题。长期以来,在理财实践中,常用的股利政策有以下几种类型。

(一)剩余股利政策

在制定股利政策时,公司的投资机会和资本成本是两个重要影响因素。在公司有良好的投资机会时,为了降低资本成本,公司通常会采用剩余股利政策。所谓剩余股利政策,就是在公司确定的最佳资本结构下,税后净利润首先满足投资的需要,然后若有剩余,才会用于分配股利。这是一种投资优先的股利政策。采用剩余股利政策的先决条件是公司必须有良好的投资机会,并且该投资机会的预期报酬率要高于股东要求的必要报酬率,这样才能被股东所接受。采用剩余股利政策的公司,因其有良好的投资机会,投资者对公司未来的获利能力有较好的预期,该公司股票价格因此会上升,并且以留用利润来满足最佳资本结构下对股权资本的需要,可以降低筹资成本和财务风险,有利于公司经济效益的提高。但是,对于依赖股利维持生活的投资者来说,这种股利政策不会受到欢迎。因为,这种股利政策往往会导致各期股利忽高忽低,影响股利的稳定发放。

实行剩余股利政策,一般应按照以下步骤决定股利的分配额:

1. 根据选定的最佳投资方案,确定投资所需的资金数额。
2. 按照公司的目标资本结构(最佳资本结构),确定投资需要增加的股东股权资本的数额。

3. 税后净利润首先用于满足投资需要增加的股东股权资本的数额。

4. 在满足投资需要后的剩余部分用于向股东分配股利。

这里应该说明的是，公司都有一个最佳资本结构，在最佳资本结构下的综合资本成本才是最低的，公司才可能实现理财目标。因此，股利政策要符合最佳资本结构的要求，如果股利政策破坏了最佳资本结构，就不能取得使公司综合资本成本最低的效果。下面举例说明剩余股利政策的应用。

[例1] A电器公司2011年的税后净利润为6 800万元，目前的资本结构为：债权资本40%，股东股权资本60%。该资本结构也是其下一年度的目标资本结构（即最佳资本结构）。如果2012年该公司有一个很好的投资项目，需要投资9 000万元，该公司采用剩余股利政策，试确定应该如何融资？分配的股利是多少？

对于投资需要的9 000万元，A公司可以有多种融资方式，但若利用留用利润的内部融资方式，可以有以下两种方案：

（1）公司留用全部净利润用于该投资项目，再另外筹集2 200万元新的债权资本。这样公司就没有剩余利润用于分配。

（2）公司根据目标资本结构的要求，需要筹集5 400万元的股权资本和3 600万元的债权资本来满足投资的需要。这样，公司将净利润的5 400万元作为留用利润，还有1 400万元的净利润可用于分配股利，然后再通过举债筹集3 600万元资金。

上述的第一种融资方法，虽然公司需要向外部筹集的资金数额减少了，但是这种方法破坏了资本最佳结构，会使公司的综合资金成本上升，因此，不是最优的筹资方案。而第二种融资方法，虽然需向外部筹集较多资本，但它保持了公司的最佳资本结构，此时公司的综合资本成本是最低的。由此可以看出，剩余股利政策指的是第二种方案的股利政策，而不是第一种方案的股利政策。

（二）固定股利政策

固定股利政策也叫稳定增长股利政策，是一种稳定的股利政策。它是指公司支付给股东的现金股利不随公司税后利润的多少而调整，也就是在较长的时期内定期支付固定的股利额，只有当公司对未来利润增长确有把握，并且这种增长被认为是不会发生逆转时，才增加每股股利额。稳定的股利政策在公司收益发生一般变化时，并不会影响股利的支付，而使股利支付水平保持稳定。实施这种股利政策有以下一些理由：

1. 股利政策可以向投资者传递重要的信息，如果公司支付的股利稳定，意味着公司的经营业绩比较稳定，经营风险相对较小，这样使得投资者对投资该股票的必要报酬率降低，有利于股票价格的上升；如果公司的股利政策不稳定，股利的分配忽高忽低，这无疑给投资者传递了公司经营业绩不稳定的信息，从而导致投资者对投资该股票风险的担心，也会使投资者要求的必要报酬率提高，进而引起该股票价格的下跌。

2. 稳定的股利政策，有利于投资者有规律地安排股利收入，受到一部分希望有固定股利收入的股东的欢迎。不稳定的股利政策会降低这部分股东对该种股票的需求，从而导致股票价格的下跌。

3. 如果公司确定一个稳定的股利增长率，使投资者认为公司的经营业绩会稳步增长，这个信息可以降低投资者对该公司风险的担心，从而使股票价格上涨。

4. 采用稳定的股利政策，为了维持稳定的股利水平，有时可能会使某些投资方案延期，或者使公司的资本结构暂时偏离目标资本结构。如果通过发行新股来筹集资金，可能会延误投资时机，也可能使资本成本上升，但公司突然降低股利，会使投资者认为公司的经营出现了困难，业绩呈现下滑趋势，可能使投资者大量抛售公司股票，引起股票价格大幅下跌，这样的话对公司会产生更加不利的影响。因此，稳定的股利政策还是会受到部分股东的支持。

虽然固定股利政策有其明显的优点，但也不能忽视其不足之处，这种股利政策的主要缺点是股利的支付与公司盈余相脱节，固定的股利支付也会给公司造成较大的财务压力。当公司净利润下降或出现现金紧缺时，为了保证股利的支付，会加重财务状况的恶化。因此，这种股利政策适用于经营比较稳定、盈利水平比较平稳的公司或正处于成长期的公司。

（三）固定股利支付率政策

这是种变动的股利政策。它是指公司预先确定一个股利占利润的比率，并且公司每年从净利润中按此比率支付股利的政策。这一股利政策使公司的股利支付与公司的盈利状况密切相关，盈利状况好，则每股股利就增加；盈利状况不好，则每股股利就下降。公司每年支付的股利额随其利润额的多少而波动，从而使股利支付额极不稳定，公司支付股利后的剩余部分作为公司的留存收益，用于公司的再投资使用。

实施固定股利支付率的优点是保持了利润分配额与利润之间一定的比例关系，体现了风险投资与风险收益的一致性，公平对待每一位股东，多盈多分、少盈少分、无盈不分，而且这种股利政策不会给公司造成较大的财务负担。

但是，固定股利支付率政策也有一定的缺点，主要表现在以下几个方面：

1. 由于每年支付的股利可能变动较大，忽高忽低，这样就会传递给投资者该公司经营不稳定的信息，容易使股票价格产生较大波动，不利于树立良好的企业形象。

2. 固定股利支付率政策不像剩余股利政策那样，使公司的综合资本成本保持相对较低的水平。

所以，有的人反对这种政策，认为这种股利政策不可能使企业价值达到最大，不利于理财目标的实现。

（四）低正常股利加额外股利政策

这是一种介于稳定股利政策与变动股利政策之间的折中的股利政策。这种政策的具体做法是：公司一般情况下每年支付固定的、数额较低的股利，当公司盈利较多时，再根据实际情况向股东支付额外股利。实施这种股利政策的优点表现在以下几个方面：

1. 这种股利政策具有较大的灵活性，在公司盈利较少或投资需要较多资金时，可以只支付较低的正常股利，这样既不会造成太大的财务压力，又可以保证股东定期得到一笔固定的股利收入；在公司盈利较多又不需要较多投资资金时，可以向股东发放额外的股利，把公司繁荣所得利益与股利分配结合起来，增强股东投资的信心，有利于股票价格的稳定。

2. 这种股利政策使公司的股利保持一定的稳定性，投资风险较小，从而吸引股东投资。

3. 低正常股利加额外股利政策除了可以维持股利的稳定性，还有利于公司的资本结构达到目标资本结构，使灵活性与稳定性较好地得到结合，因而为许多公司所采用。

以上是公司常用的几种股利政策，公司在制定股利分配政策时，应当结合本公司的实际情况适当采用，从而促进公司的发展。

【习题】

一、关键概念

1. 股票股利　　2. 股票分割

二、简答题

1. 控股股东、关联股东、小股东（零星股东）的利益要求有何区别？
2. 影响股利政策的相关因素有哪些？
3. 股利政策的主要类型有哪些？各政策的优缺点是什么？
4. 股票股利与股票分割有何异同？

第10章

公司并购

【学习要点】本章介绍了公司并购的概念、动机、分类和程序；阐述了账面价值调整法、市场比较法和现金流量贴现法等公司并购价值估价方法的运用；分析了现金支付方式、股票支付方式和混合支付方式的特点；对融资风险和债务风险、营运风险和信息不对称风险等企业并购风险进行了全面分析，并提出了常用的反收购风险策略。

第一节 公司并购概述

一、公司并购的概念

企业并购的外延相当广泛。广义的企业并购概念除了兼并和收购外，还包括重组，即公司在日常生产经营活动之外所进行的关于所有权、资本结构和运营模式的所有变动。狭义的企业并购指企业收购和企业兼并行为。

(一) 兼并

企业兼并通常是指一家企业以现金、证券或其他形式（如承担债务、利润返还等）购买取得其他企业的产权，使其他企业丧失法人资格或改变法人实体，并取得对这些企业控制权的经济行为。兼并也称合并，我国《公司法》规定：公司合并可以采取吸收合并和新设合并两种形式。

吸收合并是指两个或两个以上的公司合并，其中的一个公司继续存在，其余公司解散，资产与业务并入继续存在的那个公司，继续存在的那个公司作为法律主体，也就是合并完成后的新公司。

新设合并是指两个或两个以上的公司合并设立一个新的公司，合并前各公司都解散。

公司合并时，合并各方的债权、债务，应当由合并后继续存在的公司或新设的公司继承。

（二）收购

企业收购是指企业用现金、债券或股票购买另一家企业的部分或全部资产或股权，以获得该企业的控制权。

收购的对象一般有股权和资产两种。收购股权是购买一家企业的股份，收购方将成为被收购方（目标公司）的股东，收购方在获得目标公司资产的同时，也必须承担该企业的债权和债务；而收购资产则仅仅是一般资产的买卖行为，收购方无须承担目标公司债务，而是将公司负债留给目标公司的管理层来解决。究竟是购买企业的股权还是企业的资产，可以通过谈判达成协议。

企业的收购既可以是完全收购，也可以是部分收购。在完全收购中，收购方购买被收购企业的所有股本。在部分收购时，收购方获得被收购企业的经营控制权，股份额通常高于50%，低于100%。

（三）控股

控股是企业并购的过程与状态。控股是指一个企业对另一个企业或另几个企业的生产经营活动和重大决策具有控制权或共同控制权，或者可以施加重大影响。具体说，如果企业对其他单位的投资占该单位有表决权资本（主要指普通股）总额的10%~20%，就称为控股。控股公司不但拥有子公司在财务上的控制权，而且拥有经营上的控制权，并对重要人员的任命和大政方针的确定拥有决定权，甚至直接派人经营管理。

（四）兼并与收购的区别

兼并与收购的主要区别体现在以下几个方面：

1. 在兼并中，被合并企业作为法人实体不复存在；而在收购中，被收购企业仍可以法人实体存在，其产权也可以是部分转让。

2. 兼并后，兼并企业成为被兼并企业新的所有者和债权债务的承担者，是资产、产权、债务的同一转换；而在收购中，收购企业是被收购企业的新股东，以收购出资的股本为限对被收购企业承担责任。

3. 兼并多发生在被兼并企业财务状况不佳、生产经营停滞或半停滞之时，兼并后一般需调整其生产经营活动、重新组合其资产；而收购一般发生在企业正常生产经营状态。

由于在实际运作中，它们的联系远远超过其区别，所以，兼并、合并与收购常被统称为"并购"或"购并"，泛指在市场机制作用下，企业为了获得其他企业的控制权而进行的产权交易活动。

二、公司并购的动机

在市场经济状态下的企业，作为独立的经济主体，面临着巨大的竞争压力。并购是企业通过资本市场寻求扩张的最主要方式，许多企业利用并购来实现销售额、市场份额和利润的增长，或利用并购来消化过剩的生产能力，或出于财务动机而达成并购。一些企业也可能因为财务危机或无利可图或其他原因而愿意进行并购。总之，企业会因为某些动机进行并购，主要的并购动机表现在以下几个方面：

（一）谋求管理协同作用

并购的基本特征是可以越过投资新建阶段，缩短建设期，迅速扩大企业规模。通过并购，企业可以获得现成的经营管理人才和生产技术人员。同时，如果某企业有一支高效率的管理队伍，为了实现其效率，充分释放管理能量，也可以并购那些管理人才缺乏、效率低下的企业，利用本身的管理队伍提高被并购企业的整体效率，从而使自己获得额外收益。

（二）谋求经营协同效应

并购能够产生经营协同效应，经营协同效应是指并购后企业的总体效益大于并购前两个独立企业的算术和。经营协同效应的产生来自于并购后企业的规模经济效应。由于经济上的互补性、规模经济，两个或两个以上的企业合并后可产生规模效益，提高其生产经营活动的效率，使并购后的企业的营业利润要高于并购前各企业的营业利润的总和。因为，并购可以节约运营成本、提高效率，从而导致利润的增加。并购在规模经济上带来的好处有：

1. 企业通过并购，使相互之间的资产得以补充和调整，提高了资源利用率，达到最佳规模经济的要求，从而降低生产成本。

2. 并购能够使企业在保持整体产品结构的前提下，有利于在各个企业中进一步实现专业化生产。

3. 由于生产规模的扩大，单位产品的管理费用有下降的空间，从而可以降低产品成本。

4. 企业生产的各种产品和提供的各种服务，可共用一些营销渠道，从而节约营销费用并扩大市场份额。

5. 并购便于集中开发费用，加快新产品的研究、开发、设计，也有利于生产工艺的改进，从而增强企业活力。

6. 并购有利于调整产业结构。并购为企业的存量资产的流动和重组提供了可能，使企业根据市场供求的变化以及科学技术的发展，迅速进入或退出一些行业，推动资源向有发展前景的行业转移，及时实现结构转换。

（三）谋求财务协同作用

企业并购不仅可以因经营效率提高而获利，而且由于财务杠杆、税法、会计处理惯例以及证券交易等内在规定的作用，还可以在财务方面给企业带来种种好处，这被称为并购财务协同效应。主要表现为以下几个方面：

1. 提高财务杠杆能力。一般情况下，合并以后的企业整体偿债能力会明显增强，从而具有更大的举债能力，可以进行更多的负债筹资，得到财务杠杆效益。

2. 降低资金成本。应该说资本筹集中的筹资费用会随着筹资规模的增大而降低，而且由于企业规模的扩大，使社会公众更容易获得大公司的信息，这样就更容易发行股票或债券或取得贷款,筹资的成本也会有所降低。

3. 合理避税。税法一般有亏损递延的条款,企业可利用这些规定,通过并购行为及相应的财务处理进行合理避税。

4. 预期效应。预期效应也称市盈幻觉。当并购以换股方式进行时,由于并购方企业规模往往较大,因此它的市盈率往往作为并购后企业的市盈率,使得并购后企业的股价往往上涨,市场总值超过了两个企业的市值之和。而且由于并购的预期效应导致的股价波动,会形成股票投机机会,从而增加股东的资本利得。

(四) 实现企业发展的战略性需要

任何一家企业实现其发展的战略方法都有两种:一是通过收购实现增长;二是企业自身实现增长。收购可能是达到战略目的的最好方法。企业实现战略发展要达到的目标可能有:

1. 增加市场份额,以得到规模经济的益处和更高的利润率。
2. 获得更低的生产成本的优势(获得更低成本的生产贷款)。
3. 使新市场多样化,这是由于现有的市场容量不足以支撑企业未来的增长。
4. 使新产品或服务多样化,这是因为企业现有的产品市场正在衰减或不足以维持未来的增长。

(五) 其他动机

企业进行并购,还可能出于其他一些目的。比如,企业通过并购经营相关程度较低的不同行业,可以达到分散风险、稳定收入来源、增强企业资产的安全性;或者企业为了获得某项特殊资产而进行并购;还可能是管理层利益驱动、盈利、政府意图、追随客户等原因进行并购。

三、公司并购的类型

并购有各种方式和策略,按照不同的分类标准可以将并购划分为许多不同的类型。

(一) 按行业相互关系划分

按双方产品与产业的联系划分,并购可以分为横向并购、纵向并购和混合并购。

1. 横向并购。横向并购是指商业上的竞争对手间的合并。当并购方与被并购方处于同一行业、生产或经营同一产品时,通过并购可以消除竞争、扩大市场份额,增加并购企业的垄断实力或形成规模效应。横向并购的基本条件是,收购企业需要并且有能力扩大自己产品的生产和销售,并购双方企业的产品及产品的生产和销售有相同或相似之处。但政府部门应当密切关注该类竞争,以免形成高度垄断局面。

2. 纵向并购。纵向并购是指一个企业与它的供应厂商或客户的合并,即优势企业将与本企业生产紧密相关的前后顺序生产、营销过程的企业收购过来,以形成纵向生产一体化。纵向并购实质上是处于生产同一产品的不同生产阶段的企业间的兼并,兼并双方往往是原材料的供应者或产成品的购买者,所以对彼此的生产状况比较熟悉,有利于兼并后的相互融合。纵向并购的优点是能够扩大生产经营规模，节约通用的设备、费用等；还可以加强生产过程各环节的配合，有利于协作化生产；还可以加速生产流程，缩短生产周期，节省运输、仓储费用以及资源和能源等。

3. 混合并购。混合并购是指既非竞争对手又非现实的或潜在的客户或供应商的企业间的并购。混合并购又可分为三种情况：产品扩展型并购，即相关产品市场上企业间的并购；市场扩展型并购，是指一个企业为扩大其竞争地盘，而对它尚未渗透的地区生产同类产品的企业进行并购；纯粹的并购，是指那些生产和经营彼此间毫无联系的产品或服务的若干企业间的并购。混合并购的主要目的是在于减少长期经营一个行业所带来的风险，实施多元化经营战略。企业并购追求多元化经营，即减少企业对现有业务范围的依赖，降低经营的风险成本。若将生产活动与不相关（或最好是负相关）的收益联系起来，就会减少该公司利润率的波动。萨缪尔森和史密斯1968年曾用纪实材料很好地证明了企业规模愈大，经营愈多样化，其生产率波动就愈小，从而能够减少目标企业的资本成本。

（二）按并购意图划分

按并购意图即按并购方是否取得目标公司的同意与合作来划分，可以分为友好收购和敌意收购。

1. 友好收购。友好收购也称善意收购，是指收购公司事先与目标公司协商，征得其同意并通过谈判达成收购条件的一致意见而完成收购活动的并购方式。通常目标公司同意收购公司提出的条件并承诺给予协助，故双方高层通过协商来解决并购的具体安排，如收购方式（以现金、股票、债券或其混合形式来进行收购）、收购价位、人事安排、资产处置等。若目标公司对收购条件不完全满意，双方还可以就此进一步讨价还价，最终达成双方都可以接受的并购协议。善意收购有利于降低并购行为的风险与成本，使并购双方能够充分交流、沟通信息，目标公司主动向收购公司提供必要的资料，因此，此类收购往往成功率较高。

2. 敌意收购。敌意收购是指并购公司在收购目标公司股权时，虽然遭到目标公司的抗拒，仍然强行收购，或者并购公司事先并不与目标公司进行协商，而突然直接向目标公司股东开出价格或收购要约的并购行为。在此种收购中，收购公司往往采取突然的收购手段，提出苛刻的兼并条件而使目标公司不能接受。目标公司在得知收购公司的收购意图后可能采取一系列反收购措施，而收购公司在得知目标公司的激烈反应后也会采取一些手段，强迫目标公司最终就范。但敌意收购通常无法从目标公司获取其内部实际运营、财务状况等重要资料，给公司估价带来困难。敌意收购的风险比较大，要求并购公司制订严密的收购行动计划并严格保密、快速实施。另外，敌意收购容易导致股价的不良波动，甚至影响企业发展的正常秩序，因此，各国政府都对敌意收购进行了限制。

（三）按产权交易的购买方式划分

按并购产权交易的购买方式划分，并购可分为以下四种。

1. 出资购买资产式并购。它是指收购公司使用现金购买目标公司的全部或绝大部分资产以实现收购。以现金购买资产式的收购，被收购公司按购买法或权益合并法计算资产价值并入收购公司，原有法人地位及纳税户头解散。对于产权关系、债权债务清楚的企业，出资购买资产式并购能做到等价交换，交割清楚，没有后遗症或遗留纠纷。

2. 出资购买股票式并购。它是指收购公司使用现金、发行债券等方式购买目标公司的一部分股票，以实现控制后者资产及经营权的目标。出资购买股票可以通过一级市场进行，也可以通过二级市场进行。通过二级市场出资购买目标公司的股票是一种简便易行的收购方法，但由于受到各国有关证券法规信息披露原则的制约，如购进目标公司股份达到一定比例，或达至该比例后持股情况再有变化时都需履行相应的报告及公告义务，在持有目标公司股份达到相当比例时，更需向目标公司股东发出公开收购要约。所有这些要求都容易被人利用，哄抬股价，使并购成本激增。收购公司如果通过发行债券的方式筹集资金进行收购，则容易背上承重的债务负担。而对于目标公司而言，证券交易的所得大增，就要承担较大的税收负担。

3. 以股票换取股票式并购。以股票换取股票式并购是指收购公司直接用本公司股票交换目标公司的大部分股票。一般情况下，交换的股票数量应至少达到收购公司能控制目标公司的足够表决权数。通过这样的安排，目标公司就成为收购公司的子公司，或者可能通过解散而并入收购公司中。不管怎样，目标公司的资产会在收购公司的直接控制之下。

4. 以股票换取资产式并购。以股票换取资产式并购是指收购公司用本公司股票交换目标公司的大部分资产。一般情况下，收购公司同意承担目标公司的债务责任，但双方也可以做出特殊约定，如收购公司有选择地承担目标公司的部分债务。在此类并购中，目标公司应承担两项义务，即同意解散公司，并把所持有的收购公司的股票分配给自己公司的股东。这样，收购公司就可以防止自己公司的大量股份集中在极少数目标公司股东手里。收购公司和目标公司之间还要就目标公司的董事及高级职员参加收购公司的管理事宜达成协议。

（四）按并购实现的方式划分

按并购实现的方式划分，企业并购可分为购买式并购、控股式并购、接收式并购和招标式并购。

1. 购买式并购。购买式并购是指通过对被并购企业的资产和负债进行清理，协商作价，由并购企业支付产权转让费，从而取得其产权的一种并购方式。这种并购一般发生于被并购企业濒于破产或出现严重亏损时。

2. 控股式并购。控股式并购是指企业通过投资、收买股份等方式，从而控制其他企业股份的多数或掌握其全部股份，最终使其他企业法人资格消灭的一种并购方式。控股式并购不同于控股，在控股的情况下，被控股企业仍为法人。

3. 接收式并购。接收式并购是指并购企业以承担被并购企业的所有债权债务、职工安排以及退休人员的工资、福利等为代价，取得被并购企业产权的并购方式。

4. 招标式并购。招标式并购是指被并购企业在其主管部门同意或主持下，进行清产核资，拟定招标文件或标底内容，公开招标，由招标企业与中标人签订企业并购合同的一种并购方式。

（五）并购的其他划分

除了以上对并购的划分之外，还有几种常见的划分方式。

1. 按收购是否向目标公司全体股东提出划分，可以分为公开收购和非公开收购。公开收购又称标购、公开收购要约，是指收购公司公开向目标公司股东发出要约，并承诺以某一特定价格购买一定比例或数量的目标公司股份。收购公司采取此种收购方式，是企图取得或强化对目标公司的控制权，而在证券市场之外公开以特定价格收购目标公司股东持有的股票。由于公开收购要约是收购公司和目标公司股东间的直接交易，所以股东是否允诺出售股票完全取决于股东个人的判断。非公开收购是指不构成公开收购要约的任何并购活动。

2. 根据收购的融资方式划分，可以分为杠杆收购和管理层收购。杠杆收购是指收购公司用目标公司资产作为融资担保，从银行借入所需的收购款项，收购成功后再发行高息债券来偿还银行借款，用目标公司的收益偿还债券本息。杠杆收购的主要动因是日后将目标公司出售以获利。管理层收购是指公司管理层本身对自己的公司进行的收购。管理层收购的资金来源与杠杆收购相类似，即公司管理层以公司资产或未来收益作为担保，向银行借贷买入所管理的公司。

第二节 公司并购的程序

企业并购的过程实质上是企业权利主体不断变换的过程，是个极其复杂的系统工程，涉及许多的经济、政策和法律问题，需要签订许多的合同，除了收购方和目标公司，还有众多的参与者，如银行、投资银行、律师、注册会计师等。需要说明的是上市公司和非上市公司的并购程序在具体操作上也有所不同。

对于收购方来说，收购一个企业的过程起始于寻找潜在的收购目标。当收购目标被确定后，就需要一个最初的估价，以便能够决定一个参考价格，或甚至一个定价。在取得经营权的谈判中，收购企业将与目标企业进行讨论并做进一步的调查以进行再评估；与目标企业的管理层或主要股东就价格和购买的具体事宜达成协议。收购方的企业并购流程图如图10-1所示。

在取得并购意向后，企业并购一般要经过以下程序：

1. 双方董事会各自通过有关的并购决议。并购意向达成以后，需要经过双方董事会或类似机构讨论通过并购决议。并购决议主要包括以下内容：

（1）拟进行并购的公司名称；

（2）并购的条件与条款；

（3）把每个公司股份转换为存续公司或其他公司的股份、债务或其他证券，全部或部分地转换为现款或其他资产的方式和基础；

（4）关于因并购而引起存续公司的公司章程的任何更改的声明；

（5）关于并购所必需的或合适的其他条款。

如果是新设合并，决议必须载明的事项有以下内容：

（1）拟进行联合的诸公司的名称及联合成立的公司名称；

（2）联合的条件与条款；

（3）把每个公司股份转换为存续公司或其他公司的股份、债务或其他证券，全部或部分地转换为现款或其他资产的方式和基础；

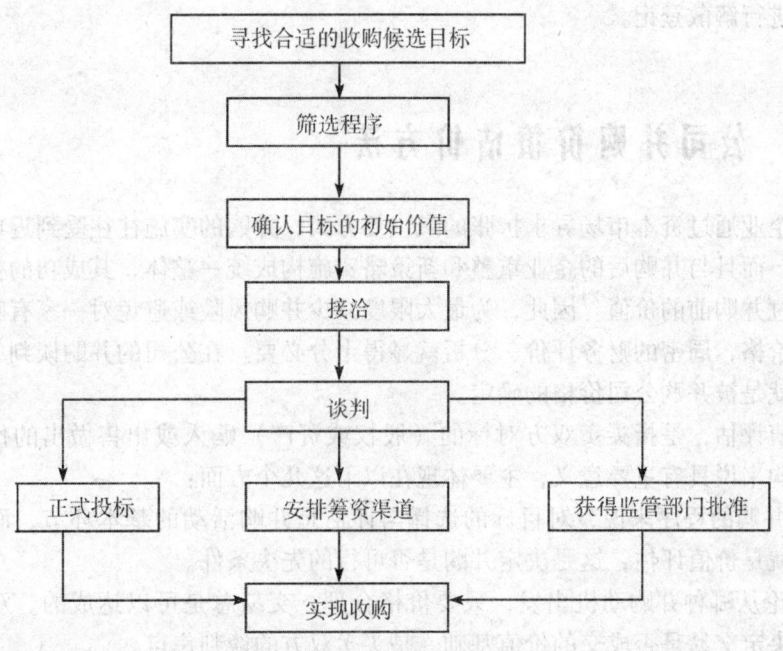

图 10-1 企业并购流程

（4）新设公司而言，依公司法设立的公司章程所必须载明的所有声明；

（5）认为对拟进行合并所必需的或合适的其他条款。

2. 股东大会讨论并批准并购的决议。公司并购属于特别事项，需由董事会将已通过的决议提交股东大会讨论，并最终由股东大会做出批准决议。

3. 并购各方签订合同。并购各方应当签订并购合同，并购合同还必须经并购各方的董事会和股东大会批准。并购合同应当载明事项的主要内容有：

（1）存续公司增加股份的总数、种类和数量；

（2）存续公司对被并入公司的股东如何分配新股；

（3）存续公司应增加的资本额和关于公积金的事项；

（4）存续公司应支付现金给被并入公司的股东的具体规定；

（5）兼并各方召开股东大会批准合同的时间；

（6）进行兼并的具体时间。

对于新设合并，并购合同应包括的内容有：

（1）新设公司发行股票的种类和数量；

（2）新设公司的总部所在地；

（3）新设公司对合并各公司的股东分配股份或现金的规定；

（4）新设公司的资本额和公积金的规定；

（5）合并各方召开股东大会批准新设公司的时间和进行合并的具体时间。

4. 在规定时间内到政府部门登记。并购合同一经股东大会批准，应当在规定时间内到政府部门登记。这时存续的公司应当进行变更登记。新设公司应当进行设立登记注册，原合并各方应当进行解散登记。

第三节 公司并购价值估价方法

并购是企业通过资本市场寻求扩张的最主要方式,并购的实施往往受到近期或长远利益动机的驱使,而且与并购后的企业重整和新策略实施构成统一整体,其成功的标志是并购后公司价值超过并购前的价值。因此,为最大限度减少并购风险或避免对一家有吸引力的公司支付过高的价格,周密的财务评价、分析就显得十分必要。在公司的并购谈判中,买卖双方的谈判焦点就是被并购公司价格的确定。

所谓价值评估,是指买卖双方对标的(股权或资产)购入或出售做出的价值判断。价值评估对并购来说具有重要意义,主要体现在以下这几个方面:

(1) 从并购的程序来说,对目标的选择与评估是并购活动的基本环节,而对目标评估的主要内容就是价值评估,这是决定并购是否可行的先决条件。

(2) 无论从哪种并购动机出发,只要价格合理,交易总是可以达成的。双方对标的的价值评估是决定交易是否成交的价值基础,是买卖双方的谈判焦点。

(3) 并购双方从投资的角度出发,总是希望交易的价格有利于自己。由于各方掌握的信息和主观认识肯定有所不同,因此对标的价值认同也会不同,任何一方无法将自己的定价强加给对方。为了使交易价格相对公平合理,应当聘请中介机构对标的价值做出评估,从而提高并购的成功几率,也可以在一定程度上避免决策失误。由此看来,对目标企业的估价是必需的。评估时,可以使用多种估价方法。以下主要介绍几种常用的估价方法。

一、账面价值调整法

资产负债表能集中反映企业在某一特定时点的价值状况,揭示企业所掌握的资源、所负担的债务及所有者在企业中的权益。企业并购所使用的账面价值是指资产负债表上总资产减去负债的剩余部分,也被称为净值或净资产。因此通过估算净值可为估算企业资产的真实价值提供依据。一个企业的账面价值和内在价值并无直接联系,因为账面价值是以会计准则为核算基础,不考虑现时资产的市场价格的波动,也不考虑资产的收益情况,而是一种静态的估价标准。通常,买方公司在收购前聘请注册会计师,审查目标公司提供的资产负债表的真实性。此种审查过的报表,可反映当时真实的财务状况,但是,若要估算目标公司的真正价值,仍需要对资产负债表的各项目做必要的调整。

通过对目标公司的净资产的账面价值进行调整,来确定并购的价值和价格,其基本算式为:

并购价值 = 目标公司的净资产账面价值 × (1 + 调整系数) × 拟收购的股份比例

或者:

并购价值 = 目标公司的每股净资产 × (1 + 调整系数) × 拟收购的股份数量

调整系数可以根据目标公司所处的行业特点、成长性、获利能力、并购双方的讨价还价等因素确定。账面价值可以直接根据企业的报表资料取得。

账面价值调整法具有客观性强、计算简便、资料易得等方面的优点。但这种方法也有其明显的缺陷，主要表现在以下几个方面：

1. 由于各企业间、同一企业的不同会计期间会采用不同的会计政策，账面价值较容易被企业的管理当局所操纵，从而使不同企业之间、同一企业不同时期的净资产缺乏可比性。

2. 目标公司资产负债表上净资产的价值往往代表的是一种历史成本，与现时企业创造收益的能力相关性不大或无直接相关性。

3. 从目标公司的账面净值上无法体现企业的一些内在价值。比如公司的人力资源、商誉、未来的成长机会等。

在现实中当目标公司的流动资产在总资产中所占的比重较大时，而且会计记录十分准确时，收购方可以账面价值调整法对目标公司进行估价。

二、市场比较法

市场比较法通常是将股票市场上与目标公司经营业绩相似的公司最近平均实际交易价格作为估算公司价值的参照的一种方法。这种方法的运用应当建立在成熟的股票市场的基础上，需要根据证券市场真实反映公司价值的程度（市场效率性）来评定目标公司的价值。如果股票市场不成熟，公司的股票价格不能真实地反映其实际价值，则此方法不适用于对目标公司的估价。

（一）评估目标公司的资本

对目标公司估价采用市场比较法时，首先要计算出目标公司大约的市场价值。一般的做法是：找出一些在产品、市场、目前获利能力、未来业绩成长趋势等方面与目标公司相类似的公司，再将这些公司的净利润等各种经营绩效与股价的比率做比较，然后以此为参照计算出目标公司大约的市场价值。

（二）市场效率性

西方的财务理论家一般认为市场的效率性可以分为三种类型：弱式效率性、次强式效率性和强式效率性。所谓弱式效率性，即在该市场中所有包含过去股票价格变动的资料和信息，并没有完全反映在股票的现行市价当中，因此投资者在选择股票时，并不能从与股价趋势有关的资料和信息中得到任何有益的帮助。所谓次强式效率性，是指该市场中的股票现行市价反映出了所有已公开的信息。在一个具有次强式效率性的市场中，投资者即使对股票彻底分析、仔细阅读有关财务报告或任何已出版的刊物，也无法从股票交易中赚得超常利润。但是，对于公司的内幕人士如董事长、总经理等却能利用他们所处的地位，取得外部投资者所无法得到的资料和信息，通过买卖自己公司的股票而赚得超常的利润。所谓强式效率性，是指该市场现行的股票价格已充分反映了所有已公开或未公开的信息，任何人都不可能在股市中赚得超常利润。

（三）市场比较法的前提

采用市场比较法的前提假设是：证券市场必须为次强式效率市场。由于证券市场处于均衡状态，因此，股票价格能较真实地反映投资者对目标公司未来的现金流量与风险的预期，此时股票的价格就等于市场价值。市场比较法就是依据公司目前股票价格或目前市场上有成交量的公司的价值来作为对目标公司估价的比价标准，不但容易计算，而且资料和信息的可信度相对较高。

市场比较法的比价标准有以下几种：

1. 公开交易公司的股价。如果目标公司是未公开上市的公司，其股价可以根据已上市公司中同等级公司的股价作为参考，据以计算其市价。这种方法下取得的资料比较可靠，而且可以根据分析者的目的不同，采用不同的比较标准（如营业收入、净收入、税后净利等），使目标公司的市价更为合理。但是使用这种方法对公司管理部门和董事会的要求比较高，需要一定的经验与技巧，当然也可以聘请专门的中介机构进行估价。这种标准常见的错误是可能高估了目标公司的经营价值，或者是低估了其公司的清算价值，也甚至可能低估了目标公司未来的机会或内涵价值。

2. 相似公司过去的收购价格。在股权收购的情况下，这种方法被认为是最佳选择。但是运用比较法往往很难找到经营项目、财务绩效、规模等相似的公司，并且往往无法区分不同收购公司对目标公司溢价比率的估计。因为有些收购公司认为应单独考虑目标公司的价值，无须因收购后收购公司创造出综合效益而多支付一部分报酬。

3. 新上市公司的发行价。这常用于公司股票公开发行时。对于目标公司是公开发行股票的公司时，依照该公司首次公开发行股票时的发行价格，与以此计算出的公司市价作为比价标准。这样做也许会比以上市公司市值为计价标准更加贴切，另外，目标公司也可将公开发行市价与出售、清算或继续经营下的公司市价进行比较，以做出最有利的决策。但应该看到的是许多首次公开发行股票的公司因为可能成立不久，利润较低，因此其股价的利用性就大为降低，且首次公开发行（股票）市场的发行量、价格变化较大，往往比股票集中交易的市场还具有投机性，而且发行价格也更容易被操纵，以致股价可能脱离其实际价值，这些因素都会影响市场比较法的有效应用。

三、现金流量贴现法

这种方法是由美国西北大学阿尔弗雷德·拉巴波特创立的，所以也被称为拉巴波特模型（Rappaport Model），是用贴现现金流量方法确定最高可接受的并购价格，这就需要估计并购引起的期望的增量现金流量和贴现率（或资金成本）。

现金流量贴现法（DCF）按以下步骤运用：

（1）估计目标公司收购后在设想的收购方管理下的现金流量超出预测水平；

（2）估计目标公司的期末价值达到预测水平；

（3）假设预期的收购后风险和资本结构，测评目标公司的资金成本；

（4）通过对预估的现金流量进行贴现，来确定目标公司的价值；

(5) 加上来自其他方面的现金流量,如资产变卖或业务过户;

(6) 减去债务及其他费用,例如资产变卖和过户的所得税、收购成本,确定目标公司股票的价值;

(7) 将估计的目标公司股票价值和其收购前独自的价值对比,确定收购产生的增值;

(8) 确定应从这些增值中付出多少给目标公司股东作为控制溢价。

准备预测被购方在目标公司管理下的现金流量时,必须检查目标公司的历史现金流量报表。现金流量预测是以收购方对目标公司的运作带来改变的假设为基础,特别是这些假设与价值驱动器有关。

(一) 价值驱动器和自由现金流量预测

价值驱动器是指对公司现金流量水平起决定性作用的主要收入、成本或各种投资等,也就是决定目标企业价值的重要因素。拉巴波特 1986 年认为有五个重要的价值驱动器:(1) 销售量和销售收入的预计增长;(2) 营业边际利润;(3) 新增固定资产投资;(4) 新增营运资金;(5) 资金成本率。

收购方的收购后管理计划,一般是为了改变上述的价值驱动器,以便从收购行动中创造新价值。改变价值驱动器水平取决于支持收购的价值创造逻辑。驱动器水平的变动是互相依赖的,例如,可能只有增加营销、广告或产品开发,或在固定资产和流动资产上增加投资,才能提高销售增长。价值驱动器的改变于是被解释为现金流入和流出的预测。

企业经营产生的营业现金流入是(公司)税后现金收益,但未支付用于目标公司的贷款利息。现金流出是指来自于增加的固定资产和营运资金投资。

在理论上,自由现金流量(FCF)作为一个专业术语,与经营现金流量、现金净流量(NCF)是不同的,一般认为它是指企业在持续经营的基础上除了存货、厂房、设备长期股权等类似资产上所需投入外,企业能够产生的额外现金流量。

拉巴波特建立的自由现金流量模型如下:

$$CF_t = S_{t-1} \times (1 + g_t) \times P_t(1 - T_t) - (S_t - S_{t-1}) \times (F_t + W_t)$$

式中:CF_t 为现金流量;S_t 为年销售额;g_t 为销售额年增长率;P_t 为销售利润率;T_t 为所得税税率;F_t 为销售额每增加 1 元所需追加的固定资产投资;t 为预测期内某一年度。

对自由现金流量进行预测估计,通常是根据未来经营状况和财务安排合理估计出来的,这在很大程度上取决于年度销售收入,而且这种收入应该是现金性营业收入。预测出未来各年的销售收入或其变化,再结合各年的经营性财务投资安排,就很容易估算出自由现金流量。在实际估算时,应当注意以下几个方面:

1. 用于并购估价计算所使用的自由现金流量,是目标公司并购后产生的自由现金流量。理论上,其数值应当大于并购双方独立经营时创造的现金净流量,这是并购协同效应的必然产物。

2. 销售额年增长率 g 是一种年复利增长率,而不是将不同年份的增长率简单平均。计算销售额的复利增长率的原理与计算货币时间价值的复利增长率一样。销售额的年复利增长率可以被用来预测企业的期末价值,也可以用来预测未来年销售收入的增长。

3. 谨慎估计营运资金投资的变化。在年度实际资产负债表中,营运资金的投资变化并不能真正反映所需营运资金的增减变化,主要原因是存货、应收账款等账户可能会夸大实际所需资金数量,应该剔除不需追加现金资金的存货和应收账款投资。

4. 目标公司的税后现金流量一般预测5~10年以后。总的来说,预测时间间隔越大,准确性越差。

5. 不论预测的时间间隔是多少,在这个时期结束时,基于自由现金流量的目标公司残值也要评估。通常,公司残值是以对长期现金流量的假设为基础,长期现金流量的假设则是以预测期最后一年的经营水平为基础。

将预期自由现金流量贴现后,得出目标公司的整体价值。公司价值减去债务就得出股票价值。

(二)评估资本的加权平均成本

假设目标公司的未来风险与并购企业总的风险相同,则可以把目标公司现金流量的贴现率作为并购企业的资金成本。但是当并购会导致并购企业总风险发生变动时,这就需要评估长期资本各个部分的成本,包括股东权益、优先股和债务。在股东权益方面,利润率(收益/股票价格)、红利率(红利/股价)不能全面反映股票对股东的机会成本。股本定价模式(CAPM)可用于评估目标公司股票的历史成本。CAPM将投资者要求的收益,确定为无风险率和风险溢价(也就是风险报酬)的总和,风险溢价以整体市场风险溢价和股票风险为基础,其中,股票风险与市场有关。这种风险即为众所周知的系统风险,该风险的衡量尺度为:

股票预期收益 = 无风险率 + 市场溢价 × β

市场溢价 = 市场预期收益 − 无风险率

β = 股票收益对市场收益的敏感度

或:

预期股本成本率 = 市场无风险报酬率 + 市场风险报酬率 × 目标企业的风险程度

β通过运用历史股价数据,进行计量经济学过程评估。在不同国家的投资顾问服务机构,可现成地获得公开招股公司的β。对于私人公司,可使用类似公开招股公司的β值。无风险率实际上是短期国债的回报,例如90天国债。市场一般由范围广泛的股票指数代替,如美国的标准普尔和英国的金融时报股票指数。目标公司的β值在收购后可能有变,所以目标公司股票收购前预期收益需做出调整。这种调整是由于收购使目标公司的基本经营特征发生变化,从而不得不进行的,因此有点主观。一家公司的经营特征与其β值的关系不一定能被确切理解。

债务成本更难评估,因为债务通常不可买卖。贷款利息可变时,实际支付的利息最近似真正的债务成本。但对于固定利率的债务,息票有可能不能全面反映实际成本。优先股也可能出现类似问题。因此在这两种情况下,资本成本评估得出的实际成本近似值可能不尽如人意。

评估了资金成本的各个部分后,我们就可通过各种形式的资本在目标公司的资本结构中所占比例来加权。相关资本结构是由收购方设想的收购后资本结构。

资本的加权平均成本（WACC），根据目标公司股票与债务的收购后成本来衡量。如果收购后，由于目标公司产品或市场多样化导致风险状况改变，那么，股票和债务的成本也将改变，因而，必须调整收购后的资金成本以反映风险变化。还有，若目标公司的收购前后资本结构不相同，WACC 必须为此做调整。因此，

$$WACC = K_e E/V + (1 - T_c) K_d D/V + K_p P/V$$

式中：$WACC$ 为加权平均资金成本；K_e 为股票成本；K_d 为债务成本；K_p 为优先股成本；E 为股票市值；D 为债务市值；P 为优先股市值；T_c 为公司所得税税率；$V = E + D + P$，即公司价值。

（三）决定购买价格

目标公司自由现金流量对收购方的价值是：

$$TV_a = \sum \frac{FCF_t}{(1 + WACC)^t} + \frac{V_t}{(1 + WACC)^t}$$

式中：TV_a 为目标公司的收购后价值；FCF_t 为目标公司在 t 时期内的自由现金流量；V_t 为目标公司在 t 时期的残值；$WACC$ 为加权平均资金成本。

对 V_t（预测期末残值）的计算是对目标公司估价不可或缺的部分。在理论上，公司可以通过明确的预测期足够延长进行估价，这样残值就不重要了，但是这可能仅属于特例，实践中都需要采用某种方法来计算残值。理论上的方法与测算公式有：

1. 零增长模型。

$$V_k = \frac{FCF_k}{1 + WACC}$$

式中：V_k 为公司在明确的预测期（第 k 年）期末的残值；FCF_k 为第 k 年的自由现金流量；$WACC$ 为加权平均资金成本。

2. 稳定增长模型。

$$V_k = \frac{FCF_{k+1}}{WACC - g}$$

式中：V_k 为公司在明确的预测期（第 k 年）期末的残值；FCF_{k+1} 为第 $k+1$ 年的自由现金流量；$WACC$ 为加权平均资金成本；g 为增长率。

（四）DCF 评估的敏感度分析

鉴于预测过程的不确定性，收购方有必要检查目标公司价值对任何假设变动的敏感度。这种分析突出了收购方需要关注的关键价值驱动器，特别是对关键驱动器背后的假设，必须做出有力的论证。预测它们的收购后水平，也要求更大的准确性。

[例1] 假定甲公司拟在2012年年初收购目标企业乙公司,经测算收购后有6年的现金流量。2011年乙公司的销售额为150万元,收购后前5年的销售额每年增长8%,第6年的销售额保持第5年的水平。销售利润率(含税)为4%,所得税税率为33%,固定资产增长率和营运资金增长率分别为17%和4%,加权平均资金成本为11%。求目标企业的价值。

依据上述资料计算,其结果见表10-1,则:

表10-1　　　　　　　　企业销售利润资料　　　　　　　　单位:万元

年份	2012	2013	2014	2015	2016	2017
销售额	162	174.96	188.96	204.07	220.4	220.4
销售利润	6.48	7.00	7.56	8.16	8.82	8.82
所得税	2.14	2.31	2.49	2.69	2.91	2.91
增加固定资产	2.04	2.2	2.38	2.57	2.78	0
增加营运资金	0.48	0.52	0.56	0.60	0.65	0
自由现金流量	1.82	1.97	2.13	2.30	2.48	5.91

$$TV = \frac{1.82}{1+11\%} + \frac{1.97}{(1+11\%)^2} + \frac{2.13}{(1+11\%)^3} + \frac{2.30}{(1+11\%)^4} + \frac{2.48}{(1+11\%)^5} + \frac{5.91}{(1+11\%)^6}$$
$$= 10.943 \text{(万元)}$$

因此,如果甲公司能够以10.943万元或更低的价格购买乙公司,那么这一并购活动从价格上来讲是合理的。

[例2] A公司正考虑并购B公司。B公司目前的β值为1.40,负债比率按市值计算为25%。假如并购成功,A公司将B公司作为独立的子公司来经营,并使B公司的负债率达到45%,这将使其β值增加到1.655。估计并购后将给A公司的股东带来的自由现金流量为表10-2所示。

表10-2　　　　　　　　自由现金流量

年份	1	2	3	4	5
自由现金流量(万元)	1 200	1 400	1 500	1 800	第5年及以后以4%的增长率增长

这些现金流量包括所有的并购效应。市场平均风险报酬率为12%,无风险收益率为8%,负债利率为11%,公司所得税税率为20%,试求B公司的并购价值。

A公司的股本资本成本率 = 8% + 1.655 × (12% − 8%) = 14.62%

WACC = 14.62% × 55% + 11% × 45% × (1 − 20%) = 12%

B公司的并购价值 $= \frac{1\,200}{1+12\%} + \frac{1\,400}{(1+12\%)^2} + \frac{1\,500}{(1+12\%)^3} + \frac{1\,800}{(1+12\%)^4}$
$+ \frac{1\,800 \times (1+4\%)}{(12\% - 4\%) \times (1+12\%)^4} = 19\,269.86 \text{(万元)}$

贴现现金流量法以现金流量为预测的基础,充分考虑了目标公司未来创造现金流量的能力对其价值的影响，具有坚实的财务理论基础，对企业的并购具有现实的指导意义。但这一方法的运用对决策条件与能力的要求比较高，而且容易受到预测者的主观意识的影响，导致对未来现金流量的预测和资金成本的选定都有不确定性。虽然预计自由现金流量和评估资金成本仍有问题存在，但 DCF 模式在概念上和分析上更为成熟。

对目标企业的各种估价方法，并没有绝对的优劣之分。并购企业应当从实际出发，结合并购动机，在实践中可将各种方法交叉使用，从不同角度对目标企业进行估价，使估价风险得以降低。

第四节　公司并购价格支付方式

在企业并购中，价格的支付方式（出资方式）有三种：现金收购、股票收购和混合收购。并购各方在选择价格支付方式时，应该视具体情况而定。首先，并购公司要结合自身的实际情况，如公司的规模、现金流量、收购动机等，选择合适的支付方式。其次，并购公司还要考虑本公司股东对股本结构变化的可能反应、本公司资产的流动性和在金融市场上融资的能力等因素。最后，还应该顾及到目标公司的股东、管理层的具体要求，以及目标公司的财务结构、资本结构、近期的股价水平等因素。

一、现金支付方式

现金支付方式即现金收购（也称为现金并购），是一种由收购者以支付现金取得目标企业所有权的收购行为。现金收购方式是公司并购活动中最清楚也是最迅速的一种支付方式，在各种支付方式中占有很高的比例。

对目标公司的股东来说，现金支付方式往往是他们最愿意接受的一种出资方式。因为该种价格支付方式的估价简单易懂，所得到的现金额是确定的，不需要承担证券风险，也不会受兼并后公司的发展前景、利息率以及通货膨胀的影响，也能使并购交易尽快完成。但是，现金收购是一种单纯的收购行为，一旦目标公司的股东收到对其所拥有股份的现金支付，就失去了对原公司的任何权益。

当收购公司有足够的现金，能够以现金支付全部收购价格时，收购的完成通常会十分迅速，并且交易成本较低，顾问费用如会计师、律师的费用也会相应较低。另外，机密性也会得到更好的维持。

对于收购公司来说，以现金收购目标公司，现有股东的权益不会因此而被"淡化"，但现金支付方式需要收购公司筹集大量现金用以支付收购价格，这会给收购公司带来巨大的财务压力。因此，收购公司必须动用公司的现有现金，或专门筹集额外的资金来支付收购费用。这是现金支付方式的最大缺陷。

使用现金收购表明收购者现有资产可以产生较大的现金流量；收购者有能力充分利用目标企业所拥有的，或由并购所形成的投资机会。现金收购还可能反映了收购者对于收购的盈利性拥有秘密的信息。因此，使用现金可能是一个好的信号。

不过，收购公司在决定是否采用现金收购方式时，应当结合本公司的资产流动性、货币问题、资本结构以及融资能力等因素进行综合考虑：

1. 资产的短期流动性。一旦并购成功，收购公司必须在短期内支付相当数量的现金，这使收购公司的现金流出急剧增加，出现现金亏空。因此，公司资产的短期流动性显得尤为重要，应该首先考虑公司有没有足够的即时付现能力，以保证公司的正常运营。

2. 资产的中期或长期流动性。收购公司应以较长时期的观点来看待以现金支付的可能性。因为有些公司由于没有充分估计到中、长期资产的现金回收率情况，就可能很难从现时大量的现金流出中恢复过来，从而造成财务状况的恶化。

3. 货币的流动性。以上两点没有涉及货币本身的问题。在跨国并购中，收购公司还必须考虑到自身所拥有的现金是否为可以直接支付的货币或可自由兑换的货币。

4. 资本结构。收购公司所筹集的现金往往通过债务融资得来，这对公司的资本结构有重大影响。由于公司股东只承担有限责任，股东可能会将并购带来的投资风险转嫁给债权人。债务融资会激励股东以债权人的利益牺牲为代价以换取其自身价值的最大化，并最终导致企业整体价值的减少。另外，债权人可能会要求一个更高的资本价格，从而增加债务的资本成本，降低企业的整体价值。

5. 融资能力。收购公司应该考虑未来对现金流量的需要，公司是否有足够的融资能力来保证获取经营所需的现金。

[例3] 被收购法加公司资产负债表如表10-3所示，力芳公司准备出资213 000元，以购买资产的方式收购，力芳公司要求资产未来的贴现率为11%，收购后力芳公司准备对原法加公司资产进行整理，应收账款、存货和设备A将直接转让，预计转让收益在23 000~25 000元之间，设备B、设备C和房地产未来十年的现金流量为前五年每年24 000元，后五年每年20 000元，请评价此项收购是否可行。

表10-3　　　　　　　　　　法加公司资产负债表　　　　　　　　　　单位：元

资产		负债及所有者权益总额	
现　金	2 000	负债总额	80 000
短期投资	0		
应收账款	8 000		
存货	10 000		
固定资产：		股东权益总额	120 000
设备A	10 000		
设备B	30 000		
设备C	25 000		
房地产	115 000		
资产总额	200 000	负债及所有者权益总额	200 000

力芳公司并购法加公司的目的是为了设备B、设备C和房地产。这样：

(1) 收购后将法加公司资产整合，出售原公司应收账款、存货和设备A后，可获得

23 000～25 000 元的现金收益。按最低估计 23 000 元,法加公司留存现金 2 000 元。

(2) 力芳公司出资收购的是法加公司的资产。法加公司原有的负债与力芳公司没有关系;法加公司在收到力芳公司收购款后,清偿债务,偿还债务后有余额,由法加公司原有股东分配。收购案公告原法加公司全体股东和债权人。

(3) 由于法加公司应收账款、存货和设备 A 最低获得 23 000 元的现金收益,法加公司还留有 2 000 元的现金余额,力芳公司实际支付给法加企业的现金应为 213 000 -(23 000 + 2 000) = 188 000 元。

(4) 力芳公司从设备 B、设备 C、房地产以及亏损纳税抵冲获得的税后现金收益预计为:第 1 年至第 5 年每年 24 000 元,第 6 年至第 10 年每年 20 000 元。这样,力芳公司资本成本(机会成本)在 11% 的情况下,并购产生的收益净现值估算如表 10-4 所示。

表 10-4　　　　　　　并购产生的收益净现值　　　　　　　单位:元

年度	现金收益(1)	复利现值系数 11% (2)	收益现值(3) = (1)×(2)
1	24 000	0.901	21 624
2	24 000	0.812	19 488
3	24 000	0.731	17 544
4	24 000	0.659	15 816
5	24 000	0.593	14 232
6	20 000	0.535	10 700
7	20 000	0.482	9 640
8	20 000	0.434	8 680
9	20 000	0.391	7 820
10	20 000	0.352	7 040
未来报酬的总现值			132 584
减:现金支出			188 000
收益净现值			-55 416

从表 10-4 中可以看出,这种并购产生的收益净现值为 -55 416 元,因此,这种并购是不够经济合算的,作出暂不并购决策。

二、股票支付方式

在股票支付方式下,收购企业通过发行新股以购买目标企业的资产或股票。其中较为普遍的是股票互换这种形式,股票互换是指收购企业发行新股以换取目标企业股票。

在股票互换中,合并或收购可以在没有任何现金易手的情况下发生。其结果是,被收购企业的股东也将是收购后企业的股东。因此,采用这种支付方式,收购方不需要支付大量现金,因而不会影响公司的现金流量;收购完成后,目标公司的股东不会因此失去他们的所有者权益。随着交易的完成,收购公司扩大了规模。一般情况下,收购公司的原有股东应在经营控制权方面占主导地位。

在股票互换收购中，并购双方在对收购估价达成一致的这段谈判期间内，收购方有一定的价格风险。该风险是收购公司的股票价格在谈判期间可能下跌。相应地，收购方在交换时需要提供更多的股票。

目标公司的股东可能出于以下这些情况，才会接受股票支付这种方式：（1）目标公司的股东想持有收购公司的权益；（2）目标公司的股东想在收购以后将股票在股票市场上转售，并获得现金报酬；（3）目标公司的股东渴望卖掉全部现有的股票，而股票互换使他们的要求得到满足。

这种支付方式，对收购方来说，免去了现金融资的种种麻烦和支付现金对财务状况的不利影响；也可以保持原来的资本结构，维护公司再融资的能力。但其缺点也不容忽视：（1）可能稀释公司的每股收益；（2）现有股东在收购后的持股比例可能下降；（3）现有股东必须和新股东一起分享利润。

企业并购的目的，在于最大限度地增加股东的长期财富。因此采用股票收购方式进行企业并购时，必须兼顾并购双方股东的利益。其衡量的标准是：企业股票的市价是否超过其并购前的水平。因此，在确定调换比率时，并购双方通常关注的是并购对每股收益（EPS）的影响。股东都希望并购使其每股收益得到增加，而不希望被稀释。

一般情况下，用现金收购的每股收益预期值应高于用股票收购的每股收益预期值；但用股票收购的债务负担将明显低于用现金收购的方式。如果收购的投资报酬率高于债务利率，应充分利用财务杠杆作用，采用现金收购方式为好。

三、混合支付方式

当收购公司没有充足的现金进行收购，并且不能或不愿意通过举债或发行新股票进行融资时，即可以利用部分现金和部分证券的混合收购方式完成并购。收购公司对目标公司提出收购要约时，其出价可以是现金、股票、认股权证、可转换公司债券等多种形式的组合。

（一）公司债券

公司债券作为一种出资方式，必须满足许多条件，一般对债券的流动性要求较高，要求该公司债券可以在证券交易场所进行交易或在场外交易市场上自由流通。对收购方来说，公司债券的资本成本较低，也可以把它与认股权证或可转换债券结合起来。

（二）认股权证

认股权证是一种由上市公司发出的证明文件（或股权证券），赋予它的持有者一种权利，即持有者有权在指定的时间内即有效期内，用指定的价格认购由该公司发行的一定数量（按换股比率）的新股。认股权证的持有者获得的是一个换取股权的权利，是否行使这种权利由当事人自己决定，在换取股权之前，该持有者不享有公司的任何权益，对公司的经营决策也无表决权。

对收购公司来说，发行认股权证可以延期支付股利，从而为公司提供了额外的股本基础。但由于认股权的行使，会使公司未来的控股权发生变化。

（三）可转换债券

可转换债券向其持有者提供一种选择权，在某一给定的时间内可以某一特定价格将债券转换成股票。我国《证券法》对可转换公司债券是这样规定的：可转换公司债券是指上市公司依照法定程序发行、在一定期间内依据约定的条件可以转换成股票的公司债券。可转换债券在转换成股票前，其持有人不具有股东的权利和义务。可转换债券在发行时应事先确定转换为股票的期限，确定所转换股票属于哪种类型的股票以及每股股票的发行价格（兑换价格）等事项。

采用可转换债券这种支付方式，对于收购公司来说，有诸多好处，体现在以下几个方面：

（1）通过发行可转换债券，公司能以比普通债券更低的利率和较宽松的契约条件出售债券。

（2）可转换债券提供了一种能比以现行价格更高的价格出售股票的方式。

（3）如果公司正在开发一种新产品或一种新业务的时候，可转换债券也显得特别有用，因为预期从这种新产品或新业务中所获得的额外利润可能正好是与可转换的期间是一致的。

采用可转换债券这种支付方式，对于目标公司来说，也有好处，体现在以下几个方面：

（1）可转换债券既具有债券的安全性，风险低、收益稳定；也可以行使转换权，将其转换成股票而获得使本金增值的收益。这体现了可转换债券的灵活性。

（2）在股票价格较低的时期，可以将可转换债券的转换期延迟到预期股票价格上升的时期。

（四）其他方式

除了以上的几种证券方式，收购公司还可以发行无表决权的优先股来支付价款。优先股最大的特点是它对收购公司的股东不会造成控制权的稀释。

虽然在企业并购中有多种价格支付方式可供选择，但企业应依据瞬息万变的周边环境和自身财务状况，相机灵活地选择多元化的适宜的支付方式以及相应的金融方式，充分利用资本市场提高和扩大企业的竞争能力和生存空间。

第五节 企业并购风险

企业并购是实现资源重新组合，提高资源利用效率的有效方式。收购公司和目标公司的"双赢"是判断收购成功的根本原则。但企业并购无疑是一种高风险经营，不得不重视并购过程中的各种风险。企业的并购风险体现在以下几个方面：

一、企业并购实施前的决策风险

目标企业的选择和对自身能力的评估是一个科学、理智、严密谨慎的分析过程，是企业实施并购决策的首要问题。如果对并购的目标企业选择和自身能力评估不当或失误，就会给企业发展带来不可估量的负面影响。在我国企业并购实践中，经常会出现一些企业忽略这一环节的隐性的风险而给自身的正常发展带来麻烦和困境的情况。概括而言，企业并购实施前的风险主要有：

（一）并购动机不明确而产生的风险

一些企业并购动机的产生，不是从企业发展的总目标出发，通过对企业所面临的外部环境和内部条件进行研究，在分析企业的优势和劣势的基础上，根据企业的发展战略需要形成的，而是受舆论宣传的影响，只是在概略地意识到并购可能带来的利益，或是因为看到竞争对手或其他企业实施了并购，就非理性地产生了进行并购的盲目冲动。这种不是从企业实际情况出发而产生的盲目并购冲动，从一开始就潜伏着导致企业并购失败的风险。

（二）盲目自信夸大自我并购能力而产生的风险

有的企业善于并购，有的企业不善于并购，可以说是基于提升和完善核心竞争力的要求，但并购本身也是一种能力。既然是一种能力，很少企业是生而知之的。从我国一些实例看，一些企业看到了竞争中劣势企业的软弱地位，产生了低价买进大量资产的动机，但却没有充分估计到自身改造这种劣势企业的能力的不足，如资金能力、技术能力、管理能力等，从而作出错误的并购选择，陷入了低成本扩张的陷阱。

二、企业并购实施中的风险

（一）融资风险和债务风险

并购行为需要大量资金的支持，并购者在选择金融支付工具时，既可选用本公司的现金或股票去并购，也可选用债务支付工具，通过向外举债来完成并购。但无论哪种融资途径，均存在一定的并购融资风险。

1. 现金支付工具自身的缺陷会给并购带来一定的风险。利用并购公司自己的资金来完成并购行为，虽说风险比举债并购小，但现金支付工具本身存在一定的缺陷：首先，现金支付工具的使用，是一项巨大的即时现金负担，受到公司本身现金头寸的制约，正常情况下公司能否拿出那么多的现金是很成问题的，即使调剂出足够的现金，公司所承受的现金压力也比较大；其次，使用现金支付工具，交易规模常会受到获现能力的限制；再次，从目标公司的角度来看，会因无法推迟资本利得的确认和转移实现的资本增益，从而不能享受税收优惠，以及不能拥有新公司的股东权益等原因，而不欢迎现金方式，这会影响并购的成功机会，带来相关的风险。

2. 并购本质上是一种资本经营，在运作过程中常常风云变幻，难免会有闪失或风险。这从香港玉郎国际漫画制作出版公司的遭遇可见一斑。玉郎国际在上市后，其领导几度售股、配股集资，然后用所筹资金进行证券投资和大肆收购，玉郎国际的超负荷运转构成了许多隐性危险。1987年10月初，玉郎国际又宣布配售5 000万股新股，拟集资金1.7亿港元，但10月中旬香港股市大跌，配股未果，证券投资也损失了2.32亿港元，这使玉郎国际被迫向渣打银行贷款0.6亿港元，以完成收购交易；贷款一举暴露了玉郎国际拮据的经济窘境，导致其不断被收购围攻，最终为星岛集团所收购。

3. 举债收购更是要冒极大的风险。20世纪80年代末，美国垃圾债券泛滥一时，并且其间11.4%的并购是属于杠杆收购行为。进入90年代后，美国的经济陷入了衰退，银行呆账堆积，各类金融机构大举紧缩信贷，金融监督当局也严词苛责杠杆交易，并责令银行将杠杆交易类的贷款分拣出来，以供监督。同时，各方面的压力和证券市场的持续低迷使垃圾债券无处推销，垃圾债券市场几近崩溃，杠杆交易也频频告吹。1991年，杠杆交易占全部收购兼并的比例已下降至5.3%。

4. 与融资风险相关联的债务风险也威胁着收购兼并。这是因为，如果收购方在收购中所付代价过高，举债过于沉重，就会导致其收购成功后付不出本息而破产倒闭。这在20世纪80年代屡见不鲜，1988年，加拿大富豪罗伯特·坎波的坎波公司在竞购3家大型百货公司中以66亿美元成交。其收购成交的借贷中，除一家银行贷款外，还有大量年利率15%的垃圾债券。为了还债，坎波公司需要将销售额和利润率同时提高1/3，这显然是不可能的。所以不到2年时间，坎波公司就发生了财务危机，仅利息支付一项就超过了营业利润，最终迫使其宣告破产。

（二）营运风险

所谓营运风险，是指并购者在并购完成后，无法使整个企业集团产生经营协同效应、财务协同效应、市场份额效应以及实现规模经济和经验共享互补等效果，甚至整个企业集团还遭受被并购进来的新公司的业绩拖累。

1. 并购行为产生的结果与初衷相违，这种营运风险导致了企业破产。美国的第四大钢铁公司——LTV公司就是在收购第六大钢铁公司——共和公司后遭遇营运风险而以申请破产保护而告终的。在宣布兼并前，共和公司的股价比它的账面资产净值低1/3，LTV公司认为，与其去建新的钢铁厂，不如收购现成的公司来得便宜，而且认为并购后两公司的低效率工厂将被关闭，生产同类产品的工厂将被合并，销售系统合二为一，能带来规模经济效益，节省可观的费用，创造协同效应，于是欣然以7亿美元收购了共和公司。但我们知道，任何一个公司的市值是基于其盈利能力而不仅是账面价值的。在市场有效率的情况下，市场价值比账面价值更能反映资产的经济价值；再者公司兼并成功与否的关键在于，并购后的新LTV公司运作能否比并购前的两个老公司更有效率，或者说LTV公司能否支解共和公司将资产售于运作效率更高的厂商。事实证明，LTV公司的决策失误，并购事与愿违，新的LTV公司继续亏损，以致不得不申请破产保护。

2. 营运风险还体现在并购构造出来的新公司因规模过于庞大而产生规模不经济的问题。这种效率与规模成反比的现象，尤其经常发生在一些航空母舰式的公司身上。这些公司股价的低位和股东的不满，给敌意收购者提供了机会，很多公司被迫分拆以突出主业，提高效率。1989年，戈德斯密士和罗斯柴尔德组成浩莱克公司，向当时的航母式公司英美烟草（BAT）提出先收购后支解的挑战；9月，BAT公司只好宣布重组，卖掉了商业零售公司，分离了两家子公司之后独立上市,并将所得资金用于红利派发和回购股份;重组后的 BAT 公司只剩下烟草业和金融业,这两项业务收入占其税前利润的 80%。

(三) 信息不对称风险

在并购中,信息是非常重要的。知己知彼,百战不殆,这才使并购公司不会贸然行动而导致并购失败。但在实际并购中,因贸然行动而失败的案例不少,这就是经济学上所称的"信息不对称"的结果。

在香港股市上,瑞菱国际收购讯科国际一案显示了信息风险的可怕。瑞菱国际是 1989 年新上市的一家主营录像带的公司,上市后股价从 1 元升到 7 元以上,堪称工业英雄股。为了使公司业务多元化,瑞菱国际有意发展电视业务,又考虑到电视机、录像机、录像带产销的关联性,且瑞菱国际已持有 10% 的讯科国际的股份,讯科也有良好的发展前途,所以瑞菱国际遂有并购讯科的意图。在善意收购未成功后,瑞菱国际强行收购了讯科国际。但事实证明,这是一场在错误的时间与错误的对象打的一场错误的收购战,这一系列错误归根到底就是信息风险的结果。在信息决策上,瑞菱国际只看到讯科公司诱人的一面,而对讯科过度投资泰国及马耳他的生产基地,债务负担沉重,导致策略性亏损的情况所知甚少。1990 年讯科公司为瑞菱国际收购后,每况愈下,接连大幅亏损,到 1992 年年底,讯科已欠款 2.6 亿港元,年利息支出高达 0.76 亿港元,净资产为负 540 亿港元。瑞菱国际也受到了讯科的拖累,被迫进行债务重整:先是在 1993 年以每股 0.1 港元的价格(当时收购价为 1.87 港币)出售讯科 34% 的控股权,后又在 1994 年寻求改名重新申请上市,而新公司的股权有八成落入一新加坡公司。

三、企业并购的外围风险

(一) 反收购风险

在通常情况下,被收购的公司对收购行为都是持不欢迎和不合作态度的,尤其是在面临敌意收购时,它们可能会不惜一切代价布置反收购的战役,摆出一副"宁为玉碎,不为瓦全"的架势。在一般情况下,它们使用的对收购方构成杀伤力的反收购措施有各种各样的"毒丸"、帕克曼防御术、皇冠宝石、金色降落伞、白马骑士等。这些反收购的行动,无疑对收购方构成了相当大的风险。

(二) 体制风险

众所周知,在我国国有企业资本经营过程中,相当一部分企业的收购兼并行为,都是出于政府部门的强行捏合才最终实现的。并购双方企业常常因缺乏利益冲动而没有并购的动机,所以对并购完成后企业的经营管理和发展战略更是心中无数,甚至出现长久的不适反应,这就使得并购在一开始就潜伏着一种体制的风险。

1. 企业并购人才缺乏,并购重组的规模和质量受到严重制约。由于我国投资银行的经营运作起步较晚,尚未形成具备西方投资银行家素质的高级人才,这在某种意义上决定着整个证券业和并购业务的发展进程、发展前景。在质量无法保证的情况下,一哄而上的并购重组产生的"怪胎",定然潜伏着多种顽疾,风险一开始就随体制的问题随之而来。

2. 政府依靠行政手段对企业并购所采取的大包大揽的并购方式,给并购企业带来一定的风险。大规模开展企业并购活动也离不开政府的支持和引导,但是企业的并购行为毕竟应是基于激烈市场竞争而主动采取的企业发展策略,是一种市场化行为,政府用行政大包大揽的并购方式,不仅背离了市场原则而难以达到预期的效果,而且往往还会给并购的企业带来风险。比如,以非经济目标代替经济目标,过分强调"优帮劣、强管弱、富扶贫"的解困行为,偏离了资产最优化组合的目标,就给企业种下了难咽的苦果。

3. 被并购企业人员安置因体制政策要求而耗费资力,常给并购者背上沉重的包袱。在我国,公司并购中被并购方的人员安置问题历来是企业并购的一项重要附加条件,有时甚至是先决条件。迄今为止,我国的通常做法是由买方企业负责解决卖方企业全部人员,包括离退休人员的就业、福利、社会保障等问题。这种接收方式虽然可在一定时期内避免产生失业性的社会动荡,但也为并购企业的良好运作和健康发展埋下了隐患。更有甚者,企业还要去处理接收大量"企业办社会"的负担。

(三) 法律风险

在并购中体现出来的法律风险,一般因东西方不同的法律规范,有风险类别、风险大小的不同。

1. 西方国家出于维护公平竞争的考虑,制定了一些反垄断法案,这些法案可能会制约并购行为,让并购公司精心制订的并购方案付诸东流。

2. 各国关于并购的法律法规的细则,一般都通过增加并购成本而提高了并购进行的难度。比如,英国的城市法规,将其控股权定义为持有被并购公司30%以上的普通股,并规定收购方一旦获得控制权,就必须向被收购方的全体股东发出收购要约。我国目前的收购规则,要求收购方(上市公司非发起人)持有一家上市公司5%的股票后,必须公告并暂停买卖,以后每递增2%就要重复该过程(将公告14次之多),持有30%股份后即被要求发出全面收购要约,这套程序造成的收购成本之高、收购风险之大、收购复杂之程度,使得收购几乎不可能,足以使收购者气馁,反收购则相应比较轻松。

总而言之,企业并购所具有的风险相当复杂和广泛,无论是作为并购活动中的中介机构,还是作为企业本身,以及参与并购活动的政府各主管部门,都应谨慎对待,多谋善选,尽量避免风险,把风险消灭在并购的各个环节中,最终实现并购的成功。

第六节 被收购企业的防御策略

在敌意并购中,目标公司的管理层经常会采用一些策略,进行反收购防御。以下介绍几种常用的反收购策略。

一、焦土战术

焦土战术，是指目标公司为了避免被其他公司收购，采取一些对自身造成严重伤害的行动，即焦土政策，以降低自己的吸引力。常用的做法主要有两种：

（一）售卖"冠珠"

在并购行当里，人们习惯性地把一个公司里富于吸引力和具收购价值的"部分"，称为"冠珠"，也有将其称为"皇冠宝石"的。它可能是某个子公司、分公司或某个部门，可能是某项资产，可能是一种营业许可或业务，可能是一种技术秘密、专利权或关键人才，更可能是这些项目的组合。"冠珠"，它富于吸引力，诱发收购行动，是收购者收购该公司的真正用意所在，将"冠珠"售卖或抵押出去，可以消除收购的诱因，粉碎收购者的初衷。例如：1982年1月，威梯克公司提出收购波罗斯威克公司49%的股份。面对收购威胁，波罗斯威克公司将其Crown Jewels——舍伍德医药工业公司卖给美国家庭用品公司，售价为4.25亿英镑，威梯克公司遂于1982年3月打消了收购企图。

（二）虚胖战术

一个公司，如果财务状况好，资产质量高，业务结构又合理，那么就具有相当的吸引力，往往诱发收购行动。在这种情况下，一旦遭到收购袭击，它往往采用虚胖战术，以此作为反收购的策略。其做法有多种，或者是购置大量资产，该种资产多半与经营无关或盈利能力差，令公司包袱沉重，资产质量下降；或者是大量增加公司负债，恶化财务状况，加大经营风险；或者是故作一些长时间才能见效的投资，使公司在短时间内资产收益率大减。所有这些，使公司从精干变得臃肿，收购之后，买方将会不堪其负累，只好望而却步。

二、"毒丸"战术

（一）股东权利计划

股东权利计划，即公司赋予其股东某种权利（往往以权证的形式）。常见的做法是：

1. 权证的价格被定为公司股票市价的2～5倍，当公司被收购且被合并时，权证持有人有权以权证执行价格购买市值两倍于执行价格的新公司（合并后的公司）股票。举例来说，A公司股票目前市价20美元，它的毒丸权证的执行价格被定为股票市价的4倍即80美元，B公司收购A公司，或者收购后B公司与A公司新设合并成立C公司而注销了A、B两公司。设合并后的新公司股票为40美元/股。原A公司股东即权证持有人可以80美元的价格购买4股B公司（吸收合并的情况）或C公司（新设合并的情况）股票，市值达4股×40美元/股=160美元。

2. 当某一方购买了超过预定比例（比如20%）的公司股票后，权证持有人可以半价购买公司股票。

3. 当公司遭受收购袭击时，权证持有人可以只要董事会看来是"合理"的价格，向公司出售其手中持股，换取现金、短期优先票据或其他证券。

（二）兑换毒债

兑换毒债，即公司在发行债券或借贷时订立毒药条款。依据该条款，在公司遭到并购接收时，债权人有权要求提前赎回债券、清偿借贷或将债券转换成股票。这种毒药条款，往往会增加债券的吸引力，令债权人从接收性出价中获得好处。

"毒丸"战术，无论各类权证，抑或毒药条款，在平常，皆不发生效力。一旦公司遭受并购接收，或某一方收购公司股票超过了预定比例（比如20%），那么，该类权证及条款，即会发生效力。公司运用"毒丸"战术，类同于埋地雷，无人来进犯，地雷自然安眠，一旦发生收购战事，袭击者就要踩踏地雷，地雷就要爆炸显威。

"毒丸"战术，主要表现在两方面：一方面，权证持有人以优惠条件购买目标公司股票或合并后的新公司股票，以及债权人依毒药条款，将债券转换成股票，从而稀释收购者的持股比例，加大收购资金量和收购成本。另一方面，权证持有人以升水价格向公司售卖手中持股，换取现金，以及债权人依毒药条款，立即要求兑付债券，可耗竭公司现金，恶化公司财务结构，造成财务困难，令收购者在接收后立即面临巨额现金支出，直至拖累收购者自身，考虑及此，收购者往往望而生畏。基于这两方面的逻辑，收购者收购目标公司后，类似于吞下"毒丸"，自食其果，不得好报。

焦土战术和"毒丸"战术的运用，也会伤害元气，恶化现状，毁坏前景，甚至损害股东利益。因而往往会遭到股东们的反对，从而引起法律争讼。

三、降落伞战术

公司收购往往导致目标公司的管理人员被解职，普通员工也可能被解雇。为了解除管理人员及员工的这种后顾之忧，美国有许多公司采用金降落伞（Golden Parachute）、灰色降落伞（Penson Parachute）和锡降落伞（Tin Parachute）的做法。

金降落伞是指目标公司董事会通过决议，由公司董事及高层管理者与目标公司签订合同规定：当目标公司被并购接管、其董事及高层管理者被解职的时候，可一次性领到巨额的退休金（解职费）、股票选择权收入或额外津贴。该项金降落伞收益视获得者的地位、资历和以往业绩的差异而有高低，如对于公司CEO（首席执行官）这一补偿可达千万美元以上。如此收益就像一把降落伞让高层管理者从高高的职位上安全下来，故名降落伞计划；又因其收益丰厚如金，故名金降落伞。

金降落伞策略出现后，受到美国大公司经营者的普遍欢迎。在20世纪80年代，金降落伞增长很快。据悉，美国500家大公司中有一半以上的董事会通过了金降落伞议案。1985年6月，瑞福龙公司在受潘帝布莱德公司收购威胁时就为其管理人员提供了金降落伞。1985年亚莱德公司与西格纳耳公司合并成亚莱德·西格纳耳公司时，前者须向其126位高级干部支付慰劳金（金伞）计2 280万美元，后者须向其25名高级干部支付慰劳金2 800万~3 000万美元。后因被诉而削减了一些数额。当年美国著名的克朗·塞勒巴克公司就通过了一项金降落伞计划：16名高级负责人离开公司之际，有权领取三年工资和全部的退休保证金。1986年戈德·史密斯收购了克朗公司后不得不支付该笔款项，该项金额合计共达9 200万美元，其中董事长克勒松一人就领取了2 300万美元。贝梯克思公司被艾伦德公司接管时，其总裁威廉·艾格得到了高达250万英镑的额外津贴。1984年始，据美国税收法案，金降落伞的直接受益者须缴纳20%的国内消费税。

灰色降落伞主要是向下面几级的管理人员提供较为逊色的同类保证金，根据工龄长短领取数周至数月的工资。灰色降落伞曾经一度在石油行业十分流行，皮根斯在收购接管美孚石油公司后不得不支付了高达2 000万~3 000万美元的费用。

锡降落伞是指目标公司的员工若在公司被收购后两年内被解雇的话，则可领取员工遣散费。显然，灰色降落伞和锡降落伞的得名，其理与金降落伞的得名同出一辙。

从反收购效果的角度来说，金降落伞、灰色降落伞和锡降落伞策略，能够加大收购成本或增加目标公司现金支出从而阻碍并购。金降落伞策略可有助于防止管理者从自己的后顾之忧出发阻碍有利于公司和股东的合理并购，故此策略引起许多争论和疑问。

我国对并购后的目标公司人事安排和待遇无明文规定，引入金降落伞、灰色降落伞和锡降落伞策略，可能导致变相瓜分公司资产或国有资产，损公肥私；亦不利于鞭策企业管理层努力工作和勤勉尽职。适宜从社会保险的角度解决目标公司管理层及职工的生活保障问题。

四、白马骑士战术

白马骑士指在敌意并购发生时，目标公司的友好人士或公司作为第三方出面来解救目标公司、驱逐敌意收购者。所谓寻找白马骑士，是指目标公司在遭到敌意收购袭击的时候，主动寻找第三方即所谓的白马骑士来与袭击者争购，造成第三方与袭击者竞价收购目标公司股份的局面。显然，白马骑士的出价应该高于袭击者的初始出价。

在这种情况下，袭击者要么提高收购价格，要么放弃收购。往往会出现白马骑士与袭击者轮番竞价的情况，造成收购价格上涨，直至逼迫袭击者放弃收购。如果袭击者志在必得，也将付出高昂代价甚至使得该宗收购变得不经济。

为了吸引白马骑士，目标公司常常通过"锁定选择权"或曰"资产锁定"等方式给予一些优惠条件，以便于充当白马骑士的公司购买目标公司的资产或股份。根据美国罗伯德的论文"企业吞并：美国公司法上商业判断原则与资产锁定之关系"，"资产锁定"主要有两种类型：

一是股份锁定，即同意白马骑士购买目标公司的库存股票或已经授权但尚未发行的股份，或者给予上述购买的选择；

二是财产锁定，即授予白马骑士购买目标公司重要资产的选择权，或签订一份当敌意收购发生时即由后者将重要资产售与白马骑士的合同。

作为一种反收购策略，寻找白马骑士的基本精神是"宁给友邦，不予外贼"。

该种策略的运用需要考虑的因素有：

1. 袭击者初始出价的高低。如果袭击者的初始出价偏低，那么白马骑士在经济合理的范围内抬价竞买的空间就大。这意味目标公司更容易找到白马骑士。如果袭击者的初始出价偏高，那么白马骑士抬价竞买的空间就小，白马骑士"救驾"的成本就会相对得高，目标公司被救的可能性也就相对降低。

2. 尽管由于锁定选择权的运用，白马骑士在竞买过程中有了一定的优势，但竞买终归是实力的较量，所以充当白马骑士的公司必须具备相当的实力。

3. 在美国，一旦出价，仅有20天的开放期，所以白马骑士往往需要闪电决策、快速行动。为此很难有充裕的时间对目标公司做深入全面的调查。这就增大了白马骑士自身的收购风险，往往导致白马骑士临战"怯场"。这在经济衰退年份尤其会表现明显。

五、刺激股价涨升

公司股价偏低，往往是诱发收购袭击的最重要因素，在公司股价低于公司资产价值或公司潜在收益价值的时候，尤其如此。很显然，提高股价一方面可以消除或弱化收购诱因，稳定原有股东持股的信心；另一方面则可加大收购成本，迫使收购者从成本-收益法则考虑放弃收购企图。

刺激股价涨升的主要方法有：

1. 发布盈利预测，表明公司未来盈利好转。
2. 资产重新评估，体现评估增值。资产重估方法要依会计制度不同而做取舍。资产重新评估的办法可立即反映出资产增值，对刺激股价常常能起到显著效果。但在实行现行成本会计制度的情况下，在公司定期对其资产进行重估并把结果及时编入资产负债表的情况下，运用资产重估方法就很难得出资产升值的效果。
3. 增加股利分配。
4. 发表保密状态下的开发研究成果等对股价有利的消息，促成多家并购者竞价争购，哄抬股价。

六、帕克曼防御术

这一反收购术的名称取自于20世纪80年代初期美国颇为流行的一种电子游戏。在该游戏中，电子动物相互疯狂吞噬，其间每一个没有吃掉其敌手的一方反会遭到自我毁灭。作为反收购策略，帕克曼防御术是指公司在遭到收购袭击的时候，不是被动地防守，而是以攻为守、以进为退，它或者反过来对收购者提出还盘而收购收购方公司，或者以出让本公司的部分利益，包括出让部分股权为条件，策动与公司关系密切的友邦公司出面收购收购方股份，以达"围魏救赵"的效果。

帕克曼防御术的运用，一般需要具备一些条件：

1. 袭击者本身应是一家公众公司，否则谈不上收集袭击者本身股份的问题。
2. 袭击者本身有懈可击，存在被收购的可能性。
3. 帕克曼防御者即反击方需要有较强的资金实力和外部融资能力，否则帕克曼防御术的运用风险很大。

20世纪80年代联合碳化物公司对GAF公司的反收购行动中就曾考虑过帕克曼防御方案，但终因资金实力不足而放弃。反击方在自己实力不足的时候，需要有实力较强的友邦公司。帕克曼防御的特点是以攻为守，使攻守双方角色颠倒，置对方于被动局面。从反收购效果来看，帕克曼防御往往能使反收购方进退自如，可攻可守。进可收购袭击者，守可使袭击者迫于自卫放弃原先的袭击企图，退可因本公司拥有收购方（袭击者）的股权即便收购袭击成功同样也能分享收购成功所能带来的好处。

七、股份回购

股份回购，是指目标公司或其董事、监事回购目标公司的股份。这样做的反收购效果主要表现在两方面：一方面减少在外流通的股份，增加买方收购到足额股份的难度；另一方面则可提高股价，增大收购成本。此外，回购股份也可增强目标公司或其董事、监事的说话权。当然，股份回购也有可能产生另一种结果，即股份回购可能导致收购梦碎，炒作收购概念的投资者因此而失望，由此引发股价回落。

运用股份回购策略需要注意：

1. 对上市公司的股份回购，各国规定不一。日本、中国香港、新加坡等地禁止，英国、美国、加拿大和一些欧洲国家在附带条件下则是准许的。中国《公司法》第 149 条第 1 款规定：禁止公司收购本公司的股票，但为减少公司资本而注销股份或者与持有本公司股票的其他公司合并时除外。针对股份回购的做法，收购方往往向证券管理部门或法院控告它违反《证券交易法》。

2. 股份回购与红利分发哪个更有利，主要取决于公司处于何种纳税地位。如果满足下列条件，股份回购是有利的，否则，分发红利更有利。其条件是：$T > g(1-b)$，其中 T 是边际所得税率，g 是资本收益税率，b 是基本所得税率。假定资产所得税率为 30%，基本所得税率亦为 30%，那么当边际所得税率高于 21% 时，股份回购对股东有利。

3. 回购股份在实战中往往是作为辅助战术来实施的。如果单纯通过股份回购来达到反收购的效果，则往往会使目标公司库存股票过多，一方面不利于公司筹资，另一方面也会影响公司资金的流动性。目标公司财务状况是制约这一手段的最大因素。

4. 绿色勒索者或收购狙击手往往佯攻逼迫目标公司溢价回购自身股份，以此套取可观收益。所谓绿色勒索，其基本内容是：目标公司同意以高于市价或袭击者当初买入价的一定价格买回袭击者手持的目标公司股票，袭击者因此而获得价差收益。同时，袭击者签署承诺，保证它或它的关联公司在一定期间内不再收购目标公司，即所谓的"停止协议"。

八、管理层收购

管理层收购，即为了避免公司落入他人手中，目标公司的管理层将目标公司收购为己有。其主要方式有两种：

一是管理层杠杆收购，即公司管理层以公司的资产或未来收益做担保向银行借贷从而融资买入自己所管理的公司，以此保持对公司的控制权。

二是资本重组方式，即将公司的资本总额降低，相对地提高管理层对公司的持股比例。由于公司总股本的减少，管理层持股在绝对量不变的情况下相对量增加，从而实现对目标公司的控制权。

由于管理层深知公司的情况，能够对收购的利弊做出较好的判断，所以管理层收购（MBO）一度成为普遍运用的公司收购方式。从反收购的意义上说，比较外来袭击者而言，管理层对目标公司有着近水楼台之便。

【习题】

一、关键概念

1. 公司合并　　2. 公司收购　　3. 管理者收购　　4. 白马骑士战术
5. 企业价值　　6. 反收购策略　7. 协同效应　　　8. 现金流量贴现法
9. 账面价值调整法

二、简答题

1. 什么是企业的并购？促使并购的动机主要有哪些方面？
2. 简述在现金流量贴现法中决定目标企业价值的五个重要因素。
3. 在决定并购价格支付方式时应考虑哪些情况？
4. 企业在并购过程中应重视哪些风险？
5. 列举常用的反收购策略。

附录 系数表

附表一 复利终值

期数	1%	2%	3%	4%	5%	6%	7%	8%	9%	10%
1	1.0100	1.0200	1.0300	1.0400	1.0500	1.0600	1.0700	1.0800	1.0900	1.1000
2	1.0201	1.0404	1.0609	1.0816	1.1025	1.1236	1.1449	1.1664	1.1881	1.2100
3	1.0303	1.0612	1.0927	1.1249	1.1576	1.1910	1.2250	1.2597	1.2950	1.3310
4	1.0406	1.0824	1.1255	1.1699	1.2155	1.2625	1.3108	1.3605	1.4116	1.4641
5	1.0510	1.1041	1.1593	1.2167	1.2763	1.3382	1.4026	1.4693	1.5386	1.6105
6	1.0615	1.1262	1.1941	1.2653	1.3401	1.4185	1.5007	1.5809	1.6771	1.7716
7	1.0721	1.1487	1.2299	1.3159	1.4071	1.5036	1.6058	1.7138	1.8280	1.9487
8	1.0829	1.1717	1.2668	1.3686	1.4775	1.5938	1.7182	1.8509	1.9926	2.1436
9	1.0937	1.1951	1.3048	1.4233	1.5513	1.6895	1.8385	1.9990	2.1719	2.3579
10	1.1046	1.2190	1.3439	1.4802	1.6289	1.7908	1.9672	2.1589	2.3674	2.5937
11	1.1157	1.2434	1.3842	1.5395	1.7103	1.8983	2.1049	2.3316	2.5804	2.8531
12	1.1258	1.2682	1.4258	1.6010	1.7959	2.0122	2.2522	2.5182	2.8127	3.1384
13	1.1381	1.2936	1.4685	1.6651	1.8856	2.1329	2.4098	2.4598	3.0658	3.4523
14	1.1495	1.3195	1.5126	1.7317	1.9799	2.2609	2.5785	2.9372	3.3417	3.7975
15	1.1610	1.3459	1.5580	1.8009	2.0789	2.3966	2.7590	3.1722	3.6425	4.1772
16	1.1726	1.3728	1.6047	1.8730	2.1829	2.5404	2.9522	3.4259	3.9703	4.5950
17	1.1843	1.4002	1.6528	1.9479	2.2920	2.6928	3.1588	3.7000	4.3276	5.0545
18	1.1961	1.4282	1.7024	2.0258	2.4066	2.8543	3.3799	3.9960	4.7171	5.5599
19	1.2081	1.4568	1.7535	2.1068	2.5270	3.0256	3.6165	4.3157	5.1417	6.1159
20	1.2202	1.4859	1.8061	2.1911	2.6533	3.2071	3.8697	4.6610	5.6044	6.7275
21	1.2324	1.5157	1.8603	2.2788	2.7860	3.3996	4.1406	5.0338	6.1088	7.4002
22	1.2447	1.5460	1.9161	2.3699	2.9253	3.6035	4.4304	5.4365	6.6586	8.1403
23	1.2572	1.5769	1.9736	2.4647	3.0715	3.8197	4.7405	5.8715	7.2579	8.2543
24	1.2697	1.6084	2.0328	2.5633	3.2251	4.0489	5.0724	6.3412	7.9111	9.8497
25	1.2824	1.6406	2.0938	2.6658	3.3864	4.2919	5.4274	6.8485	8.6231	10.835
26	1.2953	1.6734	2.1566	2.7725	3.5557	4.5494	5.8074	7.3964	9.3992	11.918
27	1.3082	1.7069	2.2213	2.8834	3.7335	4.8823	6.2139	7.9881	10.245	13.110
28	1.3213	1.7410	2.2879	2.9987	3.9201	5.1117	6.6488	8.6271	11.167	14.421
29	1.3345	1.7758	2.3566	3.1187	4.1161	5.4184	7.1140	9.3173	12.172	15.863
30	1.3478	1.8114	2.4273	3.2434	4.3219	5.7435	7.6123	10.063	13.268	17.449

系数表

12%	14%	15%	16%	18%	20%	24%	28%	32%	36%
1.1200	1.1400	1.1500	1.1600	1.1800	1.2000	1.2400	1.2800	1.3200	1.3600
1.2544	1.2996	1.3225	1.3456	1.3924	1.4400	1.5376	1.6384	1.7424	1.8496
1.4049	1.4815	1.5209	1.5609	1.6430	1.7280	1.9066	2.0872	2.3000	2.5155
1.5735	1.6890	1.7490	1.8106	1.9388	2.0736	2.3642	2.6844	3.0360	3.4210
1.7623	1.9254	2.0114	2.1003	2.2878	2.4883	2.9316	3.4360	4.0075	4.6526
1.9738	2.1950	2.3131	2.4364	2.6996	2.9860	3.6352	4.3980	5.2899	6.3275
2.2107	2.5023	2.6600	2.8262	3.1855	3.5832	4.5077	5.6295	6.9826	8.6054
2.4760	2.8526	3.0590	3.2784	3.7589	4.2998	5.5895	7.2058	9.2170	11.703
2.7731	3.2519	3.5179	3.8030	4.4355	5.1598	6.9310	9.2234	12.166	15.917
3.1058	3.7072	4.0456	4.4110	5.2338	6.1917	8.5944	11.806	16.060	21.647
3.4785	4.2262	4.6524	5.1173	6.1759	7.4301	10.657	15.112	21.199	29.439
3.8960	4.8179	5.3503	5.9360	7.2876	8.9161	13.215	19.343	27.983	40.037
4.3635	5.4924	6.1528	6.8858	8.5994	10.699	16.386	24.759	36.937	54.451
4.8871	6.2613	7.0757	7.9875	10.147	12.839	20.319	31.691	48.757	74.053
5.4736	7.1379	8.1371	9.2655	11.974	15.407	25.196	40.565	64.359	100.71
6.1304	8.1372	9.3576	10.748	14.129	18.488	31.243	51.923	84.954	136.976
6.8660	9.2765	10.761	12.468	16.672	22.186	38.741	66.461	112.14	186.28
7.6900	10.575	12.375	14.463	19.673	26.623	48.039	86.071	148.02	253.34
8.6128	12.056	14.232	16.777	23.214	31.948	59.568	108.89	195.39	344.54
9.6463	13.743	16.367	19.461	27.393	38.338	73.864	139.38	257.92	468.57
10.804	15.688	18.822	22.574	32.324	46.005	91.592	178.41	340.45	637.26
12.100	17.861	21.645	26.186	38.142	55.206	113.57	228.36	449.39	866.67
13.552	20.362	24.891	30.376	45.008	66.247	140.83	292.30	593.20	1 178.7
15.179	23.212	28.625	35.236	53.109	79.497	174.63	374.14	783.02	1 603.0
17.000	26.462	32.919	40.874	62.669	94.396	126.54	478.90	1 033.6	2 180.1
19.040	30.167	37.857	47.414	73.949	114.48	268.51	613.00	1 364.3	2 964.9
21.325	34.390	43.535	55.000	87.260	137.37	332.95	784.64	1 800.9	4 032.3
23.884	39.204	50.066	63.800	102.97	164.84	412.86	1 004.3	2 377.2	5 483.9
26.750	44.693	57.575	74.009	121.50	197.81	511.95	1 285.6	3 137.9	7 458.1
29.960	50.950	66.212	85.850	143.37	237.38	634.82	1 645.5	4 142.1	1 014.3

附表二　　　　　　　　　　　　　　　　　　　　　　　　　　　　　　　　　　复利现值

期数	1%	2%	3%	4%	5%	6%	7%	8%	9%	10%
1	.9901	.9804	.9709	.9615	.9524	.9434	.9346	.9259	.9174	.9091
2	.9803	.9712	.9426	.9246	.9070	.8900	.8734	.8573	.8417	.8264
3	.9706	.9423	.9151	.8890	.8638	.8396	.8163	.7938	.7722	.7513
4	.9610	.9238	.8885	.8548	.8227	.7921	.7629	.7350	.7084	.6830
5	.9515	.9057	.8626	.8219	.7835	.7473	.7130	.6806	.6499	.6209
6	.9420	.8880	.8375	.7903	.7462	.7050	.6663	.6302	.5963	.5645
7	.9327	.8606	.8131	.7599	.7107	.6651	.6227	.5835	.5470	.5132
8	.9235	.8535	.7874	.7307	.6768	.6274	.5820	.5403	.5019	.4665
9	.9143	.8368	.7664	.7026	.6446	.5919	.5439	.5002	.4604	.4241
10	.9053	.8203	.7441	.6756	.6139	.5584	.5083	.4632	.4224	.3855
11	.8963	.8043	.7224	.6496	.6847	.5268	.4751	.4289	.3875	.3505
12	.8874	.7885	.7014	.6246	.5568	.4970	.4440	.3971	.3555	.3186
13	.8787	.7730	.6810	.6006	.5503	.4688	.4150	.3677	.3262	.2897
14	.8700	.7579	.6611	.5775	.5051	.4423	.3878	.3405	.2992	.2633
15	.8613	.7430	.6419	.5553	.4810	.4173	.3624	.3152	.2746	.2394
16	.8528	.7284	.6232	.5339	.4581	.3936	.3387	.2919	.2519	.2176
17	.8444	.7142	.6050	.5134	.4363	.3741	.3166	.2703	.2311	.1978
18	.8360	.7002	.5874	.4936	.4155	.3503	.2959	.2502	.2120	.1799
19	.8277	.6864	.5703	.4746	.3957	.3305	.2765	.2317	.1945	.1635
20	.8195	.6730	.5537	.4564	.3769	.3118	.2584	.2145	.1784	.1486
21	.8114	.6598	.5375	.4388	.3589	.2942	.2415	.1987	.1637	.1351
22	.8034	.6468	.5219	.4220	.3418	.2775	.2257	.1839	.1502	.1228
23	.7954	.6342	.5067	.4057	.3256	.2618	.2109	.1703	.1378	.1117
24	.7876	.6217	.4919	.3901	.3101	.2470	.1971	.1577	.1264	.1015
25	.7798	.6095	.4776	.3751	.2953	.2330	.1842	.1460	.1160	.0923
26	.7720	.5976	.4637	.3604	.2812	.2198	.1722	.1352	.1064	.0839
27	.7644	.5859	.4502	.3468	.2678	.2074	.1609	.1252	.0976	.0763
28	.7568	.5744	.4371	.3335	.2551	.1956	.1504	.1159	.0895	.0693
29	.7493	.5631	.4243	.3207	.2429	.1846	.1406	.1073	.0822	.0630
30	.7419	.5521	.4120	.3083	.2314	.1741	.1314	.0994	.0754	.0573

系数表

12%	14%	15%	16%	18%	20%	24%	28%	32%	36%
.8929	.8772	.8696	.8621	.8475	.8333	.8065	.7813	.7576	.7353
.7972	.7695	.7561	.7432	.7182	.6944	.6504	.6104	.5739	.5407
.7118	.6750	.6575	.6407	.6086	.5787	.5245	.4768	.4348	.3975
.6355	.5921	.5718	.5523	.5158	.4823	.4230	.3725	.3294	.2923
.5674	.5194	.4972	.4762	.4371	.4019	.3411	.2910	.2495	.2149
.5066	.4556	.4323	.4104	.3704	.3349	.2751	.2274	.1890	.1580
.4523	.3996	.3759	.3538	.3139	.2791	.2218	.1776	.1432	.1162
.4039	.3506	.3269	.3050	.2660	.2326	.1789	.1388	.1085	.0854
.3606	.3075	.2843	.2630	.2255	.1938	.1443	.1084	.0822	.0628
.3220	.2697	.2472	.2267	.1911	.1615	.1164	.0847	.0623	.0462
.2875	.2366	.2149	.1954	.1619	.1346	.0938	.0662	.0472	.0340
.2567	.2076	.1869	.1685	.1373	.1122	.0757	.0517	.0357	.0250
.2292	.1821	.1625	.1452	.1163	.0935	.0610	.0404	.0271	.0184
.2046	.1597	.1413	.1252	.0985	.0779	.0492	.0316	.0205	.0135
.1827	.1401	.1229	.1079	.0835	.0649	.0397	.0247	.0155	.0099
.1631	.1229	.1069	.0980	.0709	.0541	.0320	.0193	.0118	.0073
.1456	.1078	.0929	.0802	.0600	.0451	.0259	.0150	.0089	.0054
.1300	.0946	.0808	.0691	.0508	.0376	.0208	.0118	.0068	.0039
.1161	.0829	.0703	.0596	.0431	.0313	.0168	.0092	.0051	.0029
.1037	.0728	.0611	.0514	.0365	.0261	.0135	.0072	.0039	.0021
.0926	.0638	.0531	.0443	.0309	.0217	.0109	.0056	.0029	.0016
.0826	.0560	.0462	.0382	.0262	.0181	.0088	.0044	.0022	.0012
.0738	.0491	.0402	.0329	.0222	.0151	.0071	.0034	.0017	.0008
.0659	.0431	.0349	.0284	.0188	.0126	.0057	.0027	.0013	.0006
.0588	.0378	.0304	.0245	.0160	.0105	.0046	.0021	.0010	.0005
.0525	.0331	.0264	.0211	.0135	.0087	.0037	.0016	.0007	.0003
.0469	.0291	.0230	.0182	.0115	.0073	.0030	.0013	.0006	.0002
.0419	.0255	.0200	.0157	.0097	.0061	.0024	.0010	.0004	.0002
.0374	.0224	.0174	.0135	.0082	.0051	.0020	.0008	.0003	.0001
.0334	.0196	.0151	.0116	.0070	.0042	.0016	.0006	.0002	.0001

附表三 年金终值

期数	1%	2%	3%	4%	5%	6%	7%	8%	9%	10%
1	1.000	1.000	1.000	1.000	1.000	1.000	1.000	1.000	1.000	1.000
2	2.0100	2.0200	2.0300	2.0400	2.0500	2.0600	2.0700	2.0800	2.0900	2.1000
3	3.0301	3.0604	3.0909	3.1216	3.1525	3.1836	3.2149	3.2464	3.2781	3.3100
4	4.0604	4.1216	4.1836	4.2465	4.3101	4.3746	4.4399	4.5061	4.4731	4.6410
5	5.1010	6.2040	6.3091	5.4163	5.5260	5.6371	5.7507	6.8666	5.9847	6.1051
6	6.1520	6.3081	6.4684	6.6330	6.8019	6.9753	7.1533	7.3359	7.5233	7.7156
7	7.2135	7.4343	7.6625	7.8983	8.1420	8.3938	8.6540	8.9228	9.2004	9.4872
8	9.2857	8.5830	8.8923	9.2142	9.5491	9.8975	10.260	10.637	11.028	11.436
9	9.3685	9.7546	10.158	10.583	11.027	11.491	11.978	12.488	13.021	13.579
10	10.462	10.950	11.464	12.006	12.578	13.181	13.816	14.487	15.193	15.937
11	11.567	12.169	12.808	13.486	14.207	14.972	15.784	16.645	17.560	18.531
12	12.683	13.412	14.192	15.026	15.917	16.870	17.888	18.977	20.141	21.384
13	13.809	14.680	15.618	16.627	17.713	18.882	20.141	21.495	22.953	24.523
14	14.947	15.974	17.086	18.292	19.599	21.015	22.550	24.214	26.019	27.975
15	16.097	17.293	18.509	20.024	21.579	23.276	25.129	27.152	29.361	31.771
16	17.258	18.639	20.157	21.825	23.657	25.673	27.888	30.324	33.003	35.950
17	18.430	20.012	21.762	23.698	25.840	28.213	30.840	33.750	36.974	40.545
18	19.615	21.412	23.414	25.645	28.132	30.906	33.999	37.450	41.301	45.509
19	20.811	22.841	25.117	27.671	30.539	33.760	37.379	41.446	46.018	51.159
20	22.019	24.297	26.870	29.778	33.066	36.786	40.995	45.752	51.160	57.275
21	23.239	25.783	28.676	31.969	35.719	39.993	44.865	50.423	56.765	64.002
22	24.472	27.299	30.537	34.248	38.505	43.392	49.006	55.457	62.873	71.403
23	25.716	28.845	32.453	36.618	41.430	46.996	53.436	60.883	69.532	79.543
24	26.973	30.422	34.426	39.083	44.502	50.816	58.177	66.765	76.790	88.497
25	28.243	32.030	36.459	41.646	47.727	54.863	63.249	73.106	84.701	98.347
26	29.526	33.671	38.553	44.312	51.113	59.156	68.676	79.954	93.324	109.18
27	30.821	35.344	40.710	47.084	54.669	63.706	74.484	87.351	102.72	121.10
28	32.129	37.051	42.931	49.968	58.403	68.528	80.698	95.339	112.97	134.21
29	33.450	38.792	45.219	62.966	62.323	73.640	87.347	103.97	124.14	148.63
30	34.785	40.568	47.575	56.085	66.439	79.058	94.461	113.28	136.31	164.49

系数表

12%	14%	15%	16%	18%	20%	24%	28%	32%	36%
1.0000	1.0000	1.0000	1.0000	1.0000	1.0000	1.0000	1.0000	1.0000	1.0000
2.1200	2.1400	2.1500	2.1600	2.1800	2.2000	2.2400	2.2800	2.3200	2.3600
3.3744	3.4396	3.4725	3.5056	3.5724	3.6400	3.7776	3.9184	4.0624	4.2096
4.7793	4.9211	4.9934	5.0665	5.2154	5.3680	5.6842	6.0156	6.3624	6.7251
6.3528	6.6101	6.7424	6.8771	7.1542	7.4416	8.0484	8.6999	9.3983	10.146
8.1152	8.5355	8.7537	8.9775	9.4420	9.9299	10.980	12.136	13.406	14.799
10.089	10.730	11.067	11.414	12.142	12.916	14.615	16.534	18.696	21.126
12.300	13.233	13.727	14.240	15.327	16.499	19.123	22.163	25.678	29.732
14.776	16.085	16.786	17.519	19.086	20.799	24.172	29.369	34.895	41.435
17.549	19.337	20.304	21.321	23.521	25.959	31.643	38.593	47.062	57.352
20.655	23.045	24.349	25.733	28.755	32.150	40.238	50.398	63.122	78.998
24.133	27.271	29.002	30.850	34.931	39.581	50.895	65.510	84.320	108.44
28.029	32.089	34.352	36.786	42.219	48.497	64.110	84.853	112.30	148.48
32.393	37.581	40.505	43.672	50.818	59.196	80.496	109.61	149.24	202.93
37.280	43.842	47.580	51.660	60.965	72.035	100.82	141.30	198.00	276.98
42.753	50.980	55.717	60.925	72.939	87.442	126.01	181.87	262.36	377.69
48.884	59.118	65.075	71.673	87.068	105.93	157.25	233.79	347.31	514.66
55.750	68.394	75.836	84.141	103.74	128.12	195.99	300.25	459.45	700.94
63.440	78.969	88.212	96.603	123.41	154.74	244.03	385.32	607.47	954.28
72.052	91.025	102.44	115.38	146.63	186.69	303.60	494.21	802.86	1298.9
81.699	104.77	118.81	134.84	174.02	225.03	377.46	633.59	1 060.8	1 767.4
92.503	120.44	137.63	157.41	206.34	271.03	469.06	812.00	140.12	2 404.7
104.60	138.30	159.28	183.60	244.49	326.24	582.63	1 040.4	1 850.6	3 271.3
118.16	158.66	184.17	213.98	289.49	392.48	723.46	1 332.7	2 443.8	4 450.0
133.33	181.87	212.79	249.21	342.60	471.98	898.09	1 706.8	3 226.8	6 053.0
150.33	208.33	245.71	290.09	405.27	567.38	1 114.6	2 185.7	4 260.4	8 233.1
169.37	238.50	283.57	337.50	479.22	681.85	1 383.1	2 798.7	5 624.8	11 198.0
190.70	272.89	327.10	392.50	466.48	819.22	1 716.1	3 583.3	7 225.7	15 230.3
214.58	312.09	377.17	456.30	669.45	984.07	2 129.0	4 587.7	9 802.9	20 714.2
241.33	356.79	434.75	530.31	790.95	1 181.9	2 640.9	5 873.2	12 941.2	28 172.2

附表四 年金现值

期数	1%	2%	3%	4%	5%	6%	7%	8%	9%	10%
1	0.9901	0.9804	0.9709	0.9615	0.9524	0.9434	0.9346	0.9259	0.9174	0.9091
2	1.9704	1.9416	1.9135	1.8861	1.8594	1.8334	1.8080	1.7833	1.7591	1.7355
3	2.9410	2.8839	2.8286	2.7751	2.7232	2.6730	2.6243	2.5771	2.5313	2.4869
4	3.9020	3.8077	3.7171	3.6299	3.5460	3.4651	3.3872	3.3121	3.2397	3.1699
5	4.8534	4.7135	4.5797	4.4518	4.3295	4.2124	4.1002	3.9927	3.8897	3.7908
6	5.7955	5.6014	5.4172	5.2421	5.0757	4.9173	4.7665	4.6229	4.4859	4.3553
7	6.7282	6.4720	6.2303	6.0021	5.7864	5.5824	5.3893	5.2064	5.0330	4.8684
8	7.6517	7.3255	7.0197	6.7327	6.4632	6.2098	5.9713	5.7466	5.5348	5.3349
9	8.5660	8.1622	7.7861	7.4353	7.1078	6.8017	6.5152	6.2469	5.9952	5.7590
10	9.4713	8.9826	8.5302	8.1109	7.7217	7.3601	7.0236	6.7101	6.4177	6.1446
11	10.3676	9.7868	9.2526	8.7605	8.3064	7.8869	7.4987	7.1390	6.8052	6.4951
12	11.2550	10.5753	9.9540	9.3851	8.8633	8.3838	7.9427	7.5361	7.1607	6.8137
13	12.1337	11.3484	10.6350	9.9856	9.3936	8.8527	8.3577	7.9038	7.4869	7.1034
14	13.0037	12.1062	11.2961	10.5631	9.8986	9.2950	8.7455	8.2442	7.7862	7.3667
15	13.8651	12.8493	11.9379	11.1184	10.2797	9.7122	9.1079	8.5598	8.0607	7.6061
16	14.7179	13.5777	12.5611	11.6523	10.8378	10.1059	9.4466	8.8514	8.3126	7.8237
17	15.5623	14.2919	13.1661	12.1657	11.2741	10.4773	9.7632	9.1216	8.5436	8.0216
18	16.3983	14.9920	13.7535	12.6896	11.6890	10.8280	10.0590	9.3720	8.7560	8.2014
19	17.2260	15.6785	14.3238	13.1339	12.0853	11.1581	10.3356	9.6036	8.9601	8.3649
20	18.0456	16.3514	14.8775	13.5903	12.4622	11.4699	10.5940	9.8181	9.1285	8.5136
21	18.8570	17.0112	15.4150	14.0292	12.8212	11.7641	10.8355	10.0168	9.2922	8.6487
22	19.6604	17.6580	15.9369	14.4511	13.1630	12.0420	11.0612	10.2007	9.4424	8.7715
23	20.4558	18.2922	16.4430	14.8570	13.4880	12.3034	11.2722	10.3711	9.5802	8.8832
24	21.2434	18.9139	16.9355	15.2470	13.7986	12.5504	11.4693	10.5288	9.7066	8.9847
25	22.0232	19.5235	17.4131	15.6221	14.0939	12.7834	11.6536	10.6748	9.8226	9.0770
26	22.7952	20.1210	17.8768	15.9828	14.3752	13.0032	11.8258	10.8100	9.9290	9.1609
27	23.5596	20.7059	18.3270	16.3296	14.6430	13.2105	11.9867	10.9352	10.0266	9.2372
28	24.3146	21.2813	18.7641	16.6631	14.8981	13.4062	12.1371	11.0511	10.1161	9.3066
29	25.0658	21.8444	19.1885	16.9837	15.1411	13.5907	12.2777	11.1584	10.1983	9.3696
30	25.8077	22.3965	19.6004	17.2920	15.3725	13.7648	12.4090	11.2578	10.2737	9.4269

系数表

12%	14%	15%	16%	18%	20%	24%	28%	32%
0.8929	0.8772	0.8696	0.8621	0.8475	0.8333	0.8065	0.7813	0.7576
1.6901	1.6467	1.6257	1.6052	1.5656	1.5278	1.4568	1.3916	1.3315
2.4018	2.3216	2.2832	2.2460	2.1743	2.1065	1.9813	1.8684	1.7660
3.0373	2.9173	2.8550	2.7982	2.6901	2.5887	2.4043	2.2410	2.0957
3.6048	3.4331	3.3522	3.2743	3.1272	2.9906	2.7454	2.5320	2.3452
4.1114	3.8887	3.7845	3.6847	3.4976	3.3255	2.7594	2.7594	2.5342
4.5638	4.2882	4.1604	4.0386	3.8115	3.6046	3.2423	2.9370	2.6775
4.9676	4.6389	4.4873	4.3436	4.0776	3.8372	3.4212	3.0758	2.7860
5.3282	4.9164	4.7716	4.6065	4.3030	4.0310	3.5655	3.1842	2.8681
5.6502	5.2161	5.0188	4.8332	4.4941	4.1925	3.6819	3.2689	2.9304
5.9377	5.4527	5.2337	5.0286	4.6550	4.3271	3.7757	3.3351	2.9776
6.1944	5.6603	5.4206	5.1971	4.7932	4.4392	3.8514	3.3868	3.0133
6.4235	5.8424	5.5831	5.3423	5.9095	4.5327	3.9124	3.4272	3.0404
6.6282	6.0021	5.7245	5.4675	5.0081	4.6106	3.9616	3.4587	3.0609
6.8109	6.1422	5.8474	5.5755	5.0916	4.6755	4.0013	3.4834	3.0764
6.9740	6.2651	5.9542	5.6685	5.1624	4.7296	4.0333	3.5026	3.0882
7.1196	6.3729	6.0472	5.7487	5.2223	4.7746	4.0591	3.5177	3.0882
7.2497	6.4674	6.1280	5.8178	5.2732	4.8122	4.0799	3.5294	3.1039
7.3658	6.5504	6.1982	5.8775	5.3162	4.4835	4.0967	3.5386	3.1090
7.4694	6.6231	6.2593	5.9288	5.3527	4.8696	4.1103	3.5458	3.1129
7.5620	6.6870	6.3125	5.9731	5.3837	4.8913	4.1212	3.5514	3.1158
7.6446	6.7429	6.3587	6.0113	5.4099	4.9094	4.1300	3.5558	3.1180
7.7184	6.7921	6.3988	6.0442	5.4321	4.9245	4.1371	3.5592	3.1197
7.7843	6.8351	5.4338	6.0726	5.4509	4.9371	4.1428	3.5619	3.1210
7.9431	6.8729	6.4641	6.0971	5.4669	4.9476	4.1474	3.5640	3.1220
7.9857	6.8016	6.4906	6.1182	5.4804	4.9563	4.1511	3.5656	3.1227
7.9426	6.9352	6.5135	6.1364	5.4919	4.9636	4.1542	3.5669	3.1233
7.9844	6.9607	6.5335	6.1520	5.5016	4.9697	4.1566	3.5679	3.1237
8.0218	6.9830	6.5509	6.1656	5.5098	4.9747	4.1585	3.5687	3.1240
8.0552	7.0027	6.5660	6.1772	5.5168	4.9789	4.1601	3.5693	3.1242

参 考 文 献

1. 夏乐书，刘淑莲．公司理财学．北京：中国财政经济出版社，1998
2. 赵德武．财务管理．北京：高等教育出版社，2000
3. 汤谷良．企业财务管理．杭州：浙江人民出版社，2000
4. 布赖英·科依尔．公司理财．北京：中信出版社，2003
5. 毛付根．会计大典第9卷理财学．北京：中国财政经济出版社，1999
6. 财政部注册会计师考试委员会办公室．财务成本管理．北京：经济科学出版社，2001
7. 刘翌，竺素娥等．现代企业理财学．杭州：浙江大学出版社，2000
8. 陆正飞等．高级财务管理．杭州：浙江人民出版社，2000
9. 贾年英．公司理财．北京：人民邮电出版社，2002
10. 张鸣等．财务管理．北京：高等教育出版社，2000
11. 刘兴云等．财务管理学．北京：经济科学出版社，2000
12. 王庆成，郭复初．财务管理学．北京：高等教育出版社，2000
13. 竺素娥．公司治理与财务控制．北京：经济科学出版社，2001
14. 夏乐书，姜强，宋爱玲，李琳编著．资本运营．大连：东北财经大学出版社，2000
15. 财政部统计评价司．企业效绩评价问答．北京：经济科学出版社，1999
16. 财政部．企业会计制度．北京：经济科学出版社，2001
17. 北京商学院会计系编著．集团公司的财务控制与会计管理．北京：中国人民公安大学出版社，1999
18. 刘力，黄慧馨主编．股份公司财务管理．北京：北京大学出版社，1999

21 世纪高职高专院校财经类教材

订购单

(可复印使用)

第一步： 请填写以下资料

单位名称：　　　　　　　　　　　　　　收书人：
发货(邮寄)地址：　　　　　　　　　　　邮编：
联系电话：　　　　　　　　　　　　　　E-mail：

第二步： 请填写您所选购的图书及册数

书号	书　名	单　价	数　量	合　计
5234	经纪实务	28.00		
2249	公司理财（第二版）	32.00		
7895	证券投资学（第二版）	25.00		
8557	期货与期权交易（第二版）	29.80		
5286	项目投资与管理	25.00		
8369	经济学（第二版）	28.00		
5288	财政与金融	26.00		
5289	商业银行经营管理	22.00		
5290	保险理论与实务	23.00		
0925	证券投资实训（第二版）	35.00		
6415	期货投资实训	32.00		
合　计				

第三步： 请到邮局将款项汇至以下地址

收款人：凌　敏
地　址：北京市海淀区阜成路甲28号经济科学出版社1306室
邮　编：100142
电　话：010-88191343
传　真：010-88191345

第四步： 请确认是否需要增值税发票，如果需要请在传真中注明您的增值税信息

□开具增值税发票　　　　　　　　　　　□开具普通发票

第五步： 如果您想了解其他详细情况，请垂询销售热线

电　话：010-88191343
如果您想编写其他教材，请与我们联系：
E-mail：lingmin@esp.com.cn
电　话：010-88191343